천재 예수,
그 생각을 탐하다

천재 예수,
그 생각을 탐하다

2022년 6월 5일 초판 1쇄 발행

지은이 김판임
펴낸이 김영호
펴낸곳 도서출판 동연
등 록 제1-1383호(1992. 6. 12)
주 소 서울시 마포구 월드컵로 163-3
전 화 (02)335-2630
전 송 (02)335-2640
이메일 yh4321@gmail.com

ISBN 978-89-6447-789-2 03230

천재 예수,
그 생각을 탐하다

• • •

김판임 지음

동연

책을 펴내며

이 책은 공관복음서에 기록된 예수의 말씀을 중심으로 그의 생각을 살핀 연구의 결과물이다. 신학을 전공하기 전, 인생의 질풍노도시기인 십 대 시절 인생의 등불을 찾으려는 심정으로 성경을 무작정 읽을 때도 예수의 말씀은 매력이 있었다. 험한 세상을 살고 있다고 헉헉거리거나 좌절감이 들 때, 외로울 때, 억울한 일을 당해 답답할 때… 그 언제나 예수의 말씀은 내게 힘을 주었고, 세상의 염려에 매몰되지 않도록 그리스도인으로서 나의 자존감을 지켜 주었다.

신학, 그것도 성서신학을 대학 공부의 전공으로 선택하면서 예수의 말씀은 더욱 강력한 것으로 다가왔다. 예수의 말씀은 여느 사람들의 것과 달랐다. 예수의 말씀은 단순하면서 핵심을 찌른다. 같은 시대, 같은 문화권에 속한 대부분의 사람은 비슷한 생각을 하고 비슷한 말을 하며 비슷한 행동을 한다. 우리 시대 보통 사람들이 그러하듯이. 그것을 시대정신이라 한다면 예수는 그것을 초월한 분이다. 예수는 당시 사람들과 유사한 듯하지만 완전히 달랐다.

예수의 생각을 연구하면 할수록 확고하게 다가오는 것은 예수가 종교적 천재라는 사실이다. 기독교 역사에서는 예수를 메시아, 하나님의 아들, 사람의 아들, 구세주, 예언자, 선생 등 모든 좋은 칭호를 다 붙여 주었고, 중세 기독교에서는 그중에서도 하나님의 아들이며 동시에 인간의 아들이라고 교리적으로 굳혔다. 그래서 우리는 오랫동안 이 교리를 넘어서기 어려웠다. 20세기에는 많은 사람이 예수에 대해 '혁명가 예수', '최고경영자 예수', '시인 예수', '바보 예수' 등 다양한 인간적 이해를 제시해왔다. 필자가 이해한 예수는 '천재'이다. 그래서 이 책 제목을 "천재 예수, 그 생각을 탐하다"로 삼았다. 그는 남다른 탁월한 통찰력으로 하나님의 뜻을 정확히 파악했다.

예수의 천재성은 어디서 오는 걸까? 사람들은 '하나님의 아들이 아니고서야 하나님의 뜻을 그렇게 제대로 알 수 있겠는가?' 하고 생각하며 예수가 하나님의 아들이 틀림없다고 말하곤 한다. 그러나 필자는 예수의 천재성이 그의 존재성과 관련이 있다기보다 세상을 보는 눈에서 왔다고 생각한다. 대부분의 사람들은 당대 시대정신이 가르치는 것을 의심의 여지없이 받아들이며 적응하려고 한다. 그러나 예수는 그것이 정말 그러한지 의심하면서 하나님의 뜻에 접근한다. 필자는 '의심의 해석학'을 제시했던 여성신학자 엘리자베스 피오렌자의 방법론이 천재 예수의 생각과 유사했을 것이라고 생각한다. 기존 가르침에 의심을 품고 참된 진리에 도달하고 싶은 열망이 예수로 하여금 어느 날 탁월한 깨달음에 이르게 했을 것이다.

예수의 깨달음은 신에 관한 것이다. 예수가 지상에서 활동하던 당시 대부분의 유대인은 신께서 지금은 침묵하신다고 여겼다. 아무 행동도 하지 않으신다고 생각했다. 그들은 신은 과거에 활동했지만, 지금은 멈추셨고, 나중에 다시 재개하실 것이라고 기대하며 현재 겪는 고통을 견디었다. 신은 과거와 미래에만 활동하고, 지금은 활동하지 않는다는 것이다. 당대 유대 사회의 종교 지도자였던 정의의 스승이나 세례 요한도 그렇게 보았다. 그리고 각각 임박한 종말 심판을 앞두고 멸망당하지 않고 구원을 얻는 길을 제시했다. 정의의 스승은 하나님의 뜻이 담긴 성서를 올바로 이해하고 실천하는 방법으로, 세례 요한은 진정으로 회개하고 자신이 베푸는 세례를 받으라는 식으로 구원의 길을 안내했다.

예수는 현재를 보는 눈이 그들과 달랐다. 그에게 현재는 고역스러운 고통의 때가 아니다. 하나님이 없는 현재가 아니다. 이미 하나님은 활동하고 계시다. 하나님은 과거와 미래에만 활동하시는 것이 아니라 '지금 여기'에서도 활동한다는 것이 예수의 탁월한 통찰이다. 그러므로 그에게 현재는 즐거운 시간이다. 삶을 즐기고 감사하는 것이 하나님 뜻에 맞는 일이다. 대부분의 사람은 미래의 구원을 얻으려 성서에 기록된 하나님의 말씀대로, 하나님의 법대로 살려고 노력한다. 그리하여 성서에 적힌 말씀을 문자 그대로 지키려고 노력하며, 스스로 구원을 받을 것이라고 확신에 차서 자기처럼 살지 않는 사람들을 향해 종국엔 멸망할 것이라고 정죄한다.

예수에게도 '하나님의 뜻대로 사는 것'은 옳은 일이다. 그러나 예수에게 하나님의 뜻이란 문자에 얽매여 있는 것이 아니라, 문자를 넘어 그 법을 주신 하나님의 의도를 파악하고 행하는 일이다. 예수는 그것이 생명을 살리는 일 외에 다른 것이 아님을 알았다. 하나님은 모든 존재자에게 생명을 주신 분이시기에 모든 생명이 살아가기를 원하시고, 그것을 위해 법을 주신 것이다. 이렇게 예수는 하나님의 뜻을 파악했고, 그것은 정확한 것이었다.

이 책의 제1부에서는 유대인들이 율법 중에서 중요하게 여겼던 안식일 준수와 성서 해석 그리고 하나님의 정의에 관해 당시 다른 유대인의 이해와 달랐던 예수의 천재적 이해를 살펴본다. 제2부에서는 여성을 인간 이하로 취급하던 유대교 내에서 살았던 예수가 시대적 흐름을 넘어서 남자와 여자를 하나님의 동등한 피조물로 여긴 점을 다룬다. 제3부에서는 예수가 당시 사람들을 어떻게 생각하고 대했는지에 대해 차이점을 다룰 것이고, 마지막 제4부에서는 하나님의 뜻을 깨달은 예수께서 가르치는 자로서 무엇을 어떻게 왜 가르치셨는지 다룰 것이다.

1996년 필자가 박사학위를 마치고 돌아와 얼마 안 되어 한국은 IMF 외환위기로 경제 상황이 매우 열악했고, 대학의 고용 상태는 매우 취약했다. 1998년 한국연구재단의 박사후 지원사업으로 "유대 여성의 지위와 활동 및 이에 대한 예수의 입장"에 관해 연구한 것이 이 책에서 가장 오래된 논문이다. 2000년 「한국기독교신학논총」에 수록되었던 것을 표현들을 가다듬어 다시 실었고, 2000년부터 2013년까지 발표했던 논문들을 일부 보완하여 책으로 만들었다. 제4부 "천재 교사 예수"는 2016년에 발표했던 글을 보완한 것이다.

예수를 사랑하는 사람들, 예수가 깨닫고 전했던 말씀대로 살고 싶은 마음을 가진 '예수의 살아 있는 제자들'에게 이 책을 권하고 싶다. 기독교인은 아닐지라도 예수에게 관심이 있고, 그를 존경하는 분들에게도 권하고 싶다. 당신들의 생각이 옳다는 것을 다시 확인할 수 있으리라 믿는다.

2022년, 죽음을 이기고 부활하신 부활절을 지내고
이스라엘의 여름 하늘과 똑같은 파란 서울 하늘을 바라보며
김판임 씀

차례

제1부
종교적 천재 예수

1장_ 안식일법에 관하여: 법 시행에서 법 정신으로

2장_ 예수의 성서 해석: 문자주의에서 성서 정신으로

제4부
천재 교사 예수

제 1 부

종교적 천재 예수

예수의 천재성은 그가 신의 뜻을 그 누구보다도 명확히 알아냈다는 사실에 있다. 당시 모든 유대인들과 마찬가지로 예수도 신의 뜻대로 사는 의인만이 구원받을 수 있고, 신의 뜻은 성서에 기록되어 있다고 배웠다.

21세기인 지금 한국교회에서는 번역 성경의 문자 그대로 인용하면서 그것이 신의 뜻이라고 주장하는 사람이 많다. 가령 최근 수년간 차별금지법 제정과 관련해서 한국교회 여러 지도자가 레위기 18장 22절이나 20장 13절을 인용하면서 동성애자만을 차별금지법에서 제외해야 한다고 주장한다.

그러나 2,000여 년 전 유대인들은 기록된 성서의 내용을 어떻게 이해하는 것이 옳은지 논의했다. 유대인들은 성서 해석을 중시했다. 문자 그대로 인용하면서 하나님의 말씀이라고 하지 않았다. 서로 성서 해석과 적용이 달라지면서 다른 부류처럼 해석해서는 하나님의 뜻과 멀어지고 자기네 해석대로 행해야 한다며 학파가 생기기도 했다. 바리새파, 사두개파, 에세네파가 그것이다. 특히 그들 중에서 에세네파의 지도자인 의의 스승은 에세네파 사람들로부터 성서 해석의 절대적 권위를 가진 분으로 인정받고 그의 권위 있는 성서 해석을 존중받았다.

예수도 성서를 해석한다. 제1부에서는 안식일 논쟁을 통해 안식일 계명에 대한 예수의 이해, 이혼 논쟁에 나타난 예수의 성서 해석, 비유를 통해 하나님의 정의를 말하는 예수의 생각을 살펴보며 그의 천재성을 밝히는 데 주력했다.

1장

안식일법에 관하여
: 법 시행에서 법 정신으로

1. 들어가는 말

안식일은 금요일 해 질 무렵부터 다음 날 어두워질 때까지 하루 동안 모든 노동을 멈추고 휴식하는 시간이다. 예수 시대뿐만 아니라 오늘날까지도 유대인은 안식일을 엄히 준수한다. 하나님의 법으로 여기는 토라에 기록되어 있기 때문이다. 안식일을 거룩하게 지키라는 명령은 십계명 중 제4계명에 포함되어 전수되었다. 바빌론 포로기 이후 안식일 준수는 더욱 강화되어 매우 엄격하게 시행되었다. 안식일을 위반하면 사형을 당할 수도 있었다(출 31:12-17, 35:1-3 참조).

신약성서에서 예수는 일반 유대인들과는 달리 안식일법에 대한 놀라운 이해를 제공한다. 일반 유대인들이 안식일을 지키기 위해 죽음의 위기에 처해 있는 사람을 거들떠보지도 않았다면, 예수는 이러한 태도에 대해 회의를 품고 안식일법이 사람보다 우위에 있는 것이 아니라 안식일법도 사람이 살도록 하나님이 주신 것이라는 이해를 제공한다

(막 2:27). "법보다 사람이 우선"이라는 지극히 휴머니즘적 발상이라고도 할 수 있는 예수의 사상은 도대체 어떻게 가능한 것인가? 이 장에서는 비교 자료로 쿰란 문서들에 나타난 안식일법 이해를 소개하고, 안식일에 대한 예수의 혁명적인 이해를 비교 고찰해 보고자 한다.

신약성서 연구를 위해 쿰란 문서의 가치는 이루 말할 수 없다.[1] 특히 이 문서들은 기원전 3세기~기원후 1세기 사이에 기록된 가장 중요한 유대 문헌으로서 신약성서가 기록될 당시 유대인들의 사고방식과 가치관, 종교 생활까지 알 수 있는 귀한 자료이다. 특별히 안식일에 관하여 많은 기록을 남기고 있으므로[2] 예수의 안식일 논쟁을 역사적으로 이해하려면 쿰란 문서의 안식일에 관한 규정을 반드시 검토해야 한다.

이 글에서는 구약성서의 안식일 관련 규정들을 먼저 살펴보고, 그다음 쿰란 문서에 나타난 안식일 규정들을 그리고 마지막으로 안식일에 관한 예수의 이해와 그 신학적 근거를 살펴보겠다. 그리하여 쿰란 문서에 나타난 안식일 이해와 예수의 안식일 이해의 차이점과 그 이유에 대해 성찰하고자 한다.

---

1 이에 대해서는 H. Braun, *Qumran und das Neue Testament*, Bd. I. II (Tübingen: J.C.B. Mohr, 1966); 김창선, 『21세기 신약성서신학』 (서울: 예영, 2004), 379-406.
2 안식일에 관해 언급하고 있는 쿰란 문서들은 다음과 같다: CD X,14-XI,18; 4Q 251; 4Q 264a; 11QT XIII,17-XIV,2 등. 안식일에 부르는 노래에 관해서는 Carol Newsom, *Songs of the Sabbath Sacrifice: A Critical Edition*, Harvard Semitic Studies 7 (Atlanta: Scholars Press, 1985). 쿰란 문서의 안식일 이해에 대한 최근 국내 연구로는 이윤경, "쿰란공동체의 안식일 이해: 안식일 법, 정결례, 예식," 「신학사상」 149(2010 여름), 41-63 참조.

2. 구약성서의 안식일법

안식일을 거룩하게 지키라는 명령은 십계명 중 제4계명으로 전수되었다. 십계명은 출애굽기와 신명기, 두 문서에 전해진다.

1) 토라에 나타난 안식일법

"안식일을 기억하여 거룩하게 지키라. 엿새 동안은 힘써 네 모든 일을 행할 것이나 일곱째 날은 네 하나님 여호와의 안식일인즉, 너나 네 아들이나 네 딸이나 네 남종이나 네 여종이나 네 육축이나 네 문안에 머무는 객이라도 아무 일도 하지 말라. 이는 엿새 동안에 나 여호와가 하늘과 땅과 바다와 그 가운데 모든 것을 만들고 일곱째 날에 쉬었음이라. 그러므로 나 여호와가 안식일을 복되게 하여 그날을 거룩하게 하였느니라"(출 20:8-11).

"네 하나님 여호와가 네게 명령한 대로 안식일을 지켜 거룩하게 하라. 엿새 동안은 힘써 네 모든 일을 행할 것이나 일곱째 날은 네 하나님 여호와의 안식일인즉, 너나 네 아들이나 네 딸이나 네 남종이나 네 여종이나 네 소나 네 나귀나 네 모든 가축이나 네 문 안에 유하는 객이라도 아무 일도 하지 못하게 하고 네 남종이나 네 여종에게 너같이 안식하게 할지니라. 너는 기억하라, 네가 애굽 땅에서 종이 되었더니 너의 하나님 여호와가 강한 손과 편 팔로 너를 거기서 인도하여 내었나니 그러므로 너의 하나님 여호와가 너를 명하여 안식일을 지키라 하느니라"(신 5:15).

안식일법이 언급된 두 문서, 출애굽기 20장 8-11절과 신명기 5장 12-15절의 본문은 안식일법 제정의 역사적 배경으로 제시된 내용에서 차이를 보이고 있지만,[3] 안식일법의 핵심 내용과 적용 범위에 대해서는 다음과 같이 일치한다.

(1) 안식일법의 핵심 내용은 일주일에 6일만 일하고 하루를 쉬라는 것이다.
(2) 안식일법 적용 범위는 율법을 지키는 성인 남자는 물론 그의 자녀와 노예, 가축 그리고 손님까지 생명을 가진 모든 존재에게 해당된다는 점이다.[4]

노예들까지도 안식할 수 있게 하라는 규정은 유대인들이 노예 생활을 해보았기 때문에 약자들의 처지를 잘 알기에 생길 수 있는 것으로 보인다.

이처럼 안식일법의 핵심은 사람과 가축의 노동 금지 원칙으로 귀결될 수 있다(출 31:13-15 참조). 안식일 계명의 준수는 엄중하게 요구되었다. 안식일을 위반하면 사형에 처해질 수도 있었다(출 31:12-17, 35: 1-3; 민 15:32-36). 안식일에는 불도 피우지 말라(출 35:3)거나 안식일에 나무를 하는 자는 사형에 처하라(민 15:32-35)는 규정이 있는 것을 볼 때 노동의 구체적인 사례로 불 피움이나 나무 베는 일 등이 언급되긴 하지만, 노동에 해당하는 일들을 목록으로 작성한 현상은 찾아볼 수 없다.

---

3 출애굽기에 따르면 안식일법의 근거로 하나님의 창조 사건이, 신명기에서는 출애굽 사건이 제시되었다.
4 안식일에 일을 하지 않고 쉬어야 하는 사람들 범주에 두 문서 모두에서 아내가 언급되지 않은 것은 기이한 일이다.

2) 예언서에 나타난 안식일법

안식일법은 토라 외에 예언서들에서도 언급된다. 포로기 이후에 안식일 준수가 더욱 강화되었다는 것이 학계의 정설이지만, 포로기 이전 예언자들과 포로기 이후의 예언자들 모두 안식일법 준수를 강조한다. 가령 아모스는 안식일에 상업 행위를 금지하며(암 8:5), 이사야는 안식일을 즐거운 날로 이해해야 한다고 강조하지만 오락 금지를 명한다(사 1:13, 58:13). 예레미야는 "안식일에 짐을 지고 예루살렘 문으로 들어오지 말며 안식일에 너희 집에서 짐을 내지 말며 어떤 일이라도 하지 말고 내가 너희 조상들에게 명령함 같이 안식일을 거룩히 할지어다"라는 예언을 하기도 한다(렘 17:19-27 참조).

포로기 이후 예언자들은 이스라엘이 바빌론의 포로로 끌려가게 된 원인으로 안식일법을 준수하지 않았던 것을 지적하거나(겔 20:13, 22:26) 안식일에 자행된 상업 행위에 대해 개탄하기도 한다(느 10:31-34, 13:15-22). 최근 박경철은 이스라엘 백성들이 안식일을 제대로 지킬 수 없었던 원인을 개인의 불경함 때문이 아니라 일을 쉴 수 없게 만드는 사회 상층부 관리들에게 있음을 지적하였다.[5]

안식일법이 토라와 예언서에 이르기까지 포로기 전후를 막론하고 수 세기에 이르도록 지속적으로 언급되고 있는 것을 볼 때, 이스라엘인들에게 중요한 법으로 그 준수가 강조되었음을 알 수 있다. 그만큼 실제로는 안식일이 잘 지켜지지 않았다고 유추해볼 수 있다. 예언자들은 이스라엘이 바빌론의 포로가 된 원인을 안식일 위반 때문으로 여겼

---

5 박경철, "안식일의 제의적 의미와 사회 정의," 「구약논단」 17(2005), 56-77. 박경철은 안식일 준수와 관련하여 "안식일이 더럽혀지는 것으로부터 이를 지키라"는 이사야 56장에서 안식일 준수가 사회 정의 문제임을 착안했다.

다. 포로기 이후 제2성전기에 안식일 준수를 더욱 강화한 이유를 그것이라고 추측할 수 있다. 이 시기에 안식일은 유대교에서 중요한 제도로 자리매김되고, 성전의 거룩성과 맞먹을 정도의 중요성을 지니게 된다.

3. 쿰란 문서의 안식일법

1) 다마스커스 문서(CD X,14-XI,18)

쿰란에서 발견된 수많은 문서가 중요한 이유는 그것들이 제2성전기에 기록된 문서들이기 때문이다. 이 문서들은 구약성서와 신약성서의 사이의 문헌으로 이 시기 유대교의 현상을 이해하는 데 중요한 자료들을 제공한다.

안식일법과 관련하여 다루고자 하는 본문은 다마스커스 문서(CD) X,14-XI,18이다. 이 본문에는 안식일에 해서는 안 될 일들이 방대하게 열거되어 있는 점이 특징적이기 때문이다. 소위 다마스커스 문서는 쿰란 문서들이 발견되기 전에 카이로 회당에서 발견되어 이미 1910년에 출간되었다.[6] 1947년 이후 쿰란 동굴에서 발견된 공동체 규정집인 1QS와 장르적으로나 내용적으로 일치하는 부분도 많고, 제4동굴에

---

6 이 문서는 쿰란 동굴에서 문서들이 발견되기 이전인 1896~1897년경에 발견되었다. 1910년 솔로몬 셰흐터(Solomon Schechter)는 *Fragments of a Zadokite Work*라는 제목으로 이 문서를 출간했다. 쿰란에서 문서들이 발견되기 전까지 이 책의 제목으로 인해 사독 문서로 불리기도 하였다. 이 문서의 원래명은 Cairo Damascus Document이다. 이 문서를 다마스커스 문서라고 부르는 이유는 "다마스커스 땅에 있는"(CD VI,5) 새 언약의 공동체라는 의미에서이다. 새 언약 공동체는 의의 선생을 만나 쿰란 공동체로 이어지므로 이 문서도 쿰란 문서의 하나로 평가된다.

서 발견된 여러 문서(4Q 266-273)가 다마스커스 문서와 일치하므로 다마스커스 문서가 쿰란 공동체의 중요한 규율에 해당한다는 점에는 의심의 여지가 없다.7 안식일법과 관련하여 가장 상세한 내용을 제공하는 본문을 소개하면 다음과 같다.8

X,

14   규정에 따라 지켜야 할 안식일에 관하여. 어느 누구도

15   여섯째 날 그 시간으로부터 노동을 해서는 안 된다. 즉 태양이

16   문으로부터 직경 거리 정도 떨어져 있는 그 시간으로부터. 왜
       냐하면 이는 그가 말씀하신 것이기 때문이다.

17   "안식일을 거룩하게 하기 위해 그날을 지키라"(신 5:12). 아무
       도 안식일에

18   바보 같은 소리나 헛소리를 해서는 안 된다. 이웃에게 무언가를
       빌려서도 안 된다. 소유나 이익을 얻을 기회를 바라봐도 안 된다.

19   사업 문제나 그 다음 날 업무에 관해 이야기해서도 안 된다.

20   안식일에 자기 마음대로 일을 처리하기 위해 밭에 나가서도 안 된다.

21   어느 누구도 그가 사는 도시로부터 일천 엘레(규빗) 이상 나가
       서는 안 된다.

---

7 이 문서에 관해서는 J. M. Baumgarten, "Damascus Document," *Encyclopedia of the Dead Sea Scrolls*, eds. by L. H. Schiffman, J. C. VanderKam (Oxford: Oxford University Press, 2000), 166-170.

8 아래 번역은 필자가 Lohse(ed.), *Die Texte aus Qumran* (Darmstadt: Wissenscha-ftliche Buchgesellschaft, 1981), 86-91을 참고로 사역한 것이다. 그 외 한국어 번역으로는 E. 티그셸라아르, F. 마르티네즈/강성열 역, 『사해문서 2』 (서울: 나남, 2009), 302-304. 티그셸라아르와 마르티네즈는 친절하게도 CD 문서와 4Q 266-273 문서들의 일치를 표기하고 있다.

22 어느 누구도 이미 마련된 식사 외에는 먹으면 안 된다. 그리고
    밭에서 썩은 것을 먹어서도 안 된다.

23 거주지에 있는 것 외에 그 어떤 것도 먹거나 마셔서는 안 된다.

XI,

1   사람이 목욕을 하러 가는 도중에 그가 서 있는 곳에서 마셔서
    는 안 된다. 그릇으로 물을 퍼서도 안 된다.

2   안식일에 자기 소원을 이루기 위해 타인을 보내서는 안 된다.

3   어느 누구도 더러운 옷이나 장 속에 처박혀 있던 옷을 입어서
    는 안 된다.

4   물로 씻거나 향수를 치지 않은 채로, 자기 마음대로 안식일에
    금식을 해서는 안 된다.9

5   시내 외곽에서 방목을 하기 위해 가축 뒤로 가서는 안 된다.

6   이천 엘레 이상 떨어져 있든 아니든 마찬가지다. 주먹으로 때
    리기 위해 손을 올려서는 안 된다.

7   무언가 고집 센 것이 있더라도 집 밖으로 끌고 나가서는 안 된
    다. 그 어떤 것도

8   집 밖으로 가지고 나가거나 밖에 있는 것을 집 안으로 들여와
    서는 안 된다.

9   꼭 닫혀 있는 그릇을 열어서도 안 된다. 어느 누구도

10 안식일에 나가거나 들어오기 위해 약(향료)을 운반해서는 안
    된다. 자기 처소에서

---

9 E. 티그첼라아르·F. 마르티네즈/강성열 역, 위의 책, 303에서는 이를 "성관계를 가져서
  는 안 된다"라고 성적인 금욕의 의미로 번역하였다.

11   돌이나 흙을 집어 올려서는 안 된다. 안식일에 유모가 출입을
      하기 위해 아기를 들어올려서는 안 된다.

12   어느 누구도 남종이나 여종, 혹은 일일노동자에서 안식일에는
      화내서는 안 된다.

13   어느 누구도 안식일에는 가축이 새끼를 낳는 것을 도와서는 안
      된다. 만일 가축이 우물에 빠졌거나

14   혹은 구덩이에 빠졌을 때 안식일에는 다시 이끌어내지 못한다.
      어느 누구도 안식일에는 이방인이 가까이 있는 장소에서 시간
      을 보내서는 안 된다.

15   아무도 안식일에는 소유나 이익을 얻기 위해 신성모독을 해서
      는 안 된다.

16   물구덩이나 그 외 어떤 곳에 빠져 있는 사람을

17   사다리나 장대, 혹은 그 어떤 도구를 사용해 끌어올려서는 안
      된다. 안식일에 그 어떤 것도 제단에 가져가서는 안 된다.

18   안식일 제물 외에는, 왜냐하면 다음과 같이 기록되어 있기 때
      문이다. "오직 너희의 안식일만 제외하고는"(레 23:38).

이 본문에는 안식일이 언제 시작되는지에 관한 규정으로 시작하여
(15-16열) 안식일에 해서는 안 되는 사항이 열거되어 있다. 토라의 안
식일법은 쉬는 날, 일하지 않는 날이라고 원칙적인 규정을 제시했을
뿐 해도 되는 일과 해서는 안 되는 일에 대한 구체적인 제안이 없다고
한다면, CD는 안식일에 해서는 안 되는 일의 상세한 금기 목록이라
할 수 있다. 즉, 쿰란 공동체는 무엇이 일이고 무엇이 일이 아닌가를
논하였고, 그 결과물로 이러한 문서가 형성된 것이다. 그러므로 이 본
문은 안식일법의 구체적인 시행령이라 할 수 있겠다.

안식일에 해서는 안 될 일들에 대해 CD에 기록된 내용을 분류 정리하면 다음과 같다.

(1) 말하는 것으로부터 쉼: X,18, 19(불필요한 말, 어리석은 말, 업무 관련 말 금지)

(2) 경제 행위로부터 쉼: X,18, 19; XI,15(차용, 소유나 이익 관련 일 금지)

(3) 먹고 마심으로부터 쉼: X,22, 23; XI,1(오직 준비된 음식만 먹을 수 있고, 그 외 썩은 것, 준비되지 않은 음식이나 음료 금지, 금식 금지)

(4) 태도 관련 제한 규정: XI,3, 6, 11, 12(더러운 옷 착용 금지, 폭행과 폭언 금지)

(5) 활동 반경의 제한: X,21; XI,14(일천 엘레 이상 외출, 외국인과 오래 머무는 것 금지)

(6) 노동으로부터 쉼: XI,2, 5, 7, 9, 11, 13, 14, 16, 17.

일반적으로 안식일이란 노동 금지로 이해되고 있지만, 이 본문에서 안식일에 해서는 안 될 금지 사항으로 제일 먼저 언급된 것은 어리석은 말, 업무와 관련된 말이다. "말하는 것이 노동인가?" 질문해본다. 물론 현대 사회에서 학자가 연구 논문을 발표한다거나 교수가 수업을 진행한다거나 하면, 말하는 자에게 말하는 행위가 노동인 것은 분명하다. 다마스커스 문서 본문에는 언급되지 않았으나 4Q 264 제1단편 1열을 보면 안식일에 개인 독서를 금지하는 내용이 나온다.[10] 개인의 연구와 흥미를 위한 연구도 노동으로 본 것이다.

본문에서는 의미 있는 말이 아니라 쓸데없는 말이나 어리석은 말, 헛소리를 하지 말라고 한다(X,18). 이것이 쿰란 공동체의 창의적인 계명은 아니다. 안식일에 어리석은 말을 하지 말 것에 대해서는 이미 이

---

10 이윤경, "쿰란공동체의 안식일 이해: 안식일 법, 정결례, 예식," 50-52.

사야서를 비롯하여 다른 곳에서도 언급된 바 있다(사 58:13[11]; 희년서 50:8 참조). 이런 말은 힘들이지 않고도 할 수 있을 것이다. 그러므로 말하는 사람에겐 노동이 아닐 수 있다. 그러나 쓸데없는 말을 하는 사람은 생각 없이 무심코 하는 것일지라도 듣는 사람의 마음을 상하게 하고 불필요한 생각을 유발할 수 있다. 그러므로 쉼을 가질 수 없다. 안식일에 불필요하거나 헛소리를 하지 말라는 것은 바로 타인의 안식을 해치기 때문이다. 쿰란 공동체가 안식일에 자신이 쉬어야 하는 것뿐만 아니라 타인도 쉴 수 있도록 규정을 첨예화했음을 알 수 있다.

업무와 관련된 말이 금지된 이유도 같은 의미에서 이해할 수 있다. 경제 행위와 관련된 대화나 일도 안식일에는 하지 못한다(X,18-19). 사람들은 경제 관련해서는 쉬고 싶지 않는 본능이 있으므로 재산이나 소유, 이익과 관련한 대화를 하면 겉보기에는 일을 하지 않는 것 같아도 실제로는 뇌를 끊임없이 사용하여 쉬지 못하는 결과를 가져오기 때문에 구체적으로 언급된 것으로 사료된다. 본인이나 타인을 쉴 수 없게 하는 말들은 삼가야 하고, 군이 말을 해야 한다면 마음을 편하게 하는 말, 쉴 수 있게 하는 말 정도가 허락될 것이다. 4Q 264 단편에 따르면 회중을 위한 책 읽기, 거룩한 문제에 관한 이야기 그리고 하나님을 찬양하는 말 등은 안식일에 할 수 있다(4Q 264 제1단편 I,5). 쿰란 공동체에는 아마도 안식일에 부르는 찬양 노래가 별도로 있었을 것이다.[12]

---

11 한글개역 성경에서는 "사사로운 말을 하지 않으면", 공동번역 성경에서는 "상담 같은 것도 하지 말라"로, 표준새번역 성서에서는 "함부로 말하지 않으면"으로 각각 다르게 번역했다.

12 가령 4Q 400-407에 대한 연구 결과 뉴섬은 이 문서에 기록된 13개의 찬양 노래가 안식일에 불렸을 것이라고 추측한다. C. Newsom, *Songs of Sabbath Sacrifice: A Critical Edition* (Atlanta: Scholars Press, 1985)과 사해사본 백과사전에 실린 C. Newsom, "Songs of Sabbath Sacrifice," eds. by L. H. Schiffman, J. C. VanderKam, *Encyclopedia of the Dead Sea Scrolls* Vol. 2 (Oxford: Oxford University Press, 2000), 888 참조.

장 속에 오래 처박혀 있어서 쾌쾌한 냄새가 나거나 구겨진 옷을 입어서는 안 되고, 물로 씻고 향수를 뿌려 깨끗하고 향긋한 복장을 해야 한다는 규정(XI,3-4)은 안식일이 기쁨의 날, 하나님께 영광을 돌리는 날(사 58:13)이라는 기본 개념을 지키기 위함일 것이다. 기쁜 모습으로 하나님을 찬양하는 것이 안식일에 지녀야 하는 바른 태도이기 때문이다. 금식 금지도 마찬가지 이유에서 이해할 수 있다. 금식은 마음을 슬프게 하기 때문이다(XI,4).[13] 그러나 요리 활동은 노동에 속한다. 그러므로 안식일에 요리를 해서는 안 되고,[14] 금식을 해서도 안 되므로 준비된 음식을 먹어야 하며, 배고프다고 아무거나 먹어서는 안 된다(X,22-23). 아마도 이러한 조항은 안식일에 검증되지 않은 아무 음식이나 음료를 섭취해 탈이 나는 것을 방지하기 위함일 것이다.

안식일이 즐거운 날이지만, 특정 소수만의 기쁨이어서는 안 되고 모든 사람에게 기쁨이 되어야 하기 때문에 어리석은 말이나 폭언, 폭행 등으로 다른 사람들의 마음을 상하게 해서는 안 되며(XI,11), 심지

이 문서들의 이름을 "안식일의 노래"라고 붙인 것은 13개의 노래가 동일한 말로 시작하기 때문이다. "마스길(훈련교관)을 위한 제(1-13)번째 안식일의 희생제사 노래." 이 문서가 처음 발견되었을 때는 "천사들의 예전"(Angelic Liturgy)라고 불렸을 정도로 천상의 존재인 천사들에 대한 용어와 내용이 가득 차 있다. 이 문서에 나오는 천사, 신적 존재, 천상 보좌 등의 표상은 출애굽기, 이사야, 에스겔, 제1에녹서의 영향임을 부인할 수 없다. 이 문서는 천상의 존재들과 지상의 존재들이 연합하여 하나님께 예배드림을 묘사한다. 쿰란 공동체가 성전 제의를 거부했다는 것은 일반적으로 인정되고 있는 사실이므로 아마도 이들은 안식일에 성전 제의 대신 이러한 예전문으로 예배를 드렸을 것으로 짐작된다.

13 이 구절을 성관계 금지로 해석한 경우도 있으나 필자는 금식 금지로 해석했다. 희년서 50장 12절에서도 금식과 가축들을 때리는 것이 금지되고 있다. 양용의,『예수와 안식일 그리고 주일 ― 마태복음을 중심으로』(서울: 이레서원, 2000), 89-95. 양용의는 필자와 마찬가지로 금식 금지로 보고 있는 반면 이윤경은 성관계 금지로 해석한다. 이윤경, "쿰란공동체의 안식일 이해: 안식일 법, 정결례, 예식," 47.

14 요리 금지와 금식 금지는 희년서에도 언급되어 있다(희년서 50:9, 12).

어 가축들을 때리거나 억지로 끌고 들어오거나 끌고 나가는 등의 학대 행위를 해서도 안 된다(XI,5-8).

안식일에는 아무도(본인, 아들, 딸, 노예, 객, 노동자, 가축 등 모든 생명) 노동을 해서는 안 된다. 심지어 물에 빠진 가축이나 사람을 살리기 위한 일도 해서는 안 된다(XI,13-17). 아마도 이 일을 노동으로 평가했기 때문인 것으로 보인다. CD에서 "어떤 그릇으로도 물을 퍼서는 안 된다"(XI,1), "봉인된 그릇을 열어서는 안 된다"(XI,9), "유모는 안식일에 아기를 들어 올려서는 안 된다"(XI,11) 등의 규정은 노동의 종류를 좀 더 세밀하고 구체적으로 규정한 예라고 할 수 있다. 이처럼 쿰란 공동체는 안식일 준수를 위해 노동으로부터 쉼이라는 기본 이해에 근거하여 노동과 노동 아닌 것을 구분하는 일에 심혈을 기울였다.

2) 4Q 264a frag. 1 col. 1

네 번째 쿰란 동굴에서 발견된 한 문서에서도 안식일에 해서는 안 될 일들을 열거한 것을 발견할 수 있다. 다마스커스 문서가 안식일에 해서는 안 될 일들만을 열거한 목록이라면, 이 문서는 해서는 안 될 일과 해도 되는 일들을 열거하고 있다는 점이 특징이다.

(번역)[15]

1   어느 누구도 일천 규빗 이상 자기 마을 밖으로 나가서는 안 된다. 어느 누구도

---

15 이 문서의 한국어 번역은 이윤경의 글에서 인용했다. 이윤경, "쿰란공동체의 안식일 이해: 안식일 법, 정결례, 예식," 50.

2   안식일에 연주하기 위해 악기를 들어 올려서는 안 된다. 제사
     장들, 아론의 아들들은 번제나

3   안식일 희생 제사를 위한 연주를 위해 악기를 들어서는 안 된다.

4   어느 누구도 안식일에 자신의 책을 읽기 위해 문서를 취해서는
     안 된다.

5   오직 회중이 읽기 위해 책을 취하고 연구할 수 있다. 어느 누구
     도 입으로 안식일에 자신의 일을 행하기 위해 말을 해서는 안
     된다. 그는 문제, 일, 재산, 매매, 다음 날의 여행에 대해서 어떤
     말도 해서는 안 된다. 문제, 일, 재산, 매매, 다음 날의 여행에
     대해 어떠한 말도 해서는 안 된다. 그는 관습적인 거룩한 문제
     에 대해서만 이야기해야 하며, 하나님을 찬양해야 한다. 그리
     고 먹고 마시는 것과 관련해서는 이야기해도 좋다.

조그만 조각 단편이지만 다마스커스 문서에 언급된 내용들과 비교
한다면, 맨 먼저 행동반경의 제한이 나온다는 점 그리고 일천 규빗으
로 제한한 점이 동일하다. 그리고 안식일에 해서는 안 될 말들의 내용
이 조목조목 언급된다는 점이 특징적이다. 즉, 다마스커스 문서에서
쓸데없는 말이나 헛소리, 폭언을 삼가라는 정도로 언급했다면, 이 문
서에서는 좀 더 구체적으로 해서는 안 될 말의 내용을 열거한다. 즉,
자신의 일, 재산, 매매, 여행에 관한 일에 대해서 말하지 말 것을 명한다.

형식적인 면에서 볼 때 다마스커스 문서는 안식일에 해서는 안 될
금지 조항만을 언급한 반면 4Q 264 문서는 안식일에 금지된 일과 허
용된 일을 함께 언급한다는 점이 특징적이다. 내용적으로 다마스커스
문서에서는 찾아볼 수 없던 내용으로, 안식일에 연주를 위해 악기 사
용 금지와 개인적인 독서 및 연구 금지를 언급하고 있다는 점이 새로

운 것이라 할 수 있다. 시편이나 역사서에 따르면 비파와 수금을 사용하여 예배를 드리는 것이 보편적이다(대하 5:11-12). 이 문서에서 악기 사용을 금하는 이유는 안식일이기 때문이다. 그러므로 일반적인 날에는 악기를 사용했을 것으로 사료된다. 단지 안식일에 사용하지 말라는 이유는 아마도 악기 연주를 노동으로 여겼기 때문이라고 생각한다. 이 문서를 통해 안식일이 쉬는 날, 노동 금지의 날일 뿐 아니라 하나님을 찬양하는 예배의 날로 지켜졌음을 알 수 있다.

4. 안식일에 대한 예수의 견해(막 2:23-3:6)

1) 마가복음 2장 23-28절(마 12:1-8/눅 6:1-5)

추측컨대 예수가 안식일을 무시하거나 의도적으로 안식일에 노동을 하셨으리라고는 짐작되지 않는다.[16] 안식일법을 위시하여 십계명 준수는 예수 시대 대다수 유대인에게 준엄한 하나님의 명령으로 여겨졌을 것이기 때문이다. 아마도 쿰란 문헌에서 발견되듯이 안식일에 해서는 안 될 금지 목록도 사람들이 모르기 때문에 안식일법을 범하는 일이 없이 잘 지킬 수 있도록 하는 취지에서 이루어졌을 것으로 생각된다. 그럼에도 마가복음은 예수께서 안식일과 관련하여 논쟁에 휘말리는 사건을 소개한다. 본문을 자세히 읽어보면 역시 예수가 안식일을 위반한 것은 아니다.

---

16 샌더스/이정희 역, 『예수 운동과 하나님나라 ― 유대교와의 갈등과 예수의 죽음』 (서울: 한국신학연구소, 1997), 445-488, 특히 478-485. 샌더스는 예수가 유대교 율법의 무용성이나 폐지를 주장하거나 율법을 거스르는 행위를 하지 않았다고 말한다.

마가복음 2장 23절에 따르면 이 이야기는 예수의 제자들이 안식일에 밀 이삭을 잘라 먹는 것을 보고 안식일 준수에 관해 바리새인들이 시비를 걸어옴으로써 시작되는 논쟁 이야기이다.[17] 논쟁의 시발점은 결국 예수의 행위가 아니라 제자들의 행위이다. 제자들이 길을 가는 도중에 밀 이삭을 잘라 먹은 행위를 문제 삼은 것이다. 길을 가다가 배가 고파서 밀 이삭을 따먹는 일이 추수철의 가을걷이와 같은 노동이 아닐진대[18] 과연 제자들의 행위가 안식일법 위반일까 하는 의문이 든다. 그러나 예수는 제자들이 과연 안식일을 범했는지 아닌지의 여부를 논하지 않는다.

이 논쟁에서 예수의 대결은 세 가지 답변으로 이루어진다. 첫 번째 대답은 성경의 예를 들어 굶주려서 목숨이 위태로울 때에는 법을 지키지 않은 사례가 있다는 것, 두 번째 대답은 안식일법이 사람을 위한 것이라는 안식일법의 정신을 제시하였으며, 세 번째 대답은 예수는 인자로서 하나님이 제정한 법조차도 바꿀 수 있다는 것이다.[19]

---

17 공관복음서 전체 내용을 양식비평학적으로 연구한 불트만은 이 본문을 아포프테그마로 분류했다. 아포프테그마란 그리스 문학 양식의 하나로, 중요한 메시지(명언)를 담은 짤막한 이야기를 뜻한다. 아포프테그마에서는 이야기보다 그 이야기 하단에 전달되는 말씀이 핵심을 이룬다. 바리새인들이나 율법학자들이 예수와 싸우기 위해 질문을 던지는 식으로 시작하는 논쟁 이야기, 제자들이 예수의 가르침을 배우기 위해 질문을 던지는 식으로 시작하는 사제 이야기, 이렇게 크게 전기적 아포프테그마 등 세 종류의 아포프테그마가 있다. 한국에서는 정양모 신부가 아포프테그마를 상황과 함께 전달되는 말씀이란 의미에서 "상황어"로 번역했다. 불트만/허혁 역, 『공관복음전승사』(서울: 대한기독교서회, 1977), 9-80; 정양모, 『마르코복음서: 한국 천주교회 200주년 신약성서 2』(왜관: 분도출판사, 1981), 10-15.

18 랍비들의 미쉬나에서는 안식일에 39가지 노동을 금지했는데, 그중 하나가 추수 작업이다. 밀 이삭을 자르는 것도 추수 작업에 해당한다고 보는 해석도 있었다고 한다(Mish Shabbat 7,2).

19 정양모는 이 세 가지 답변 중 두 번째 것만이 역사적 예수에게 소급될 수 있다고 여긴다. 첫 번째 대답은 유대계 그리스도교의 해설이고, 세 번째 대답은 이방계 그리스도교의 해설

첫 번째 대답(25-26절)은 사무엘상 21장 1-6절의 성서 내용을 근거로 제시한다. 물론 이 본문은 성서를 정확하게 인용한 것은 아니다. 사무엘상 21장에 따르면 당시 대제사장의 이름은 아비아달이 아니라 그의 아버지인 아히멜렉이다. 이것은 아마도 당시에는 오늘날처럼 경전 사본을 쉽게 구할 수 없는 형편이라 어렴풋한 기억 속에서 인용하였기 때문에 생긴 오류일 것이다. 예수가 성서를 인용할 때 오류를 범하고 있음을 이후에 이 본문을 자료로 사용한 마태나 누가도 인지한 것 같다. 이들은 이 오류를 수정하지 않고 대제사장의 이름만 삭제한 채 그대로 사용한다. 아마도 이 구약성서 이야기의 인용에서 중요한 것은 어느 대제사장 때인가 하는 역사적인 사실이 아니라, 유대인들이 최고 지도자라고 여기는 다윗도 법을 어긴 일이 있었다는 사실을 지적하고자 함이다. 따라서 대제사장의 이름은 누구라도 상관이 없다. 사무엘상의 이야기 인용에서 본래의 내용보다 강조된 것은 먼저 다윗과 함께한 사람들이 "핍절되어 시장하였다"(막 2:25)는 점, 그리하여 다윗이 제사장 외에는 먹는 것이 허락되지 않은 진설병(떡)[20]을 자신도 먹고 함께한 사람들도 먹였다(막 2:26)는 점, 즉 다윗도 사람들을 살리기 위해 법을 어겼다는 내용으로, 법보다 사람이 우선임을 논증하기 위한 것이다.

이것은 앞서 쿰란 문서에서 보았듯이 안식일을 거룩하게 지키려는 경건한 유대인들이 무엇이 노동인지 아닌지 구분하는 일에 매진하였다면, 예수는 안식일법을 주신 하나님의 의도를 파악하였다는 것을 말해준다. 즉, 안식일법은 사람을 살리기 위해 주신 법이라는 법 정신을

로 본다. 정양모,『마르코복음서』, 45; 28절의 명제가 이방계 그리스도교에서 나왔는지는 확인할 수 없지만, 기독론에 기초한 결론이라는 점에서 교회의 산물이라는 점엔 이의가 없다. D. Lührmann, *Das Markusevangelium*, HNT 3 (Tübingen: J.C.B. Mohr, 1987), 65.
20 이에 관해서는 레위기 24장 5-9절 참조.

파악하였다고 볼 수 있다. 그러므로 사람을 살리기 위해 법을 어기면 서까지 행한 다윗의 행위는 타당하며 오히려 법 정신을 살린 행위이기 도 하다. 그리고 다음과 같은 명언으로 안식일의 의미를 천명한다. "안 식일이 사람을 위하여 있는 것이요, 사람이 안식일을 위하여 있는 것 이 아니다"(막 2:27). 이런 의미에서 사무엘상 21장에서 전하는 다윗의 경우와 법보다 사람을 우선으로 하는 법 정신은 예수의 명제와 밀접한 관련이 있다.[21]

예수가 파악한바 안식일법의 원래 의도는 사람을 사람답게 살게 하 기 위함이다. 구약성서에서 안식일은 휴식을 위한 날로 규정된다(창 1:1-3; 출 23:12, 34:12). 쉼 없이 일하는 노예적인 삶은 하나님 보시기 에 좋지 않다. 사람이 사람답게, 동물은 동물답게 살게 하시려고 일주 일에 하루는 쉬게 하시는 것이 안식일법을 주신 하나님의 의도이다. 이는 안식일이 하나님의 법이라는 이유로 사람들을 억압하는 당시 유 대 종교의 모순을 지적하며 안식일법에 담긴 진정한 하나님의 뜻, 즉 법 정신을 제시하는 예수의 놀라운 통찰이다. 이 말씀을 함으로써 예

---

21 마가 본문을 자료로 삼고 복음서를 기록한 마태와 누가의 경우, 마가복음 2장 27절에 전하는 예수의 명언을 삭제한 것은 매우 유감스럽다. 이 말씀이야말로 역사적 예수의 인간애 사상을 명백히 알 수 있게 해주기 때문이다. 마태는 마가가 전하는 전승을 다양 하게 변경한다. 첫째, 다윗의 예가 마가복음에서는 배가 고픈 동행자들을 먹이기 위해 다윗이 법을 위반했다는 것에 중점이 있었던 반면, 마태는 그 이야기에 이어서 "제사장 들이 성전 안에서 안식을 범하여도 죄가 없음"을 강조하면서(마 12:5) 성전보다 더 큰 이로서 예수를 암시한다. 마태는 마가복음의 이야기에서 절정이라 할 수 있는 "사람이 안식일을 위해 있는 것이 아니라 안식일이 사람을 위해서 있다"는 예수의 말을 삭제하고 그 대신 호세아 6장 6절을 인용하면서 무죄한 자를 정죄하지 말 것을 경고한다(마 12:7). 그리고 이어서 "인자는 안식일에도 주인이니라"는 말로 마감을 함으로써 안식일 논쟁 이야기를 예수의 기독론의 배경이 되게 만들었다. 즉, 마태는 안식일 논쟁을 인자이신 예수가 안식일의 주인임을 선언함으로써 논쟁을 종결했고, 예수가 과연 누구인지 말하 는 기독론적 주제로 만들었다. 이런 의미에서 역사적 예수의 안식일 이해를 위해 마태복 음을 선택하는 것은 방법론적으로 문제가 크다.

수는 안식일법을 제정한 하나님의 의도를 파악한 진정한 휴머니스트로 굳건한 자리를 얻게 된다.[22]

최근 김광수는 이 구절이 안식일을 제정한 하나님의 의도를 잘 파악한 예수의 발언이라고 올바로 파악했다. 그에 따르면 안식일은 "인간의 휴식을 확보하고 이스라엘의 구원자이신 하나님의 영광과 은혜를 선포하고 기뻐하는 축제의 날"[23]로서, 안식일을 제정하신 하나님의 근본 의도를 인간의 휴식과 하나님의 영광의 선포로 이해했다. 그러나 필자가 보기에 안식일을 주신 하나님의 의도는 인간의 휴식보다 더 깊은 차원이다. 휴식은 안식일을 제정하신 하나님의 의도라기보다는 안식일의 내용이라고 보아야 한다. 하나님의 의도는 휴식 그 자체가 아니라 휴식을 통한 생명 회복이라고 할 수 있을 것이다.

그러므로 안식일법을 주신 하나님의 의도는 생명 살림에 있고, 이 점을 명확히 파악하신 분이 예수이다. 사람이 사람답게 살 수 있도록 휴식을 반드시 취하라는 것이 안식일법의 목적이며 내용이다. 예수의 이러한 이해는 하나님이 창조주시라는 것과 그가 창조 후 만족하셨다는 사실(창 1:31), 즉 창조신학에 안식일의 신학적 근거를 두고 있는 것으로 보인다. 하나님은 제6일에 동물들과 사람들을 창조하시고, 생육하고 번성할 것을 축복하고(창 1:28), 하나님이 만드신 피조물들을 돌볼 과제를 주셨으며(1:28), 먹을 것을 제공하시고(1:29-30), 사람들도 쉬도록 전능하신 하나님이 먼저 쉬셨다는 이야기가 창조 이야기 안

---

22 마가복음 2장 27절이 역사적 예수의 진정한 말이라는 것은 비판적인 학자들에게도 인정을 받는 사실이다. 이로써 예수는 휴머니스트로 이해되었다. 예레미아스/김경희 역, 『예수의 선포』(왜관: 분도출판사, 1999), 288.

23 김광수, "예수와 유대교 지도자들 사이에 안식일을 둘러싼 대립(막 2:23-28)의 사회-정치적 이해,"「복음과 실천」34 (2004 가을), 35-61, 특히 53.

에 포함되어 있다(2:1-3).

안식일을 제정하신 하나님의 원래 의도가 생명을 살리기 위한 것이라는 예수의 이해는 마가복음에서 연속되는 이야기를 통해서도 확인된다.

2) 마가복음 3장 1-6절(마 12:9-14/눅 6:6-11)

안식일과 관련된 또 하나의 이야기가 마가복음 3장 1-6절에 전해진다. 예수가 안식일에 병자를 치유하였고, 이에 대해 안식일 위반을 문제 삼는 자들과 벌인 논쟁 이야기이다.[24] 마가복음 2장 23-28절에서 제자들의 행동이 문제가 되었다면, 마가복음 3장 1-6절의 이야기에서는 예수 자신의 행동이 문제가 된다. 전형적인 아포프테그마와는 달리 이 이야기는 적대자들의 질문으로 시작하지 않는다. 이야기 서두에 적대자들을 명시하지도 않는다. 그들은 아무 특징 없이 예수와 함께 있는 자들로 묘사되고 있을 뿐이지만, 마음속으로 예수를 걸고넘어지려고 작정하고 예수의 행동을 관찰하고 있다.[25] 예수는 그들의 마음을 알고 있다.

직업적인 의사가 안식일에 병자를 고치는 것은 노동이라고 할 수 있다. 그러나 예수는 의사도 아니기 때문에 그가 병자를 치유한 것을 노동으로 평가할 것인지에 대해서는 논의해봐야 한다. 그뿐만 아니라

---

24 마가복음 3장 1-6절이 논쟁 대화나 사제 대화의 전형적인 모습을 탈피하고 있어서 아포프테그마 양식에 속할지 의심스럽다. 마가복음 2장 23절에서처럼 적대자들의 질문이나 제자들의 질문이 나오지 않기 때문이다. 그럼에도 불트만은 이 이야기를 논쟁 및 사제 대화에 귀속시켰다. 이 이야기에서 핵심적인 것은 4절에 소개되는 예수의 말에 있다는 사실에 의심이 없기 때문에 불트만의 분류에 이의를 제기할 필요는 없을 것으로 사료된다. 불트만/허혁 역, 『공관복음전승사』, 10.

25 본문에는 "엿본다"는 표현으로 이러한 특징을 나타내고 있다.

예수가 병자에게 행한 것이 수술과 같은 노동도 아니고, 해서는 안 될 폭언이나 폭행도 아니다. 앞의 이야기에서 제자들의 밀 이삭 비벼 먹는 일이 노동이냐 아니냐를 논하지 않았던 것처럼 이 이야기에서도 예수는 자신이 행하고자 하는 치유 행위가 안식일 위반에 해당하는 일이 아니라고 변증하려는 의도가 없다.

이 이야기에서 예수의 말씀은 세 마디이다. "한가운데에 일어서라"는 맨 처음 말씀은 지체 장애인을 치유하기 위한 말로 보기엔 어려움이 있다. 왜냐하면 이 말이 두 다리로 설 수 없는 지체 장애인에게 한 말이라면 치유를 위한 명령어가 될 수 있지만, 이 이야기에 등장하는 사람은 "손 마른 사람"(막 3:1), 즉 다리가 아니라 손에 장애를 입은 사람이기 때문이다. 그러므로 치유를 위한 결정적인 말은 세 번째 발언 "네 손을 내밀라"에 있다. 그 명령과 함께 마른 손이 회복되는 치유 기적은 일어났다(막 3:5).[26]

첫 번째 말씀은 치유를 위한 것이라기보다는 과시를 위한 것으로 보인다. 두 번째 말씀으로 안식일에 대한 참된 가르침을 과시하고, 세 번째 말씀은 그가 하고자 했던 치유 행위를 과시하기 위한 전 단계 발언이라고 보면 좋을 것이다. 안식일과 관련하여 예수의 사상을 알 수 있는 결정적인 발언은 두 번째 말씀이다: "안식일에 선을 행하는 것과 악을 행하는 것, 생명을 구하는 것과 죽이는 것, 어느 것이 옳으냐?"(막 3:4).

예수의 질문 앞에서 적대자들은 침묵한다(4절). 그들은 너무나 자명한

---

26 가령 문둥병자에게는 "깨끗함을 받으라"는 말로 치유하고(막 1:41), 걷지 못해 들것에 실려 온 중풍병자를 치유하는 말은 "일어나 네 상을 가지고 집으로 가라"(막 2:11), 병상에 누워 일어나지 못하고 결국 죽음에 이른 야이로의 딸에게는 "달리다굼"(일어나라, 막 5:41), 청각장애와 언어장애를 가진 사람에게는 "에바다"(열리라, 막 7:34)는 말로 치유하는 것을 볼 때, 증세가 호전되도록 하는 직접적이고도 강력한 명령어가 치유 언어로 사용됨을 알 수 있다.

진리 앞에서 말문이 막히자 예수를 죽이고자 모의한다(6절). 이야기 종결부에서 적대자들이 누구인지 밝힌다: "바리새인들과 헤롯당원들."[27]

마가복음 3장 1-6절 이야기의 장르를 기적 이야기로 본다면 핵심적인 예수의 발언은 5절에 있다고 할 수 있지만, 논쟁 이야기 아포프테그마로 분류한다면 바로 4절의 명언에 이야기의 핵심이 있다고 할 수 있다. 이 말씀은 질문의 형태이지만, 안식일에 선을 행하는 것과 생명을 구하는 것이 옳다는 걸 강조해서 표현한 선언문이라고 할 수 있다.[28] 이 명제는 앞서 마가복음 2장 23-28절에서도 보았듯이 안식일을 주신 하나님의 의도를 명확히 깨달은 자만이 발설할 수 있는 강한 메시지이다.

유대 사회에서 많은 사람이 하나님이 주신 법이라고 하여 법 준수

---

27 일반적으로 예수의 적대자들로는 바리새인이나 사두개인 혹은 율법학자가 등장하는 반면 복음서 전체에서 이 구절에서만 "헤롯당원"이라는 정치적 집단의 표현이 언급된 것에 대해 생각해볼 만한 주제이다. 하르트무트 슈테게만은 요세푸스가 『유대 고대사』나 『유대 전쟁사』에서 예수 당시 유대 종파로 바리새파, 사두개파, 에세네파가 있다고 소개하고 있는데, 신약성서에서 특히 예수의 적대자로 바리새파와 사두개파는 언급되는 반면 에세네파에 대해서는 한 번도 언급되지 않는 점에 유의하였다. 그리고 이 구절에 착안하여 헤롯 당원들이 쿰란 공동체인 에세네파 사람들을 가리킬 수 있다는 가능성을 제기했다. 앞서 보았듯이 쿰란 공동체가 그 누구보다도 안식일 준수에 관심이 많아 안식일에 해서는 안 될 금지 목록까지 만들어 안식일 준수에 공을 들이고 있는 것을 볼 때 슈테게만의 가설에 동의할 수 있으나 막상 확실한 증거를 찾기는 어렵다. H. Stegemann, *Die Essener, Qumran, Johannes Taeufer und Jesus* (Freiburg: Herder, 1993), 213-226, 특히 223. 요세푸스에 따르면 헤롯 대왕 때 에세네파가 최고로 평가받았다는 사실과 안식일 논쟁에서 헤롯당원이 언급된다는 점을 근거로 삼았다.

28 안식일에 생명을 구하는 것과 죽이는 것, 어느 것이 옳으냐는 질문에 생명을 구하는 것이 옳다는 것에 동의한다면, 지상의 예수가 쿰란 공동체와 관련이 없었다는 것이 분명하다. 쿰란 문서가 발견된 후 이들과 예수의 관계에 관해 많은 추측이 있었지만, 예수가 쿰란 공동체를 알지 못했음은 안식일 이해를 통해서도 분명하게 나타난다. 쿰란 공동체와 예수의 관계에 관해서는 필자의 논문 "예수와 쿰란공동체," 「신학사상」 137집(2007 여름), 97-127 참조.

를 위해 마음을 모으고 지혜를 모으기도 했다. 쿰란 공동체는 안식일은 노동하지 않는 날, 쉬는 날이라는 기본 내용에 충실하기 위해 안식일에 해서는 안 될 금지 목록을 만들기도 했다. 그러나 그들은 법을 주신 하나님의 마음은 읽지 못했다. 법을 지킨다는 이유에서 사람이나 가축이 위험에 처해 있어도 구하려고 하지 않았다. 그러나 예수는 하나님의 법이란 사람을 살도록 하기 위해, 그것도 그냥 죽지 못해 사는 삶이 아니라 인간답게 살아가도록 주어진 것임을 알았다. 안식일법도 마찬가지이다. 내가 안식하기 위해 타인의 생명이나 가축의 생명을 죽음에 빠뜨리는 것은 안식일법을 주신 하나님의 의도에 어긋나는 행위이다. 하나님은 생명을 창조하신 분이므로 그의 모든 피조물이 살기를 원하실 것이기 때문이다. 이처럼 예수의 사상은 철저히 창조 사상에 기초를 두고 있다고 해도 과언이 아니다.

　손 마른 사람의 생명이 위태로운 것도 아닌데 굳이 안식일에 치유해서 논쟁을 일으킬 이유가 있었을까 하는 질문을 제기할 수도 있다. 그래서 타이센은 이러한 행동이 매우 의도적이라고 말하기도 한다.[29] 그러나 이미 예수의 활동에서 안식일에 병자를 고치거나 귀신들을 축출하는 일들이 많이 소개되고 있다. 가령 마가복음에서 제일 먼저 소개되는 귀신 축출도 안식일에 있어났고(막 1:21-28), 열병 든 시몬의 장모 치유 사건도 같은 날이며(막 1:30-31), 문둥병자를 치유한 것도 안식일이다(막 1:40-45). 예수는 자신에게서 일어나는 귀신 축출이나 병 고침 기적이 보여주기 위한 자신의 능력이 아니라 자신을 통해 활동하시는 하나님의 역사라고 말한다. 그리고 그것은 바로 하나님의 나라이다: "내가 만일 하나님의 손가락을 힘입어 귀신들을 쫓아내는 것

---

29 게르트 타이센, 아테네 메르츠/손성현 역, 『역사적 예수』(서울: 다산글방, 2001), 530-535.

이면, 하나님의 나라가 이미 너희에게 임하였느니라"(눅 11:20).

이로써 우리는 예수가 당대 일반 유대인들과 다른 안식일 이해를 가지게 된 신학적 근거로 하나님 나라의 도래에 대한 확신을 제시할 수 있다. 지금 하나님이 사람들의 생명을 위해 활동하신다는 것이다. 그리고 안식일에도 사람을 사람답게 살게 하시는 하나님의 구원 활동은 멈추지 않는다는 것이다.

유대 사회 수백 년 동안 하나님의 명령으로 지켜온 안식일법, 그 법을 지키기 위해 노동과 비노동을 분류하고 상세한 시행령을 제시한 쿰란 문서에 비해 예수의 발언은 "왜 안식일법을 주셨는지"에 대해 묻고, 그 해답을 얻은 듯 보인다. 즉, 하나님이 안식일을 지켜 쉬라고 명하신 것은 "사람(모든 생명)이 바로 살아가기 위함"임을 깨달은 자만이 말할 수 있는 이야기이다.

5. 나오는 말: 법 시행과 법 정신의 관계

안식일법은 유대 사회 오랜 역사 속에서 하나님의 명령으로 여겨지며 유대인들이 하나님의 백성으로서 정체성을 지키는 데 중요한 역할을 하였다. 안식일은 생명 가진 존재들이 쉬도록 하기 위해 주어진 것인데, 이러한 안식일의 원래 의도와 목표는 이스라엘 역사를 통해 점차 잊히고 안식일을 어떻게 지켜야 하는지, 어떤 것이 안식일을 범하는 것인지, 노동과 비노동을 분류한다거나 사람이나 동물이 생명의 위태로움에 빠져 있는데도 구해서는 안 된다는 식의 왜곡 현상도 나타났다. 제2성전 시기에 형성된 쿰란 문서에서 이와 같은 증거를 찾아볼 수 있었다.

이에 비해 "사람이 안식일을 위하여 있는 것이 아니라, 안식일이 사람을 위하여 있다"는 예수의 발언은 "왜 안식일법을 지켜야 하는지"에 대해 묻고, 안식일법의 본질적 의미를 얻은 자만이 할 수 있는 것이다. 즉, 하나님이 안식일을 지켜 쉬라고 명하신 이유는 "사람(모든 생명)이 바로 살아가기 위함"임을 깨달은 자만이 말할 수 있는 이야기이다.

안식일을 지키기 위해 생명이 위태한 사람이나 가축을 돌보지 않는 경우들은 예수가 보기에 안식일법을 제시한 하나님의 뜻과 거리가 먼 것이었다. 예수는 안식일법이 하나님에게서 온 것이라면 그 법을 주신 하나님의 의도가 있을 것으로 여겼던 것이다. 하나님은 창조주, 모든 생물에게 생명을 주신 분이다. 그러므로 어떤 생명도 죽기를 원하지 않으시리라 예수는 확신한다. 안식일은 사람과 동물 모두 쉬라는 법이다. 쉼은 살기 위한 것이지 죽음을 위한 것이 아니다. 쉬기 위해, 안식일법을 지키기 위해 생명의 죽음을 방치한다면, 바로 주객전도의 현상이라고 할 수 있을 것이다.

사람을 위해, 사람이 사람답게 살도록 하기 위해 안식일법을 주었건만, 안식일법을 강조하다가 사람 위에 법이라는 이데올로기로 빠져버린 것이 바빌론 포로기 이후 제2성전기 유대교라고 할 수 있다. 이러한 시대 막바지에 활동하신 예수는 자신을 통해 활동하시는 하나님의 구원 역사를 체험하며 안식일법의 정신을 깨달았다. 생명을 살리기 위해 일하시는 하나님의 활동은 바로 안식일 정신의 발로인 것이다.

안식일법은 사람에게 쉬어가며 일하라는, 본인만이 아니라 모든 생명을 쉬게 하라는 하나님의 사랑이 담긴 법이다. 그러므로 예수는 안식일보다 사람이 우선이고, 법보다 생명이 우선임을 천명하였다. 결국 십계명의 안식일법에 대한 쿰란 공동체와 예수의 견해를 비교하여 한 마디로 그 특징을 표현한다면, 법 시행과 법 정신의 차이라고 해도 좋을 것이다.

2장
예수의 성서 해석
: 문자주의에서 성서 정신으로

— 마가복음 10장 1-9절의 이혼 논쟁을 중심으로

1. 들어가는 말

성서는 그리스도교 신앙을 가진 사람들에게 가치 판단과 행동 규범의 기준이 된다. 그리고 하나님의 말씀으로서 권위를 지닌다. 그런데 유감스럽게도 여성을 비하하거나 억압하는 내용들이 성서 안에 상당수 들어 있다. 이러한 이유에서 성서는 여성이라는 이유 하나만으로 불이익을 당하는 현실과 대항하고, 여성도 남성과 똑같은 인격체임을 주장하려는 사람들에게는 딜레마가 된다. 그리하여 몇몇 페미니스트는 이러한 사실에 실망하여 성서가 오히려 여성 억압을 정당화한다고 여기고 여성 해방을 위해 그리스도교를 떠나기도 했다.[1]

---

1 가령 매리 달리(Mary Daly), 나오미 골든버그(Naomi Goldenberg), 캐럴 크리스트 (Carol Christ) 등이다. 손승희, "여성신학의 물결,"『여성신학의 이해』(서울: 한국신학 연구소, 1989), 27 이하; 김경희, "페미니즘적 성서 이해 및 해석학의 모색,"『성서와 여성

다른 한편 상당수의 페미니스트 학자는 성서가 가부장적인 요소로 각인되어 있음에도 수천 년 인류의 문화유산이라는 점에서 혹은 성서 전체에 흐르는 억압된 인간에 대한 해방과 위로와 구원의 메시지를 의지하여 성서를 버리지 않고 새롭게 해석하려고 노력하고 있다. 대표적인 시도들을 소개하면 다음과 같다.

1) 경전 안의 경전

류터와 러셀 등 여성신학자들은 여성신학의 신학적 근거가 될 수 있는 규범적 성서 전통을 성서 안에서 찾아보려고 시도했다. 남녀 평등적인 것과 여성 억압적인 것을 구별하고, 남녀 평등적인 것을 복음 중의 복음, 경전 안의 경전으로 인정하려는 것이다.[2] 류터의 경우 예언자적·메시아적 전통을 비판적인 기준으로 삼았고, 러셀의 경우는 하나님의 약속 개념을 해석의 열쇠로 삼았다. 이러한 해석법은 경전 안에 기록되어 있는 남녀 불평등적이고 여성비하적인 구절들을 삭제하지 않는 한, 남녀 불평등이 성서적이라고 주장하는 자들을 설득하지 못하는 한계가 있어 보인다. 이러한 한계를 파악한 스탠턴은 성서 안에서 여성을 억압하는 본문들을 배제하고 성서를 다시 쓰고 다시 해석하기 위한 성서 개정 위원회를 요구하고, 그 결과물로『여성들의 성서』

신학』(서울: 대한기독교서회, 1995), 32; 최만자, "페미니즘과 성서해석의 문제,"「한국 여성신학」제47호 (2001 가을·겨울), 35-53; 이경숙,『여성의 눈으로 본 구약성서개론』(서울: 대한기독교서회, 2006), 30.

2 R. R. Ruether, "Feminist Interpretation: A Method of Correlation," *Feminist Interpretation of the Bible*, L. M. Russell ed. (Philadelphia: The Westminster Press, 1985), 117; L. M. Russell, "Authority and the Challenge of Feminist Interpretation," *Feminist Interpretation of the Bible* (Philadelphia: The Westminster Press, 1985), 138-139.

(*The Women's Bible*)를 출간하기도 하였다.[3]

2) 의심의 해석학

피오렌자는 여성신학에 이 방법론을 적용하였다. 성서의 본문들이 남성 중심적 관점으로 기록되고 편집되었으며, 남성들에 의해 경전화되고 번역되었으므로 그것들이 여성 해방을 위해 용납되고 긍정되며 승인되기 전에 먼저 의혹의 눈으로 보아야 하며, 권위와 진리도 갖고 있지 않다고 생각하는 것이다.[4] 따라서 성서 안에 있는 성차별적인 성격들을 폭로하고 그것이 과연 신적인 권위를 지닐 수 있는지 의심하고 거부하자는 것이다.

의심의 해석학(hermeneutics of suspicion)의 기초라고 할 수 있는 '의혹의 눈'은 성서 안에서도 찾아볼 수 있다. 가령 예수 시대에 안식일이 반드시 지켜야 할 하나님의 뜻이라고 의심 없이 받아들여졌다면, 의혹의 눈을 가진 예수는 안식일을 지킨다는 목적으로 사람이 죽는 것을 방치하는 데에 의심을 품었던 것이다. "안식일이 인간을 위해 있는 것이지, 인간이 안식일을 위해서 있는 것이 아니다"(막 2:27)라고 선포한 것은 의심의 해석학의 실례라고 할 수 있다. 이러한 실례에 힘입어 여성을 억압하는 구절들에 대해 그것이 과연 그러한가 묻고 해석하는 의심의 해석학을 적용해볼 수 있다.

---

3 E. C. Stanton and Revising Committee, *The Women's Bible* (San Francisco: Harper & Row, 1988).

4 E. Schuessler-Fiorenza, *In Memory of Her: A Feminist Theological Reconstruction of Christian Origins* (New York: Crossroad Public Co, 1983), 41-67; 피오렌자/김애영 옮김,『크리스찬 기원의 여성신학적 재건』(서울: 태초, 1993), 65-98.

3) 국내 여성신학자들의 시도들

— 김경희, "페미니즘적 성서 이해 및 해석학의 모색"을 중심으로

이미 우리나라에서도 여성신학의 존립이 성서 해석과 밀접한 관계가 있음을 깨닫고 여성신학을 위한 성서 해석 방법론 모색을 위한 시도들이 있었다. 이 시도들의 결실은 1995년 한국여성신학회에서 출간한『성서와 여성신학』에 집결되었다.5 이 책에 실린 논문에서 김경희는 페미니즘 성서 해석의 목표와 방법을 매우 설득력 있게 제시한다. 그는 페미니즘적 성서 해석학의 목표를 "성서의 권위로 여성을 억압하는 것을 근본적으로 차단하고", "성서로부터 여성의 해방과 구원, 여성의 온전한 인간성의 실현을 지원받는 방법"을 찾아가는 것으로 규정한다. 필자도 이러한 목표에 전적으로 동의한다.

그는 성서를 읽을 때 인간을 구속하는 규범이 아니라 윤리적 모델로, 권위의 책이 아니라 대화의 파트너로 삼자고 권하면서 다음과 같은 방법을 제안한다: (1) 페미니즘 해석학은 남성 중심적 사회 구조 안에서 성차별과 불평등과 억압을 당하고 있는 고난의 현실에서 출발하여 여성의 해방과 구원을 이루기 위해 나아간다. (2) 페미니즘 성서 해석의 목표에 부합한 텍스트에 대한 적용의 자유가 필요한데, 이에는 여성의 해방과 구원을 목표로 하는 텍스트의 선택, 유비적 적용과 창조적 변형이 속한다. (3) 텍스트에 대한 내용 비판과 텍스트 오용에 대한 감시. (4) 성서 안에 여성의 존엄성, 남성과의 동등성, 해방의 모티브를 포함한 전승들, 여성의 인간화와 해방을 위한 투쟁에 필요한 성서적 전거 발굴. (5) 성서적 혹은 신학적인 근거 외에 철학, 윤리학,

---

5 이 외에 이 책에 실린 글 중 김경희, "페미니즘적 성서 이해"(1996), 31-56 참조.

법학, 사회학, 정치학, 인류학, 여성학 등 모든 분야와 연계하여 다원적 해결의 모색.

이상에서 살펴본 바와 같이 국내외 여성신학자들에 의해 남녀 불평등한 요소를 지니고 있는 성서적 딜레마를 극복하기 위한 많은 숙고와 훌륭한 제안들이 있었음을 확인할 수 있다. 이 글의 목적은 기존의 여성주의 성서 해석 방법을 비판하거나 그 문제점을 지적하는 데 있지 않다. 그보다는 예수가 행했던 성서 해석 방법을 여성주의 성서 해석 방법론의 한 모델로 제시하고자 한다. 특히 마가복음 10장 1-9절을 중심으로 예수가 이혼이라는 현실적인 문제 앞에서 어떻게 성서를 해석하고 적용했는지 살펴보고자 한다. 피오렌자의 의심의 해석학이나 김경희가 제시한 방법론(특히 고난의 현실에서 출발하여 여성의 해방과 구원 목적에 부합하는 성서 구절의 적절한 선택, 유비적 적용, 창조적 변용 등)은 이미 2,000년 전 팔레스타인에서 살던 예수가 성서를 최고 권위로 여기던 유대 문화권에서 실제로 보여주고 있기 때문이다.

2. 이혼 논쟁과 예수의 견해

마가복음 10장 1-9절은 이혼의 합법성에 대한 바리새인들과 예수의 논쟁 이야기이다. 이 논쟁은 예수의 적대자인 바리새인들에 의해 제기된다: "사람이 아내를 내어버리는 것이 옳으니이까?" 이 문장에서 "내어버리다"로 번역된 그리스어 '아폴뤼오'(ἀπολύω)는 감금되었던 사람을 풀어준다거나 매여 있던 것을 풀어주는 의미를 지닌 낱말이므로 아내를 구박해서 집에서 내쫓는 것이나 별거하는 것을 의미하는 용어가 아니라 법적으로 혼인 관계를 해소하는 것, 즉 이혼을 의미하는 전문 용어로 보아야 한다.6 그러므로 이 구절은 "남자가 아내와 이혼하는 것이 옳은 일입니까?"라고 번역하는 것이 옳다. "이혼하다"라는 표현 대신 "내어버리다"라는 표현을 쓴 것은 아마도 한국어로 번역될 당시 조선말 혹은 일본 강점 시기에 지배적인 가부장적인 가치관, 즉 아내는 남편의 소유물이라는 부부 관계에 대한 이해가 반영된 것으로 보인다.

불트만의 양식비평에 따르면 이 이야기는 전형적인 아포프테그마의 논쟁 대화에 속한다.7 아포프테그마는 그리스 문학 양식으로, 비난이나 질문으로 공격적인 대화가 전개되고, 핵심은 이야기 전체를 통해 전해지는 예수의 말에 있다. 그에 따르면 구전으로 전해지던 예수의 말에 하나의 틀이 제공되는 셈이다. 그는 이 본문의 주제라고 할 수 있는 이혼 논쟁도 교회에서 생긴 것이 확실하다고 여긴다. 다만 예수가 이혼을 반대했다는 오래된 전승에 근거해서 이러한 이야기가 전개되었을 것으로 추측한다.8

---

6 W. Bauer, *Wörterbuch zum Neuen Testament* (Berlin: Walter de Gruyter, 1971), 191; J. A. Fitzmyer, "The Matthean Divorce Texts and Some New Palestian Evidence," TS 37(1976), 212-213; D. Lührmann, *Das Markusevangelium*, HNT 3 (Tübingen: J.C.B. Mohr, 1987), 169.

7 불트만/허혁 역, 『공관복음전승사』 (서울: 대한기독교서회, 1977), 9-80. 마가복음보다 이전에 기록된 고린도전서 7장에 따르면 이혼이 교회 안에서 주제가 되었던 것을 알 수 있고, 초기 그리스도교 교회에서 이혼이 뜨거운 감자로 논의되었던 것을 짐작할 수 있다. 고린도전서에서 바울이 역사적 예수를 개인적으로 알지도 못하고 그의 가르침을 들어본 적이 없었을지라도, 예수가 이혼에 대해 반대 의견을 가지고 있다는 것은 당시 많은 사람에게 알려져 있었던 것으로 보인다(고전 7:10).

8 아포프테그마에서 주요 핵심은 예수의 말에 있다는 사실과 이미 초기 그리스도교 전통에 예수가 이혼과 관련하여 반대 의사를 표했다는 것이 알려져 있었다는 사실에 근거하여 역사적 예수의 말로 보는 데에 이의를 제기할 필요는 없다. 그뿐만 아니라 이 논문의 목적은 마가복음 10장 1-9절 본문이 역사적 예수의 말로 진정성이 있느냐 없느냐에 있는 것이 아니라 이 본문에 나오는 예수의 논법, 특별히 성서 해석에서 여성주의 성서 해석법의 기초를

이혼이란 주제로 논쟁을 걸어온 바리새인들을 향한 예수의 다섯 마디 말씀을 여성주의적 성서 해석 방법론의 기초석으로 놓을까 한다.

1) 예수의 첫 번째 말씀: "모세가 어떻게 너희에게 명하였느냐?"

이혼이 합법적인 것이냐는 바리새인들의 질문에 대해 예수는 가타부타 대답하지 않는다. 모든 질문과 대답이 그렇듯이 묻는 자가 나름대로 대답을 가지고 있다는 것을 예수도 알고 있다. 그리하여 대답 대신 질문으로 응답한다: "모세가 어떻게 너희에게 명하였느냐?"

이 질문은 예사로운 것이 아니다. 예수와 바리새인들 모두 유대인이다. 유대인들에게 성서는 '하나님의 말씀, 하나님의 법, 하나님의 명령'이라는 최고의 권위를 지니고 있다. 모세 오경 중 한 책인 신명기의 24장 1-2절은 이혼할 때 무슨 일을 해야 하는지 규정한 것이다. 이혼할 때 준수해야 할 사항이라고 할 수 있다. 이 구절에 따르면 이혼을 할 때는 반드시 이혼 증서를 써 주어야 한다. 이러한 규정이 토라에 있다는 것은 곧 이 규정이 하나님의 명령으로 이해되었다고 볼 수 있는 것이다. 오늘날 한국교회에서 성경을 하나님의 진리 말씀으로 이해하는 것처럼 예수 당시 유대교에서도 토라와 예언서는 하나님의 말씀, 하나님의 법으로 이해되었기 때문이다.

그런데 예수는 "하나님께서 어떻게 너희에게 명하셨느냐?" 혹은 "하나님의 법에는 어떻게 기록되어 있느냐?"라고 묻지 않고, "모세가 어떻게 너희에게 명하였느냐"라고 묻는다. 이러한 질문에는 모세 오경 안의 내용을 하나님의 말씀이나 하나님의 명령으로 여겼던 당시의

얻고자 하는 것이므로 역사적 예수의 말이냐 아니냐에 대한 더 깊은 논의는 불필요하다.

일반적인 견해에 대해 거리를 두고자 하는 의도가 담겨 있다고 할 수 있다.9

예수의 이러한 발언은 여성주의적 성서 해석 방법론을 모색하는 입장에서 볼 때 매우 고무적이다. 이제 여성주의 성서 해석은 "성서는 하나님의 말씀"이라는 기존의 고정관념에서 탈피하여 문제되는 개개의 구절들에 대해 "하나님의 말씀이 어떻게 기록되어 있느냐"라고 묻는 대신 "모세가 어떻게 썼느냐?" 혹은 "바울이 어떻게 썼느냐?"라고 성서를 기록한 저자에 관해 묻는 작업이 필요하다. 이는 이미 누가 언제 무슨 의도로 기록하였는지 물었던 역사비판학적인 성서 해석 방법론이 수행해왔으므로 여성주의적 성서 해석 방법론의 기초 및 전제로 역사비판학적 방법을 제시할 수 있겠다.10

---

9 필자는 토라에 대해 하나님의 말씀이나 하나님의 법이라는 표현을 쓰지 않고 모세가 너희에게 어떻게 명하였느냐고 묻는 질문이야말로 역사적 예수의 특성을 가장 잘 보여준다고 생각한다. 불트만 이래로 역사적 예수의 진정한 말과 그렇지 않은 말에 대한 논의가 활발했던 1960년대 말 레만(D. Lehmann)은 역사적 예수에게 가장 합당한 기준을 제시하였다. 그중 가장 설득력 있는 것은 "유대교 및 초기 교회와의 거리"(Abgrenzung Jesu von seiner jüdischen Umwelt und von der Urgemeinde)이다. 즉, 예수가 유대인이면서 일반적인 유대인과 달랐다는 것, 그러므로 유대교와 차이점에서 예수 말의 진정성을 찾을 수 있고 또한 초기 기독교회는 예수 사후 생긴 것이므로 교회의 특성을 나타내는 것과 차이점에서 예수 말의 진정성을 찾을 수 있다는 것이다. M. Lehmann, *Synoptische Quellenanayse und die Frage nach dem historischen Jesus* (Berlin: Walter de Gruyter, 1970), 163-205, 특히 178-186.

10 역사비판학적 성서 해석 방법론이 여성주의 성서 해석 방법론으로 한계가 있다고 보는 견해로는 이경숙,『구약성서개론』(2006), 30 참조. 그럼에도 여성주의 성서 해석 방법론의 기초가 될 수 있다고 보는 견해를 지닌 학자들이 다수 있다. 가령 김경희, "페미니즘적 성서 이해"(1996), 40; 박경미, "오소서, 창조자의 영이여 — 한국교회와 여성주의적 성서 해석,"「기독교사상」(1998. 2.), 168; 최만자, "페미니즘과 성서해석의 문제,"「한국여성신학」 제47호 (2001 가을·겨울), 53; 강성열·오덕호·정기철,『설교자를 위한 성서해석학입문』(서울: 대한기독교서회, 2002), 352.

2) 예수의 두 번째 말씀: "너희 마음의 완악함을 인하여 (모세가) 이 명령을 기록하였다"

예수의 질문에 대해 기다렸다는 듯이 바리새인들은 대답한다: "모세는 이혼 증서를 써주어 내어버리기를 허락하였나이다." 이 대답은 물론 이혼과 관련된 내용인 신명기 24장 1-3절을 염두에 두고 한 것이다. 이 구절은 이혼을 허락하거나 불허하는 내용이 아니라 이혼을 할 때 준수해야 할 사항에 관한 규정이다.

> "사람이 아내를 맞이하면 데려온 후에 그에게 수치되는 일이 있음을
> 발견하고 그를 기뻐하지 아니하면 이혼 증서를 써서 그의 손에 주고
> 그를 자기 집에서 내보낼 것이요."

요즘 현대 여성이라면 이혼 증서보다 충분한 위자료를 주어야 한다는 규정이 있기를 바랄지도 모르겠다. 신명기법이 형성되는 당시에는 여성들이 이혼 증서 없이 버림을 받으면 재혼할 가능성이 전혀 없었기 때문에 이혼 증서는 한 남자로부터 자유롭게 되었다는 증서, 다시 말하면 재혼할 수 있는 권한이 제공된다는 점에서 여성을 보호하는 법이라고 해석하는 사람도 있다.

예수 시대에 유명한 힐렐 학파와 샴마이 학파에서는 이 구절에 대한 해석이 이혼을 가능케 하는 전제, 즉 "수치스러운 일"이 어떤 것인지에 관해 논했다. 힐렐 학파는 남자의 마음에 거슬리는 모든 일이라고 규정하였고, 샴마이 학파는 성행위와 관련된 일, 즉 외도(간음)로 이해했다.[11] 마태복음 5장 32절에서 "누구든지 음행한 이유 없이 아내를 버리면 이는 그로 간음하게 함이요"라고 표현함으로써 마가복음이

나 누가복음과는 달리 "음행한 이유 없이"라는 단서 조항을 첨가하였는데, 이는 샴마이 학파의 해석과 동일한 것이라 하겠다.

바리새인과 예수 사이에 벌어지고 있는 이혼 논쟁은 과연 성서의 법을 어떻게 해석해야 하는가 하는 진지한 토론으로 이어지지 않는다. 바리새인들은 이혼이 합법적인 일이라는 주장을 대변한다. 그리고 그 근거로 하나님의 말씀, 하나님의 법으로 인정되는 모세 오경을 염두에 두고 있다. 이에 대해 예수는 그들이 성서의 본뜻을 제대로 파악했는지 혹은 왜곡했는지 따지지 않는다. 이혼과 관련된 내용을 통틀어 하나님의 뜻과 거리가 있음을 천명한다: "너희 마음의 완악함을 인하여 기록하였다." 이 말에는 다음과 같은 의미가 담겨 있다고 할 수 있다. "하나님의 뜻은 전혀 그렇지 않지만 사람들이 악하여 이혼이라는 일을 하고 있으니, 이혼을 할 때에는 이혼 증서를 써주어 재혼의 가능성을 열어주어라. 하나님은 이혼을 원치 않으신다. 이혼은 하나님의 뜻이 아니다(말 2:16 참조). 모세도 이혼을 원치 않는 하나님의 뜻을 알았지만, 사람들 사이에 이혼이라는 것이 있기 때문에 할 수 없이 쓴 것이다. 그러므로 신명기 구절은 하나님의 뜻과는 전혀 상관이 없다."

모세 오경에 기록된 내용을 하나님의 뜻이 아니라고 이처럼 간접적으로 주장하는 예수의 말이―지금도 불경한 말처럼 들리지만― 당시에는 더 큰 파장을 일으켰을 것으로 짐작된다. 하나님의 권위 있는 말씀, 즉 기록된 성서에서 하나님의 뜻인 것과 그렇지 않은 것을 구별한다는 것은 성서의 권위를 무너뜨리는 일처럼 보일 수 있을 것이다. 그

---

11 힐렐 학파와 샴마이 학파 그리고 이들의 성서 해석에 관해서는 E. Schürer, *Geschichte des jüdischen Volkes im Zeitalter Jesu Christi II* (Göttingen: Vandenhoeck und Ruprecht, 1907=Hildesheim: Georg Olms Verlag, 1970), 424 이하; Josephus, *Antiquitatis IV*, 8, 23.

러나 이런 일은 성서 안에 담긴 하나님의 진정한 뜻을 파악한 사람만이 할 수 있는 일이고 성서의 진정한 권위를 바로 세울 수 있는 일이다.

안식일 계명과 관련하여 예수의 견해를 살펴보면 기록된 글과 하나님의 뜻 사이의 괴리가 있을 수 있다는 사실이 더욱 분명해진다. 구약성서, 특히 모세 오경에는 안식일 계명(안식일에는 쉬어야 한다)이 여러 번 나온다(가령 창 2:1-3; 출 20:8-11, 23:10-12, 31:12-17, 34:21, 35:1-3; 레 19:30, 23:3, 26:2; 신 5:12-15). 이는 안식일 계명이 유대인들에게 그만큼 중요한 계명이었음을 의미한다. 안식일은 하나님이 엿새 동안 천지 만물을 창조하시고 일곱 번째 날에 쉬셨다는 사실에 근거를 두고 있으며, 십계명의 한 계명이기도 하다.

> "안식일을 기억하여 거룩하게 지키라. 엿새 동안은 힘써 네 모든 일을 행할 것이나 일곱째 날은 네 하나님 여호와의 안식일인즉, 너나 네 아들이나 네 딸이나 네 남종이나 네 여종이나 네 육축이나 네 문 안에 머무는 객이라도 아무 일도 말라. 이는 엿새 동안에 나 여호와가 하늘과 땅과 바다와 그 가운데 모든 것을 만들고 일곱째 날에 쉬었음이라"
> (출 20:8-11).

그리고 안식일은 엄중하게 지켜져야 한다.

> "너희는 안식일을 지킬지니 이는 너희에게 거룩한 날이 됨이니라. 그 날을 더럽히는 자는 모두 죽일지며 그날에 일하는 자는 모두 그 백성 중에서 그 생명이 끊어지리라. 엿새 동안은 일할 것이나 일곱째 날은 큰 안식일이니 여호와께 거룩한 것이라. 안식일에 일하는 자는 반드시 죽일지니라"(출 31:14-15).

이처럼 성서에 기록된 모든 것이 하나님의 말씀이라며, 안식일 준수를 위해 사람을 억압하거나 죽이기도 하는 불상사가 벌어지기도 하는 유대 사회에서 예수는 그 어떤 계명보다 우선하는 것이 사람의 생명임을 천명한다.

"안식일이 사람을 위하여 있는 것이요 사람이 안식일을 위하여 있는 것이 아니니"(막 2:27).

"안식일에 선을 행하는 것과 악을 행하는 것, 생명을 구하는 것과 죽이는 것, 어느 것이 옳으냐!"(막 3:4).

"너희 중에 누가 그 아들이나 소가 우물에 빠졌으면 안식일에라도 곧 끌어내지 않겠느냐?"(눅 14:5).

이와 같은 예수의 견해에서 볼 때 기록된 문자를 준수하기 위해 생명을 억압하거나 위험에 빠뜨리는 것은 하나님의 뜻이 아니다. 생명을 존중하는 예수의 이러한 주장을 여성주의적 성서 해석 방법론으로 제시하고자 한다.

예수가 이해한 하나님은 이 세상과 그 안에 있는 모든 만물을 창조하시고 생명을 부여하신 분이다. 생명을 지닌 존재들이 생명을 유지하며 창조주 하나님을 찬양하며 행복하게 살기를 바라신다. 이렇게 예수는 하나님의 뜻을 파악하였다. 예수의 기본적인 사상은 생명 사상이고, 이는 창조 신앙에서 나온다고 할 수 있다.

"그것은 너희 마음의 완악함을 인하여 (모세가) 그렇게 기록하였다"라는 예수의 말씀은 기록된 말씀이 모두 다 하나님의 뜻이 아닐 수 있다는 가능성을 제시한다. 성서를 읽는 독자는 두 가지 과제 앞에 직면해 있다. (1) 기록된 글들 중에 어떤 것이 하나님의 뜻에 합당한 것인가, (2) 기록된 글들의 원래 의도는 무엇인가.

예수의 두 번째 말씀이 여성주의 성서 해석 방법론을 위해 주는 시사점은 다음과 같다. (1) 기록된 모든 것이 하나님의 명령은 아니라는 것. 그러므로 기록된 것들 중에 여성주의에 합당한 말씀을 선택할 수 있는 재량권을 얻을 수 있다는 것이다. (2) 기록된 특정 구절들을 여성을 억압하거나 인격적으로 비하하는 데 사용하는 것에 대해 신학적으로 부당함을 제시할 수 있다는 점이다.

3) 예수의 세 번째 말씀: "창조 때부터 남자와 여자로 사람을 만드셨으니"

예수의 세 번째 선언은 창세기 1장 27절을 근거로 하여 나온 것이다: "하나님이 자기의 형상 곧 하나님의 형상대로 사람을 창조하시되 남자와 여자를 창조하셨다." 구약성서 개론서만 읽어보아도 창세기 안에 두 종류의 창조 이야기가 있다는 것을 알 수 있다.[12] 창세기 1장 1절에서 2장 4절까지의 매우 체계적이고 도식적으로 서술되고 있는 창조 이야기에는 우주 창조의 마지막 단계에서 사람이 남자와 여자로 차별 없이 창조된다. 둘 다 똑같이 하나님의 형상이다. 그것도 동시에 창조되었다.

---

12 포오러/방석종 옮김, 『구약성서개론(상)』(서울: 성광문화사, 1985), 285. 이화여자대학교의 교양필수 과목인 "기독교와 세계"의 교과서인 이경숙 외, 『기독교와 세계』(서울: 이화여자대학교출판부, 2000), 구약편에도 잘 소개된다. 종교철학자 이상성도 최근 그의 저서 『벌거벗은 성서』(서울: 인물과사상사, 2008)에서 두 종류의 창조 이야기를 전제로 하여 글을 전개한다.

이에 반해 2장 4절 이후에 이어지는 창조 이야기에서는 아담이 첫 번째 사람으로 여자보다 먼저 창조된다. 하나님이 흙을 빚어 아담을 만들었으나 독처하는 것이 안쓰러워서 그가 잠든 사이에 그의 갈비뼈를 꺼내어 여자를 만들었다고 전해진다. 그래서 여자는 남자의 갈비뼈, 즉 남자의 소유물이라는 가부장적 인식과 가치관이 여실히 나타난다. 성서학자들의 분석에 따르면 창세기 1장 1절-2장 4절의 창조 이야기는 기원전 4세기 바빌론 포로기 이후에 사제들에 의해 기록되었고, 창세기 2장 4-24절의 창조 이야기는 이보다 400년 이상 오래된 기원전 850년경에 기록된 야훼 문서로 인정받는다.

물론 두 자료가 서로 다른 시기에 쓰였다 해도 둘 다 가부장적 문화권에서, 그것도 남자들에 의해 집필되었다는 것은 공통의 사실이다. 가부장적 문화권에서 기록된 문서임에도 가부장적 문화권의 영향을 초월하여 남녀평등 사상을 기반으로 하고 있는 창세기 1장 1절-2장 4절의 창조 이야기는 실로 하나님의 뜻과 일치한다고 보아도 좋을 만큼 소중한 가치를 지녔다.

유대 사회에서 매우 강력한 일부일처제를 시행했던 쿰란 공동체는 일부일처제의 성서적 근거로 세 구절을 선택했는데, 그중 하나가 바로 예수가 인용한 것과 같은 창세기 1장 27절이다. "창조의 기초는 다음과 같다: 그(하나님)는 그(사람)들을 남자와 여자로 창조하셨다"(CD IV, 21).[13] 예수의 견해와 비교할 때 흥미로운 것은 이들도 예수와 마찬가

---

13 쿰란 공동체는 매우 엄격한 일부일처제를 시행하면서 이혼이나 사별 후에 재혼을 불가한 것으로 여겼던 것으로 알려진다. 다마스커스 문서(CD)에 언급된 내용에 따르면 일부일처제를 위한 성서적 전거로는 창세기 1장 28절 외에 창세기 7장 7절(노아의 방주)과 신명기 17장 17절을 제시한다. 이에 관해 김판임, "유대교에서의 여성의 지위와 역할 및 이에 대한 예수의 입장," 「한국기독교신학논총」 제18집(2000), 109-158과 김판임, 『쿰란공동체와 초기그리스도교』 (서울: 비블리카아카데미아, 2008), 74-81 참조.

지로 결혼과 관련한 맥락에서 창조를 근본으로 생각하고 있다는 것과 또한 그중에서도 남자와 여자를 평등하게 창조한 이야기를 선택했다는 점이다.

예수도 쿰란 공동체와 마찬가지로 결혼과 관련된 맥락에서 다른 구절이 아니라 창세기 1장 27절을 인용한다는 것은 매우 인상적이다. 창조 이야기에서 남녀를 평등하게 바라보는 성서 구절을 선택하여 인용한 예수의 자세는 여성주의적 성서 해석 방법론의 기본 원칙으로 제시될 수 있다. 예수가 그랬던 것처럼 여성주의적 성서 해석에서도 성서 안에서 남자와 여자를 평등하게 여기는 구절을 발굴하고 적극적으로 사용한다.

4) 예수의 네 번째 말씀: "이러므로 사람이 그 부모를 떠나서 그 둘이 한 몸을 이룰지니라"

이 구절은 창세기 2장 24절의 인용으로 볼 수 있다: "이러므로 남자가 부모를 떠나 그 아내와 연합하여 그들이 한 몸을 이룰지니라." 구약성서의 히브리어 본문과 예수의 발언을 전하는 마가복음의 구약 인용을 비교하면 미세한 차이를 엿볼 수 있다.

창세기 2:24	마가복음 10:7-8
이러므로	이러므로
남자가	사람이
그의 부모를 떠나	그 부모를 떠나
아내와 연합하여	
그들이	그 둘이

한 몸을 이룬다	한 몸을 이룬다
עַל־כֵּן	ενεκεν τουτου
יַעֲזָב אִישׁ	καταλειψει ανθροπος
אֶת־אָבִיו וְאֶת־אִמּו	τον πατερα αυτου και την μητερα αυτου
וְדָבַק בְּאִשְׁתּו	
וְהָיוּ	και εσονται οι δυο
לְבָשָׂר אֶחָד	εις σαρκα μιαν.

이 미세해 보이는 작은 차이에 성서를 인용 해석하는 예수의 의도가 담겨 있다. 주지한 바와 같이 창세기 2장은 전반적으로 가부장적 입장에서 기록되었다. 가부장적 문화에서는 남자가 결혼을 해야 가부장이 되는 것이다. 그래서 결혼의 주체는 남성이지 결코 여성이 아니다. 이 한 구절에도 그런 특징이 나타난다. 예수는 이 구절을 인용하되 세 가지 점을 수정하여 자신이 생각하는 결혼의 의미를 살린다. 즉, (1) 남자(אִישׁ이쉬) 대신 사람(ἀνθροπος안트로포스)으로, (2) 그들이라는 복수 3인칭 대신 "그 둘"(οἱ δυο호이 듀오)로 변용하고,[14] (3) 남자가 결혼의 주체임이 확연히 드러나는 구절(아내와 연합하여)은 아예 생략함으로써 결혼이란 남성이 하기 위해 여성을 취하는 것이 아니라 여성과 남성 둘이 주체가 되어 하는 민주적인 일임을 의도적으로 표현한다.

결혼 이해와 관련하여 인용하는 성서 구절을 통해 우리는 예수가

---

14 이 두 가지 변용은 이미 칠십인역 성경에서 나타났다: ενεκεν τουτου καταλειψει ανθροπος τον πατερα αυτου και την μητερα αυτου και προσκολληθησεται προς την γυναικα αυτου και εσονται οι δυο εις σαρκα μιαν. 필자는 남자가 결혼의 주체임이 드러나는 표현 "아내와 연합하여"라는 표현이 마가복음의 예수 발언에는 없는 것으로 표기된 사본들(א, D, Ψ, 892, sy)이 원문에 가깝다고 생각한다.

어떤 해석학적 견해를 가지고 있었는지 알 수 있다. 즉, 그는 남녀 평등한 내용을 선택하여 그대로 인용하고, 그렇지 않은 부분이 있는 구절은 남녀를 평등하게 여길 수 있는 문장으로 적절히 변용한다. 예수가 이미 보여준 이러한 성서 해석 방법을 여성주의적 성서 해석 방법론의 모범적인 예로 추천하는 바이다.

5) 예수의 다섯 번째 말씀: "하나님이 짝지어주신 것은 사람이 나눌 수 없느니라"

마지막으로 선언되는 예수의 이 말씀은 성서 인용이 아닌 예수의 창조적인 선언이다. 결혼과 이혼에 관한 예수의 견해를 결정적으로 확인해주는 말씀으로 이해되어왔다. 기존의 학자들은 "하나님이 짝지어주신 것"은 결혼이고 "사람이 나누는 것"은 이혼으로 이해하고, 예수의 이 발언을 이혼 절대 불가설로 해석하였다.[15] 결혼은 하나님이 맺어주신 신성불가침한 일이기 때문에 어느 누구도 이혼해서는 안 된다는 것이다.

모든 결혼은 하나님이 맺어준 것인가? 진정 한번 결혼을 했으면 죽는 날까지 부부의 인연을 풀지 않고 살아야 하는 걸까? 남편이 아내에게 폭력을 휘두르거나 아내가 남편의 인격을 모독하고 남편보다는 다른 남자를 사랑하는데도 이혼을 하지 말고 참고 살아야 한다는 것이 예수의 가르침인가? 부부가 미움과 멸시로 파트너를 학대하여 불행한 삶을 영위하고 있는 결혼 생활도 하나님이 맺어준 것이라고 할 수 있을까? 이와 같은 여러 가지 질문과 함께 기존의 해석에 대해 의심이 든다.

---

15 가령 D. Lührmann, *Das Markusevangelium*, 170; 조태연, 『태의 소생: 여성지도자들을 위한 마가 읽기』 (서울: 한들출판사, 1998).

창세기 1장의 창조 이야기에 따르면 하나님은 창조 6일간 만들어 놓은 것을 보시고 보기에 좋았다고 평한다. 이것이 하나님의 뜻일진대, 보기에 좋지 않은 부부도 하나님이 짝지어주신 것일까? 결혼도 살자고 하는 일인데, 결혼 후의 삶이 죽는 것만 못하다고 여겨진다면 하나님이 맺어준 결혼이라고 하기는 어려울 것이다. "너희 마음의 완악함을 인하여 (모세가) 이 명령을 기록하였다"라는 예수의 두 번째 말씀에서 많은 사람은 결혼은 좋은 일이고 이혼은 악한 일이라고 단순하게 오해한다. 결혼 및 이혼과 관련해서 꼭 생각해야 할 한 가지 사실이 있다. 사람이 선해서 결혼하고 사람이 완악해서 이혼하는 것이 아니라, 사람이 완악한 마음으로 이혼도 하고 결혼하기도 한다는 점이다.

그러므로 필자는 예수의 창의적인 말씀에서 "하나님이 짝지어주신 것"이란 표현이 무조건적으로 결혼을 의미한다는 기존의 이해를 탈피해서 새롭게 이해해 보고자 한다. "하나님이 짝지어주신 것"은 결혼 자체를 의미하는 것이 아니라는 점이다. 즉, 그 표현은 '하나님이 짝지어주지 않은 것' 곧 '사람이 짝지어준 것'의 대립어로 이해해야 한다. 그렇게 볼 때 예수의 이 발언은 "사람이 짝지어준 것(인간적인 계획이나 목적에 의해 잘못 맺어진 부부)은 사람이 나눌 수 있지만, 하나님이 짝지어주신 것(천상배필)은 사람이 나눌 수 없다"라고 이해할 수 있을 것이다. 그리고 이는 동서고금을 막론한 진리의 말이다.

3. 나오는 말

일반 유대인들이 성서의 문자에 매여서 성서에 기록된 내용을 하나님의 뜻이라고 강요했다면, 예수는 기록된 문자에 매이지 않고 문자

안에 있는 하나님의 뜻을 파악했다. 여성주의 견해에서 볼 때 성서 안에 지배적인 가부장적 가치관은 성서가 기록되던 시대의 사회적 가치관인 것이다. 그러므로 남자와 여자를 동등한 인격으로 보고 여성의 해방과 구원을 목적으로 하는 여성주의적 견해에서 성서를 읽을 때에는 시대적 한계를 감안하여 해석해야 할 필요가 있다.

그뿐만 아니라 가부장적 시대에 기록된 성서 안에 가부장적 가치관을 초월하여 남녀를 동등하게 여기는 내용도 들어 있다. 구약성서에서는 "사람을 하나님의 형상대로 남자와 여자로 만들었다"는 창세기 1장 27절이 그것이다. 그리고 신약성서에서는 "그리스도 예수 안에서는 남자나 여자가 (차별이) 없다"는 갈라디아서 3장 28절이 그것이라 할 수 있다.

예수가 성서의 문자에 매이지 않고 성서 전체에 흐르는 하나님의 뜻을 '하나님 사랑'과 '이웃 사랑'으로 요약한 것처럼 여성주의 성서 해석에서는 '여성도 남성과 동등한 인간'이며 남성도 여성도 하나님의 해방과 구원을 필요로 하는 존재라는 것을 성서 전체의 기본 사상으로 전제하고 읽는 것이 필요하다.

이혼 논쟁과 관련한 예수의 성서 해석에서 도출된 결과를 여성주의 성서 해석 방법으로 제시해도 무방하리라 생각한다.

1) 성경에 기록된 문자를 무조건 하나님의 말씀이라고 강요하지 말고, 어느 시대에 누가 썼는지 묻는다. 여성을 억압해온 성서의 여러 구절들, 가령 "여자는 교회에서 잠잠하라"(고전 14:34) 혹은 "여자가 가르치는 것과 남자를 주관하는 것을 허락지 않나니…"(딤전 2:12) 등의 문장을 누가 썼는지 묻는다.

2) 성서 저자가 왜, 어떠한 상황에서 그러한 표현을 썼는지 알아낸다. 그리고 그것이 하나님의 뜻과 같은 것인지 아니면 하나님의 뜻에

반하는 것인지 분별한다. 하나님의 뜻에 합당한 것이라면 적극적으로 수용하고, 그렇지 않은 경우에는 왜 그런 내용을 기록하였는지 파악한다.

3) 여성주의 견해에 합당한 성서 구절을 선택하여 그대로 인용하여 사용한다. 예수가 선택한 창세기 1장 27절은 가부장적인 문화권에서 나온 것임에도 가부장적 요소를 뛰어넘어 남녀가 똑같이 하나님의 형상으로 존귀함을 지닌다는 여성주의 주장에 일치한다.

4) 관련된 성서 구절이 가부장적 요소를 함유하고 있을 경우 여성주의 견해에 맞게 변용하여 사용한다.

5) 남녀를 차별 없이 만드신 창조주이신 하나님의 뜻에 합당하고 여성주의 견해에 일치하는 새로운 명제를 창의적으로 만들어내어 사용한다.

3장

하나님의 정의에 관하여
: 법 준수에서 생명 살림으로

1. 들어가는 말

1) 문제 제기와 연구 목표: 예수와 정의

몇 년 전부터 한국 사회에서 '정의'가 화두로 떠올랐다. 미국 하버드 대학교 교수 마이클 샌델의 책 『정의란 무엇인가』[1]가 한국에서 번역되어 100만 부 이상 팔렸을 뿐만 아니라 여러 대학에서 샌델을 강연자로 초빙한다는 사실은 한국 사회에 떠오르는 정의에 대한 관심의 뜨거움을 말해주는 것이리라. 또한 2013년 세계교회협의회 10차 대회가 부산에서 열리게 되었고, 그 주제가 "생명과 평화를 위한 정의"였다.[2] 생명을 주신 창조주 하나님은 사람을 죽이는 전쟁이 아니라 사람을 살리

---

1 마이클 샌델/이창신 역, 『정의란 무엇인가』 (서울: 김영사, 2008).
2 정확히 말하자면 "생명의 하나님, 우리를 정의와 평화로 이끄소서"(God of life, lead us to justice and peace)이다.

는 평화를 최고 목표로 삼고 있고, 그 목표를 성취하기 위한 하나님의 방법이 정의라고 이해할 때 이 주제가 기독교의 핵심 사상이고, 한국 뿐만 아니라 전 지구에서 발생하는 많은 문제를 예방하고 치유할 수 있는 좋은 주제라고 생각한다.

이러한 역사적 상황에서 신약성서학을 전공하는 필자에게 기이하게 여겨지는 것이 있다. 그것은 다름 아니라 기독교의 핵심 인물이라 할 수 있는 예수의 사상을 이야기할 때 정의가 별로 논의되지 않았다는 사실이다. 예수가 (구약)성서에서 가장 중요한 계명을 "하나님을 사랑하라, 네 이웃을 사랑하라"(마 22:36-40; 막 12:28-34; 눅 10:27)라고 가르쳤던 사실이 너무나 강조되어 정의는 기독교 안에서 그 자리를 잃고, 사랑만 기독교의 핵심 윤리가 되지 않았나 싶다.

그러나 다른 모든 유대인과 마찬가지로 예수에게도 최고의 가치는 성서에 있었고, 구약성서에 나오는 하나님의 활동은 언제나 두 가지 차원에서 언급된다. 사랑(헤세드)와 정의(체덱). 예수는 과연 하나님의 사랑만 언급하고 하나님의 정의는 이야기하지 않았을까?

이 글은 예수의 메시지나 사상 연구에서 오랫동안 간과되었던 하나님의 정의가 예수가 말한 비유들을 통해 얼마나 강렬하게 전달되고 있는지 찾아보고, 하나님의 정의의 내용을 탐구하고자 하는 것을 목표로 한다.

2) 연구 방법: 예수와 비유

1세기 초 예수가 없었다면 기독교도 없었을 것이다. 예수는 여느 학자처럼 글을 쓴 적이 없다. 베스트셀러는커녕 작은 문서조차도 남긴 적이 없다. 그는 다만 입을 열어 말을 했을 뿐이다. 그가 말하지 않았다면 우리에게 희망도 비전도 없을지 모른다. 이미 많은 학자는 예수가 말한 것의 주제를 '하나님 나라'라고 하고, 그의 이야기들이 주로 비유였다고 결론 내렸다.[3]

하나님 나라에 관한 예수의 말들은 매우 인상적이었기 때문에 그의 말을 들은 청중의 머리에서 잊히지 않을 정도로 강력했다. 현대 사회에서 사람들은 영화나 드라마 혹은 콘서트와 같은 예술적인 작품이나 공연을 통해 감동을 받곤 한다. 어떤 작품은 오래 기억되고 어떤 작품은 얼마 지나지 않아 기억 속에서 희미해지기도 한다. 예수 시대 사람들은 현실에서 벗어나 새로운 세계를 꿈꾸게 하는 데에 이야기를 사용하였다. 예수가 비유를 통해 하나님 나라에 관한 비전을 제시한 것에 근거하여 예수는 천재였다고 극찬한 학자가 있다.[4] 필자도 이에 동의하는 바이다. 예수는 놀라운 비전을 쉬운 이야기로 전한 천재적인 이야기꾼이다.

사람들은 그들이 기억하는 것, 익히 들었던 이야기들을 말로 전하였고, 언제부터인가는 기록하기 시작했다. 예수의 말이 잊을 수 없을 만큼 강력했기 때문이다. 예수가 하나님 나라에 관해 말할 때 사람들

---

3 예수의 비유를 하나님 나라에 관한 선포의 맥락에서 이해해야 한다고 올바르게 파악한 학자는 다드이다. C. H. Dodd, *The Parables of the Kingdom* (New York: Charles Schribner's Sons, 1961, 1936), 33-34. 하나님 나라에 관한 해석사는 다음을 참조하라. 김창락, "하나님 나라, 그 기원과 해석의 역사," 『하나님 나라, 그 해석과 실천 — 황성규 박사 정년은퇴 기념논문집』 (서울: 한국신학연구소, 2000), 11-57. 같은 책에 실린 김재성의 논문도 예수의 비유와 하나님 나라 주제를 연결한 좋은 논문이다. 김재성, "예수의 비유에 나타난 하나님 나라," 『하나님 나라, 그 해석과 실천』, 79-113. 예수의 선포에 나타난 하나님 나라의 특징에 관해서는 필자의 논문 참조. 김판임, "예수와 가난한 사람들 — 예수의 선포에 나타난 하나님 나라 백성의 특권과 의무에 관한 소고," 「대학과 선교」 17(2009. 12.), 9-37, 특히 15.

4 버나드 브랜든 스캇/김기석 역, 『예수의 비유 새로 듣기』 (파주: 한국기독교연구소, 2006), 17.

은 이전엔 경험하지 못한 새로운 세계를 그렸다. 새로운 세계에서 그들은 경이로워하고, 기대에 부풀었으며, 그리하여 그들이 처한 현실 세계를 이겨낼 수 있었다. 세월이 흐름에 따라 그들에겐 예수 시대와 또 다른 삶의 문제들이 있었으며, 그러한 문제 해결을 위해 예수의 비유가 힘이 되기도 했다.

예수의 비유에 등장하는 소재들과 인물들5을 중심으로 살펴본다면 그의 청중이 어떠한 사람들이었는지 짐작할 수 있다. "씨 뿌리는 자의 비유"(막 4:1-9; 마 13:1-9; 눅 8:5-8), "저절로 자라는 씨의 비유"(막 4: 26-29), "겨자씨의 비유"(막 4:30-32; 마 13:31-32; 눅 3:18-19) 등은 그의 청중들이 농사꾼들임을 말해 준다. "그물 비유"(마 13:47-48)는 그의 청중 중에 어부들이 있음을 알게 해 준다. 오늘날 우리 사회도 마찬가지지만 예수 당시 농사꾼이나 어부들은 대개 가난한 사람들이다. "밭에 감추인 보화의 비유"(마 13:44)에서는 밭을 갈던 농사꾼이 땅속에서 보물을 발견하고도 발견하자마자 가지지 못하고 자기 모든 것을 팔아 그 땅을 살 때까지 땅속에 감추어두는 것으로 보아 자기 땅을 일구는 농사꾼이 아니라 남의 땅을 부쳐 먹고 사는 소작인임을 알 수 있다. 포도원 주인의 비유(마 20:1-16)를 통해 짐작할 수 있는 바와 같이 예수의 청중들 중에는 포도원 주인과 같은 사람이나 삭개오와 같은 재산가도 소수 있을 수 있지만, 대부분의 사람은 자신의 노동력 외엔 아무것도 가진 것이라고는 없는 일용직 노동자나 소작인과 같은 극빈자들이다.

이 글에서는 예수의 비유 중에서 세 가지를 선택하였다. 이 세 비유는 모두 사람이 살아가기 위해 필요한 경제생활을 소재로 하고 있다.

---

5 빌리발트 뵈젠/황현숙 역, 『예수 시대의 갈릴래아』(서울: 한국신학연구소, 2000), 311-337.

포도원 주인의 비유(마 20:1-15), 탕감 받았으나 탕감해주지 않은 종의 비유(마 18:23-34) 그리고 불의한 청지기의 비유(눅 16:1-8a)이다. 이 비유를 통해 예수는 하나님의 정의를 어떻게 이해하고 있는지 살펴보고자 한다.6

비유 해석에서 필자는 비유를 듣는 청중을 설정하고, 청중이 예수의 비유 이야기를 들으며 호흡하고 느끼고 생각하는 바를 추론하는 방식을 시도해보았다. 그것은 예수가 비유를 글로 쓴 것이 아니라 말로 행했다는 점, 즉 구술 행위였다는 점에 착안하였다.7 기록된 글을 읽으며 연구하는 행위는 기록된 글과 일정한 거리를 두고 객관화하는 고도의 사유 활동이지만, 듣는 행위는 화자와의 일치감과 즉각적인 깨달음을 얻는 직관적 행위이다.8 예수의 비유 해석이 어려울 뿐만 아니라 많은 경우 예수의 사상과 멀어져간 이유는 예수의 비유를 듣기보다는 기록된 문서를 읽고 사유하는 연구 방법에 천착하였기 때문이다.

---

6 하나님의 정의를 이해하려는 이 글에서 경제생활과 관련이 있는 비유들을 선택한 이유는 다음과 같다. 일반적으로 정의라 하면 정치적인 것으로 이해하고, 먹고 살기 위해 애쓰는 활동은 경제라고 이해한다. 그래서 경제와 정의는 종종 별도로 생각되었다. 정의롭지 않게 경제 활동을 하며 살아온 결과 부익부 빈익빈이라는 정의롭지 못한 사회 현상을 초래했다. 이 점에 필자는 문제 의식을 갖는다. 세 비유를 통해 예수가 말하는 하나님의 정의란 무엇이며, 정의는 어떻게 실현되는지, 마지막으로 정의 실현의 목적 등에 대해 해답을 얻을 수 있기를 기대한다.

7 예수의 비유 연구를 기록된 글을 읽고 해석하는 것을 넘어 말로 들으며 이해하려는 시도는 스캇과 포드에 의해 이루어졌다. B. B. Scott, *Hear then the parable* (Minneapolis: Fortress Press, 1989); Richard Q. Ford, *The Parables of Jesus — Recovering the Art of Listening* (Minneapolis: Augsburg Fortress, 1997), 1-10.

8 예수가 비유를 글로 기록해서 전달한 것이 아니라 말로 했다는 사실은 필자로 하여금 비유 해석의 관점을 완전히 새롭게 했다. 이러한 안목은 구술성과 문자성의 차이를 분명하게 보여준 월터 옹에게 도움을 받았다. 월터 J. 옹/이기우·임명진 역, 『구술문화와 문자문화』 (서울: 문예출판사, 2000).

2. 본말

1) 포도원 주인의 비유(마 20:1-15): 정의란 무엇인가에 대한 예수의 답변

이 비유는 마태복음에만 나온다. 그러나 예수의 진정한 비유로 의심의 여지가 없다.[9] 포도원은 예수의 비유 소재로 많이 등장한다. 이 비유에서는 포도원이 아니라 포도원 주인이 하나님 나라에 비유되었다. 다른 비유들에 비해 매우 많은 사람이 등장하는 것이 특징이다.[10]

(1) 예수의 비유 새로 듣기

이 비유는 3막 극의 드라마처럼 전개되는데, 이 점은 이미 몇몇 학자들에 의해 포착되었다.[11] 필자는 듣기 훈련을 위해 청중의 반응(생

---

9 20세기 말 북미에서 활발하게 진행되었던 예수 세미나에서 이 비유는 빨간색을 얻어 단연 예수의 비유로 진정성이 가장 높은 것으로 나타났다. R. W. Funk & B. B. Scott & J. B. Butts(ed.), *The Parables of Jesus: Red Letter Edition* (California: Polebridge Press, 1988), 26, 102-104. 물론 15절의 적용어는 마태가 첨가한 것이다. 예수의 비유와 이후의 복음서 기자 및 교회의 첨가문에 대한 분석은 이미 많은 학자가 시도했고, 15절이 첨가어임은 많은 학자가 확인했다. 이에 관해서는 필자의 논문 "포도원주인의 비유(마 20:1-15)를 통해서 본 경제정의에 대한 예수의 이해,"「신학사상」154집(2011 가을), 147-149 참조.

10 하니쉬에 따르면 비유의 등장인물은 둘이나 셋으로 제한되는 것이 일반적이다. W. Harnisch, *Gleichniserzälungen Jesu*, UTB 1343 (Göttingen: Vandenhoeck und Ruprecht, 1985), 29-36.

11 W. Harnisch, *Gleichniserzälungen Jesu*, 177-179. 하니쉬는 예수의 비유들이 무대공연 작품의 특징을 가지고 있음도 파악하였다. 그의 표현에 따르면 "Gleichnis als Bühnestück"이다. M. Koehnlein, *Geichnisse Jesu — vision einer besseren Welt* (Stuttgart: Kohlhammer, 2009), 45-59. 국내에서는 최갑종 교수가 이 비유를 연극의 세 장면으로 나누어보는 시도를 했다. 최갑종,『예수님의 비유』(서울: 이레서원, 2001), 159-164. 최근 독일에서는 자신의 메시지를 전달하기 위해 비유를 사용한 예수에 대해 "시인 예수"라는 타이틀을 즐겨 붙이기도 하는데(가령 타이센 혹은 콜만 등), 이 글에서 다루는 비유들이 모두 3막 극으로 구성된 단막극이라는 점에서 시인이라기보다 극작가라고

각)을 다음과 같이 상상해본다.[12]

제1장면) 새벽녘 인력시장

[이야기] 아침 해가 채 떠오르지 않은 푸르스름한 새벽녘, 하루 일을 얻기 위해 사람들이 모여 있는 인력시장에 포도원 주인이 나타난다. 하루에 한 데나리온을 지급하겠다고 하자 몇 명의 사람이 일을 하겠다고 일어선다. 포도원 주인은 그들에게 말한다. "내 포도원에 가서 일하시오."
[청중] '요즘같이 실업자가 많은 때에 오늘 일을 얻은 사람들은 다행이다. 하루 벌어 하루를 살아가는 일용직 노동자들인데, 일을 얻은 사람은 하루를 살겠지만 일을 얻지 못한 사람들은 어찌할까.'

제2장면) 장터

[이야기] 오전 9시경 하루의 일상이 시작되는 시간, 포도원 주인은 장터로 간다. 새벽 인력시장에서 일을 얻지 못한 사람들이 장터에서 서성이고 있다. 포도원 주인은 몇몇 사람에게 자기 포도원으로 가서 일하라고 한다. 하루 품삯은 적절하게 주겠다고 한다.
[청중] '적절한 임금이 얼마나 되는 걸까? 아무렴 어때, 일이 없이 빈둥거리며 노는 것보다야 낫겠지.'
[이야기] 주인은 세 시간 후인 정오에도 나가 똑같이 일꾼들을 포도원으로 불러들인다. 또 세 시간이 지나자 다시 장터에 나가 똑같이 포도

보는 것이 더 적절하다. 게르트 타이센 & 아네테 메르츠/손성현 옮김, 『역사적 예수』(서울: 다산글방, 2001), 460-501; B. Kollmann, "Jesus als judischer Gleichnisdichter," NTS 50/4(2004), 457-474.

12 필자는 이미 이러한 시도를 통해 이 비유를 해석해 보았다. 김판임, "포도원주인의 비유(마 20:1-15)를 통해서 본 경제정의에 대한 예수의 이해," 143-177.

원으로 불러들인다. (반복)

그리고 오후 대여섯시쯤 하루 일을 마감하기에 얼마 남지 않은 시간이 되었다. 포도원 주인은 다시 장터에 나간다. 장터에는 하루 일을 얻지 못해 아직도 서성거리는 사람들이 있다. 주인은 그들에게 묻는다. "너희가 어찌하여 그렇게 빈둥거리고 있느냐?" 그들은 대답한다. "우리들에게 일을 주는 사람이 없나이다."

[청중] '그럼 그렇지. 실업자들이 뭐 일하기 싫어서 일을 안 하는 건가. 아무도 일을 주지 않으니 어쩔 수 없이 노는 거지. 그 사람들 참 속 시원히 말 잘하네. 우리 현실을 그대로 말해주는군.'

[이야기] 주인은 말한다. "너희들도 내 포도원에 가서 일하라."

[청중] '아니 이게 무슨 일이람. 조금 있으면 해가 질 텐데 일을 하라니…. 주인은 도대체 얼마를 주려는 걸까? 여하튼 저 일꾼들은 포도원에 가서 주인이 시키는 일을 해야겠지.'

제3장면) 포도원

[이야기] 해가 저문 시간, 하루 일과가 끝나고 일용직 노동자들이 하루 임금을 받을 시간이다. 주인이 관리인에게 나중에 온 사람들부터 임금을 주라고 말한다. 노동자 한 사람마다 한 데나리온씩 받아 간다.

[청중] '아, 주인의 마음은 바로 마지막에 부른 저 사람에게도 하루 임금을 주고 싶었던 거구나. 감사하기 짝이 없다. 그래. 최소한 가족들 입에 풀칠이나 하려면 적어도 한 데나리온은 있어야 하지 않겠어.'

[이야기] 일꾼들이 한 데나리온씩 받아 가는 모습을 보자 새벽부터 와서 일한 사람들은 하루 일당 한 데나리온으로 계약하고 포도원에 일하러 왔음에도 자기네들은 좀 더 쳐 주지 않을까 기대한다. 하지만 그들에게도 똑같이 한 데나리온이 지급되자 그들은 항의한다. "맨 나중에

온 사람은 한 시간밖에 일하지 않았는데 우리와 똑같이 받습니까?"

[청중] 급 당황! '노동자들이 어떻게 주인에게 대들 수 있지? 간도 크다. 주인이 일을 주지 않았다면 하루를 공치고 아무것도 얻지 못했을 것 아닌가? 그런데 그 이유를 들어보니 그럴 듯도 하군. 나중에 와서 한 시간밖에 일하지 않은 사람에게 한 데나리온을 줄 정도로 관대하신 주인이라면 하루 종일 일한 노동자들에게 열두 배는 아니더라도 좀 더 생각해 두세 데나리온 정도 주면 좋지 않았을까?

[이야기] 그러나 이러한 불평은 포도원 주인에게 통하지 않았다. 주인은 말한다. "나는 당신들을 부당하게 대한 것이 아니오. 당신들은 나와 한 데나리온으로 합의하지 않았소? 당신들의 품삯이나 가지고 돌아가시오. 당신들에게 주는 것과 꼭 같이 이 마지막 사람에게 주는 것이 내 뜻이오."

[청중] '그래, 맞아. 애당초 하루 품삯은 한 데나리온이라고 일하기 전에 이미 계약을 체결하지 않았나? 주인은 잘못한 것이 없다. 새벽부터 와서 종일 일한 사람이나 저녁 다 되어 와서 적게 일한 사람이나 주인이 같은 품삯을 주는 것은 부당한 일이 아니다. 늦은 오후 시간에 노동자들을 불러 일할 기회를 줄 때에 이미 주인은 그들에게 하루 품삯을 주고자 한 것이다. 하루 품삯으로 살아가는 사람들에게 최소한의 것이라도 제공하고자 하는 주인의 마음이 숨어 있었던 것이다.'

(2) 비유 해석

많은 학자가 이 비유를 해석했다. 초기 교부들과 중세 학자들은 알레고리적 해석을 애호했고, 알레고리적 해석이 배격된 이후 지금까지 예레미아스가 가장 지배적인 해석을 이끌어 왔다고 해도 과언이 아니다. 그는 이 비유를 하나님 앞에서 아무런 의도 제시할 수 없는 소외된 자들, 즉 죄인들을 값없이 용서하는 하나님의 은혜를 이야기하는 것으로 여겼다. 그에 따르면 이 비유는 적대자들을 향한 복음의 변호이다: "하나님은 전혀 자격이 없는 죄인들과 세리들도 그의 구원에 동참케 한다. 그는 마지막 날에 이와 같이 그들에게 행하실 것이다. 이처럼 하나님은 지극히 선하시다."[13] 하나님의 은혜는 인간의 공로에 상응하는 것이 아니다. 이로써 이 비유가 유대교의 보응 사상에 대결하는 것으로 해석해 왔다. 마태복음 주석을 쓴 루츠,[14] 한국의 비유 해석가 김득중[15]과 김창락[16]의 해석도 예레미아스의 해석과 유사한 견해를 취한다.

이 비유에서 예레미아스가 하나님은 지극히 선하시다고 보는 점에는 필자도 전적으로 동의한다. "내가 선하므로 네가 나를 악하다 하느냐!"라는 강한 호령에서 그런 해석이 가능하다고 생각한다. 그러나 죄인들과 세리들을 구원에 동참케 하신다는 해석은 이 비유와 상관없다. 이 비유에서 그 어떤 것도 죄인을 연상시키는 것은 없다. 하루 종일 일을 얻지 못하고 장터에서 빈둥거리다가 하루해가 지기 전에 일을 얻게 되어 한 시간밖에 일하지 못한 노동자가 게으르거나 방탕한 죄인인 것은 아니다. 다만 일을 얻지 못했을 뿐이다. 마지막에 부른 일꾼은 세리와 죄인으로, 포도원을 하나님 나라로 해석하는 것은 전형적인 알레고리이다. 예레미아스가 이러한 오류를 범한 것은 그가 전제로 가졌던

---

13 예레미아스/허혁 역, 『예수의 비유』 (왜관: 분도출판사, 1974), 132.

14 U. Luz, *Das Evangelium nach Matthäus III(EKK 1/3)* (Neukirchen-Vluyn: Neukirchenerverlag, 1997), 150.

15 김득중, 『복음서의 비유들』 (서울: 컨콜디아사, 1987), 196. "그는 세리와 죄인들에게도 하나님 나라에 참여할 수 있게 했는데 그러나 그것은 전혀 그들의 공로와 자격 때문이 아니었다. 마지막 날 하나님께서는 그들을 그렇게 대하실 것이다."

16 김창락, 『귀로 보는 비유의 세계』 (천안: 한국신학연구소, 1997), 87.

바울 신학적 견해에서 해석을 도출했기 때문인 것으로 보인다.

쇼트로프는 이 비유가 실직이나 질병을 당했을 때 사회 보장이 전혀 없는 일용직 노동자의 일상을 보여준다고 파악하였다. 새벽부터 종일토록 일한 노동자들은 한 시간밖에 일하지 않은 노동자들과 같은 품삯을 받게 되자 주인에게 항의한다. 이들의 항의에 대해 주인은 강한 질책을 하는데, 이를 근거로 하여 쇼트로프는 이 비유에서 이스라엘 백성의 삶의 공동체 안에서 죄인들과 비죄인들 사이의 차별은 더 이상 있어서는 안 된다는 것, 그리하여 "마태복음 20장 1-15절은 바리새인들에 대한 비판과 공격이 아니라 그들을 예수의 추종자들의 편에 서도록, 가난한 자와 세리와 죄인들과 연대하도록 하려는 시도"라고 해석한다.[17] 피오렌자도 유사한 견해를 피력한다: "예수의 비유는 그의 청자들로 하여금, 하나님의 자비로우신 선하심이 우리 모두 가운데, 의인과 죄인, 부자와 가난한 자, 남자와 여자, 바리새인과 예수의 제자 사이에 동등성과 연대성을 세우신다는 점을 인식하도록 자극한다."[18]

이들 여성신학자들은 이 비유에서 다양한 인간의 동등성과 연대성을 강조함으로써 예레미아스보다 진일보한 면을 보여주지만, 죄인과 비죄인(혹은 의인)이란 표현을 그대로 사용함으로써 예레미아스의 잘못된 전제를 기초로 하는 약점을 지니고 있다. 최근 한국의 여성신학자 김경희는 이 비유에서 죄인과 비죄인이란 표현이 사용되는 것의 문제를 지적하며, 이 비유는 하나님 나라가 지향하는바 사회경제적인 면

---

17 L. Schottroff, "Die Güte Gottes und die Solidarität von Menschen: Das Gleichnis von den Arbeitern im Weinberg," *Der Gott der kleinen Leute* Bd 2, W. Schottroff, W. Stegemann(ed.)(München: Kaiser, 1979), 71-93, 특히 71-79.

18 E. S. Fiorenza, *In Memory of Her. A Feminist Theological Reconstruction of Christian Origins* (New York: Crossroad, 1983), 132; 피오렌자/김애영 역, 『크리스챤 기원의 여성 신학적 재건』 (서울: 태초, 1993).

에서 평등을 보여주는 것으로 해석하였다.[19]

이 비유에서 포도원 주인의 태도를 이해하기 어려워하는 학자들이 있다. 가령 헤어초그는 이 비유에서 포도원 주인은 기준 없이 자기 멋대로 같은 품삯을 주는 폭군 같은 존재라고 비난하며,[20] 국내 김선정은 이 비유의 주인은 맨 나중에 와서 일하게 된 품꾼에게만 자비한 주인이지, 새벽부터 와서 일한 일꾼에겐 전혀 자비롭지 못했다고 말한다.[21] 크로산도 같은 주장을 한다: "주인이 마지막으로 고용한 사람에게 한 데나리온을 준 다음에 다른 모든 사람에게 비례해서 임금을 인상했더라면 그는 선하고 자비로웠을 것이다."[22] 크로산은 한 걸음 더 나아가 포도 수확철이라 많은 노동자가 필요하여 이른 새벽에 충분한 노동자를 고용해야 했음에도 포도원 주인은 구두쇠라 인건비를 절약하기 위해 적은 노동자를 고용하였고, 그리하여 일꾼들을 고용하기 위해 자주 장터에 나가야 했던 점을 지적하였다.[23]

이들은 모두 자신도 모르게 자본주의적 질서에 매몰되어 있다는 것이 드러난다. 그러면서 비유의 핵심에서 벗어난다. 이 비유의 핵심은 하나님이 사람들을 살리기 위해 활동하신다는 것이다. 사람들에게 환심을 사기 위해 각 사람에게 계약된 금액보다 더 주려는 데 있었던 것이 아니다.

---

19 김경희, "예수의 하느님 나라 선포를 통해 본 평등의 비전,"「신학사상」 150집(2010 가을), 37-81.

20 W. R. Herzog II, *Parables as Subversive Speech: Jesus as Pedagogue of the Oppressed* (Louisville: John Knox Press, 1994).

21 김선정, "포도원주인의 두 가지 길 — 마태복음 20:1-16에 대한 사회학적 해석,"「신약논단」 13/4(2006 겨울), 785-810.

22 J. D. Crossan, *In Parables: The Challenge of the Historical Jesus* (New York: Harper & Row, 1973), 109-112.

23 크로산/김준우 역,『비유의 위력』(파주: 한국기독교연구소, 2012), 145-149.

해석자들 중에는 이 비유의 초점을 주인의 처사에 불만을 표현한 일꾼들에게 맞추어 불평하는 자들에 대한 비판으로 해석한 경우도 있지만,[24] 필자는 이 비유의 주인공이 포도원 품꾼들이 아니라 포도원 주인으로 보는 것이 옳다고 생각한다. 즉, 이 주인의 행위가 하나님 나라의 특징을 보여준다고 하겠다. 주인은 하루에 한 번만 아니라 여러 번 일꾼들을 불러 포도원으로 보냈으며, 심지어 해가 지기 한 시간 전에도 일없이 놀고 있는 사람들을 보고 그들과 대화한 후 "불쌍히 여겨" 자기 포도원에 가서 일하라고 일자리를 준다. 그리고 모두에게 동일한 임금을 준다. 하루 임금은 노동자 가족이 하루 이틀 먹고 살 수 있게 해주는 기본 급료에 해당하는 셈이다. 주인은 이것을 주고 싶어서 포도원에 가서 일하라고 말한 것이다. 주인의 마음은 일을 얻지 못해 하루 종일 놀고 있어야 했던 사람들을 "불쌍히 여기는" 데에서 분명하게 드러난다.

(3) 비유의 메시지: 하나님의 정의란 무엇인가

탁월한 관찰력으로 이 비유를 하나님의 정의라는 주제와 연결한 학자는 스캇이다. 우리는 하나님의 정의와 관련하여 다음과 같은 결론을 도출할 수 있을 것이다. 이 비유의 주제는 하나님 나라의 속성이다. 그것은 일과 급료로 나타났다. 그 나라에서 이루어지는 하나님의 정의는 "사람들을 살리기 위해" 작용한다. 즉, 포도원 주인이 사람을 불러 일

---

24 가령 김득중, 『복음서의 해석과 설교』(서울: 성서연구사, 1999), 173-188. 이 책에서 그는 "어느 고용주와 노동자들의 이야기"라고 제목을 붙이고 처음부터 일한 노동자들의 불평에 초점을 맞추어 해석하여 "일과 노동을 대가와 보수의 수단으로 생각하게 되었을 때 그들의 입에서는 원망과 불평의 소리가 터져 나오게 되었다"는 것을 지적하고, "일한다는 자체에 기뻐하고 만족했"더라면 좋았을 것이라고 설교하는 식으로 빠졌다. 최갑종도 마찬가지로 "포도원 품꾼들의 비유"라고 제목을 붙이고, 불평은 크리스천의 바른 태도가 아니라는 도덕적 가르침으로 귀착하고 말았다. 최갑종, 『예수님의 비유』, 155-174.

을 시킬 때에는—새벽에 만나 일을 주든 아니면 오후 늦은 시간에 만나 일을 주든— 얼마나 적은 임금을 주어 이윤을 최대화할까 같은 현대 경제학 원론의 이론을 따르는 것이 아니다. 하나님 나라의 경제정의는 이익을 최대화하는 것이 목적이 아니라 그 나라 백성들의 생명을 살리는 것이 목적이다. 따라서 이 비유에 근거하여 하나님의 정의에 대해 다음과 같이 정의해볼 수 있다. 즉, 하나님의 정의는 생명을 살리기 위해 작용하는 원리이고, 규정대로 집행하는 것이라고.

2) 탕감 받았으나 탕감해 주지 않은 종의 비유(마 18:23-34): 정의란 어떻게 실현하는가에 대한 예수의 답변

이 비유도 마태복음에만 나오는 비유이다. 마태는 자신의 목회적 필요에 따라 이 비유를 예수의 다섯 가지 설교 중 네 번째인 교회에 관한 설교(18:1-35)의 마지막에 위치 설정을 하고 있다.[25] 마태는 "몇 번

---

25 이 비유가 마태의 철저한 편집의 틀 안에 있고 주제조차도 마태에게 적절하다는 인상 때문에 예수의 비유가 아니라 마태의 창작이라는 의심을 받아왔다. 김득중, 『복음서의 비유들』(서울: 컨콜디아사, 1988), 188. 김득중은 다음과 같은 이유에서 이 비유가 역사적 예수에게서 유래하는 것이 아니라 마태의 창작일 것에 대한 가능성을 제기하는 학자들을 대변한다. 첫째, 이 비유가 정경이나 외경에 병행 구절을 가지고 있지 않으며, 둘째, 비유대적 요소를 많이 내포하고 있다는 점, 그리고 문학적으로 너무나 발전된 형태를 띠고 있으며 비유의 서론과 결론 등 마태적인 특징이 매우 많다는 점이다. 그러나 비유를 유발하는 역할을 하는 용서에 관한 담론(21-22절)과 조건부의 협박성 결어(35절)를 제외하면, "천국은 ~와 같으니"에서 비유가 시작되고 있다고 보면 예수의 비유로 특징이 많이 드러난다. 물론 마태가 21-22절과 35절을 비유의 틀로 만들어 예수의 비유를 공동체 유지를 위해 서로 용서하라는 마태 자신의 메시지를 위해 사용하고 있음을 부인할 수 없다. 그러나 23-34절로 이어지는 비유 자체로만 보면 하나님 나라 백성이 행해야 할 일을 주제로 하는 예수의 사상에 적합하다. 김득중과 달리 이 비유를 예수의 진정한 비유로 보는 최갑종은 아쉽게도 마태의 틀과 예수의 비유를 구별하지 못하고 마태가 전하는 범위 내에서 예수의 비유를 읽고 있다. 마태의 문맥에서 이 비유를 읽으면, 용서하라는 메시지를 전하기 위해

이나 형제를 용서해야 하느냐?"는 베드로의 질문과 이에 대한 예수의 대답을 이 비유의 앞부분(마 18:21-22)에 배치하고, 비유를 마친 뒤 비유에 대한 적용어로 "너희가 형제를 용서하지 않으면 하늘 아버지도 그와 같이 하리라"(마 18:35)는 말로 비유의 틀을 제공하여 비유의 주제를 '무한한 용서'라는 주제에 대한 예화로 만들었다. 그러나 마태가 만든 비유의 틀을 제외하면, 23절에서 시작하는 비유는 예수의 진정한 비유로 손색이 없고, 마태가 만든 틀에서 벗어나 자유롭게 읽는다면 예수의 진정한 메시지를 읽을 수 있다.[26]

(1) 예수의 비유 새로 듣기

이 비유도 3막 극의 드라마 같은 형태를 취하고 있다.[27] 23절은 비유의 서두로서 천국은 빚을 청산하려는 임금에게 비유된다.

비유를 예화로 사용한 것이 되고, 비유 끝에 적용어는 형제를 용서하지 않으면 비유에 나오는 "탕감 받았다가 다시 취소당하는 종"처럼 하나님의 은혜가 무효화되리라는 경고성 메시지가 된다. 그리고 비유의 틀 안에서 읽고 있기 때문에 최갑종은 이 비유의 제목을 "용서하지 않은 종의 비유"로 설정하였다. 최갑종, 『예수님의 비유』, 135-153.

26 북미 지역에서 있었던 예수 세미나의 투표 결과 이 비유는 분홍색을 얻었다. 분홍색은 많은 학자가 긍정적으로 보고 소수의 반대자를 포함한 경우이다. 대다수의 학자가 예수의 진정한 비유로 거의 의심치 않는 것으로 여겨 빨간색을 받은 비유로는 누룩 비유, 선한 사마리아인의 비유, 겨자씨 비유, 포도원 일꾼의 비유 등이 있다. R. W. Funk & B. B. Scott & J. B. Butts, *The Parables of Jesus: Red Letter Edition*, 26, 102-103; 버나드 브랜든 스캇/김기석 역, 『예수의 비유 새로 듣기』, 32. 21-22절의 베드로와 예수의 문답과 35절의 적용문을 마태의 작품으로 평가하고 23-34절까지 예수의 진정한 비유로 보는 국내 학자로는 정양모와 김창락이 있다. 정양모, 『공관복음서의 비유』(서울: 성서와 함께, 2000), 136-137. 그러나 김창락이 "용서받았으니 용서해야 한다"라고 제목을 붙이고, 탕감이라는 구체적 경제 행위를 용서라는 종교적 이미지로 변환시켜 마태의 의도 안에서 해석해버린 것은 아쉬운 일이다. 김창락, 『귀로 보는 비유의 세계』, 341-349.

27 이 비유가 3막 극으로 구성되어 있음을 관찰한 학자들이 많다. J. D. Crossan, *In Parables*, 105-107; W. Harnisch, *Gleichniserzälungen Jesu*, 255- 259; Richard Q. Ford, *The Parables of Jesus*, 47-49. 국내 학자로는 최갑종, 『예수님의 비유』, 139-141.

제1장면) 임금이 있는 왕궁

[이야기] 임금과 빚진 자(종)의 대면이 이루어지고 있다. 종이 빚진 금액은 1만 달란트이다.

[청중] '1만 달란트가 얼마야? 상상할 수도 없는 액수인데. 세상에! 그큰 빚을 어떻게 지게 된 거지? 그러나 저러나 그 많은 빚을 어떻게 갚나?'

[이야기] 사실 그 종은 1만 달란트나 되는 빚을 갚을 수가 없다. 주인은 무슨 수를 써서라도 갚을 것을 독촉한다. "너 자신과 아내와 자녀들과 그가 가진 모든 것을 팔아서라도 갚으라"고 한다.

[청중] '자기 자신을 팔고 아내와 자식, 모든 것을 판다고 해도 1만 달란트나 되는 빚을 갚을 수가 있을까?'

[이야기] 그 종은 사실 갚을 수 있는 형편이 아니다. 그렇다고 못 갚겠다고 말할 수는 없다. 못 갚겠다는 말은 주인의 노여움만 키울 뿐이다. 그래서 그는 엎드려 주인에게 사정하는 체한다. "내게 참으소서. 그리하면 내가 당신에게 모두 갚겠나이다."

[청중] '암, 그래야지. 갚을 수 있건 없건 갚겠다는 의지가 있음을 말해야지.'

[이야기] "주인은 그 종을 불쌍히 여겨 그의 빚을 탕감하여주었다."

[청중] '세상에, 그런 일이! 대단한 주인이군. 그 많은 빚을 탕감해주다니. 그렇지만 어떻게 하겠어. 빚을 갚을 수 없는 형편인데. 그렇다고 죽여야겠어? 죽일 수도 없고 도로 받을 수도 없다면? 탕감밖엔 없지. 아무튼 탕감을 받은 사람은 앞으로 잘 살아야겠네!'

제2장면) 왕궁에서 마을로 가는 길

[이야기] 1만 달란트의 빚을 탕감 받은 사람이 등장한다. 길을 가는 도중에 자신에게 100데나리온의 빚을 진 사람을 만난다. 그를 붙들어

목을 조르며 "네가 빚진 것을 모두 갚으라"고 말한다.

[청중] '100데나리온이라? 이 빚은 생활고 때문에 생긴 빚이군. 그 정도 빚은 우리도 다 있지. 좀 참고 기다려달라고 해. 절대로 떼어먹지 않겠다고 말이지. 언제가 될지 몰라도 벌이가 나아지면 꼭 갚겠다고 말이야.'

[이야기] 그러자 빚진 동료가 엎드려 사정한다. "내게 참으소서. 그러면 내가 당신에게 갚으리이다."

[청중] '그래야지, 잘했어. 지금은 형편이 어려워서 빚을 지고 있지만, 형편이 나아져서 일거리가 좀 많아지면 갚을 수 있지 않겠어!'

[이야기] 그러나 그는 빚진 동료의 청을 들어주지 않고 그를 옥에 가두었다.

[청중] '에구 저런, 자기는 어마어마한 빚을 탕감 받았으면서, 어쩜 저렇게도 모질 수가 있나? 100데나리온의 빚이야 정말 좀 기다려주면 갚을 수도 있는 거 아닌가? 빚을 못 갚는다고 감옥에 처넣다니, 해도 해도 너무하는군. 사람이 먹고 살아야 빚도 갚고 할 것 아니겠어!'

[이야기] 그들 주변에 있던 여러 동료가 이 일을 보고 민망히 여겼다.

[청중] '그 사람이 하는 짓을 보고 민망히 여긴 것은 우리만이 아니군. 자기는 그 어마어마한 빚을 탕감 받았으면서, 그 얼마 안 되는 빚을 진 사람에겐 너무 가혹했어. 인간이 어떻게 그럴 수가 있지? 그러나저러나 생계형 빚 때문에 감옥에 갇힌 사람과 그 가족은 어떻게 살지?'

제3장면) 제1막과 같은 장소

[이야기] 100데나리온의 빚을 진 사람이 빚을 곧 갚겠다고 하는데도 인정사정 봐주지 않고 감옥에 들여보낸 일을 민망하게 여긴 동료들이 주인에게 가서 이 일에 대해 고한다. 이야기를 들은 주인은 다시 그

종을 부른다. 그리고 그에게 말한다. "악한 종아, 네가 간청하기에 네 모든 빚을 탕감해 주었다. 그러니 내가 너를 불쌍히 여김과 같이 너도 네 동료를 불쌍히 여겨야 하지 않겠는가?"

[청중] '그래 맞아. 그만큼 받았으면, 좀 베풀어야 할 게 아닌가? 자기는 그렇게 큰 빚을 탕감 받았으면서 다른 동료가 먹고 살기 위해 조금 빚진 것은 그렇게 악랄하게 받아먹으려고 하는 걸까?'

[이야기] 그 주인은 이렇게 분노를 표출하고 모든 빚이 청산될 때까지 그를 옥졸에게 맡겨두었다.

[청중] '그 종이란 사람, 모질게 굴더니 도리어 당하는군. 은혜를 받았다면, 받은 만큼 베풀었어야 할 게 아닌가! 베풀지 않으니 받은 것을 도로 빼앗기는군. 역시 사람은 받은 대로 베풀면서 살아야 해.'

(2) 비유 해석

마태가 '용서'라는 주제로 전개되었던 베드로와 예수의 대화(마 18: 21-22)를 비유 앞에 연결시키고, 비유 끝에 적용문을 첨가함으로써 예수의 비유는 한없이 용서하라는 가르침을 위한 예화로 변질되었다. 용서란 주제는 마태 공동체를 비롯한 모든 초기 그리스도교 공동체 안에서 생긴 갈등과 분열의 문제들을 해결하는 데 필요했을 것이다.

그러나 예수의 비유를 자신의 공동체에 필요한 메시지로 엮으려는 마태의 작업에서 서툰 모습을 발견하게 된다. 마태복음 18장 21-22절의 베드로와 예수의 대화에서는 일곱 번뿐만 아니라 일곱 번을 일흔 번까지 용서하라고 함으로써 무한 용서를 당부했다면, 이 비유는 그러한 가르침과 전혀 어울리지 않는다. 한 번 빚을 탕감해준 사람을 그가 다른 사람에게 은혜를 베풀지 않았다는 이유에서 다시 불러 그 사람이 동료에게 행한 것과 똑같이 보복해 주는 이 비유의 내용이 무한히 용서하라는 가르침에 걸맞지 않기 때문이다. 또한 35절에 "그러므로 만일 너희들도 각각 마음으로부터 형제를 용서하지 아니하면 나의 하늘 아버지께서 너희에게 이와 같이 하시리라"는 적용어를 첨가함으로써 용서의 가르침은 위협의 말로 성격이 달라졌다.

이 비유의 컨텍스트를 용서라는 주제로 만든 허술하기 짝이 없는 마태의 작업으로 말미암아 비유 안에 담긴 탕감이란 경제적 주제는 곧바로 '용서'라는 일반윤리의 주제로 변질되었다. 예수 자신의 비유와 마태가 만든 비유의 틀을 구분하는 학자들조차 용서라는 주제에서 자유롭지 못한 경우가 많다.[28] 물론 용서라는 말과 탕감이란 말은 헬라어에서 동일한 어휘가 사용되지만, 탕감이라고 할 때는 경제적인 것이 직결되고, 용서라고 할 때는 경제적인 면을 넘어 일반적인 윤리 차원으로 넘어가면서 경제적 의미가 상실되고 만다.

그러므로 이 비유를 통해 전하려는 예수의 의도를 올바르게 파악하려면 비유 내용이 전적으로 경제적인 것, 그것도 탕감이라는 점을 간과해서는 안 된다. 이 비유는 과장된 내용으로 극한 대조를 이루고 있다는 점이 특징적이다. 대조되는 것은 다음의 세 가지이다. 즉, 1만 달란트와 1백 데나리온이라는 빚의 규모의 대조, 1만 달란트의 빚을 탕감해 주는 것과 1백 데나리온의 빚으로 감옥에 넣는 것으로 나타나는 채무자에 대한 채권자의 태도의 대조, 마지막으로 탕감과 탕감 취소의 대조이다. 대조 기법은 청중들로 하여금 오랫동안 기억하도록 해 주는 방법이다.

먼저 빚의 규모부터 살펴보자. 1달란트는 6,000데나리온이다. 예

---

28 L. Schottroff, "Die Güte Gottes und die Solidarität von Menschen: Das Gleichnis von den Arbeitern im Weinberg," 196-203; 김창락, 『귀로 보는 비유의 세계』, 341-349.

수 당시 일반 유대 가정은 200~240데나리온 정도가 1년 수입이었다. 당시 왕으로 있던 헤롯 대왕의 1년 수입이 900달란트 정도였다고 하니[29] 1만 달란트란 갈릴리의 농부들은 상상하지도 못할 어마어마한 액수를 가리킨다고 하겠다. 1만 달란트란 엄밀히 계산하면 6천만 데나리온, 즉 당시 일용직 노동자가 1년에 버는 것이 평균 200데나리온이라고 할 때 30만 년을 쓰지 않고 꼬박 모아야만 가질 수 있는 금액인 것이다. 이 금액을 듣는 순간 청중은 헤아릴 수 없는 금액, 어마어마한 금액이라는 인상을 받는다. 몇백만 원도 없는 사람이 수백조 원의 금액을 듣는 것과 같은 기분이 들 것이다. 1만 달란트는 갚을 수 있는 수준의 금액이 아닌 것이 분명하다.[30] 왕은 빚진 자에게 그 자신과 아내, 자식들과 소유물을 다 팔아 빚을 갚으라고 호령을 한다. 아내를 파는 것은 유대법에 금지되어 있었고, 예수 당시 노예의 가격은 500~2,000데나리온 정도였다고 한다.[31] 그러므로 아들 대여섯 명을 다 판다 해도 한두 달란트는 갚을 수 있을지 모르지만 1만 달란트는 죽었다 깨어나도 갚을 수 있는 액수가 아님을 말하고 있다.

제1장면의 등장인물을 임금과 종으로 설정한 것은 아마도 빚의 규모에 어울리게 하기 위해서인 것으로 보인다. 일반적인 주인과 종 사이에서는 그 정도의 빚을 상상하기 어려웠기 때문이리라. 그를 종이라고 표현하였지만, 그 빚의 규모로 보아 임금을 상대하는 귀족 내지 국가 고위 관리로 보는 것이 자연스럽다.

---

29 Josephus, *Jewish Antiquites*, 17.11.4.

30 스캇은 요세푸스의 『유대고대사』에서 1만 달란트가 기록되어 있는 이야기를 찾아내었다(*Jewish Antiquites*, 14.4.5). 이스라엘이 시리아의 지배를 받고 있을 때 시리아가 로마와의 전쟁에서 패전한 후 로마가 이스라엘에게 1만 달란트 이상의 배상금을 거둬갔다는 것이다. 스캇/김기석 역, 『예수의 비유 새로 듣기』, 165.

31 예레미아스/허혁 역, 『예수의 비유』, 204.

임금은 그가 갚을 수 없다는 사실을 감안하여 빚을 탕감해 준다. "불쌍히 여겨"라는 표현에 관심을 가질 필요가 있다.[32] 불쌍히 여긴다고 하는 것은 채무자가 자력으로는 빚을 갚고 자립적인 삶을 영위할 수 없다는 사실을 알아주는 마음이다. 그 마음은 그의 빚을 탕감해 주는 것으로 구체화된다. 탕감의 이유는 오직 하나, 그가 갚을 수 없기 때문이다.

인류 역사를 돌아보면 빚을 갚을 수 없을 때 사람은 노예가 된다.[33] 아내와 자식들을 다 팔아 빚을 갚으라는 것은 바로 빚을 진 채무자뿐만 아니라 그 가족까지 노예가 되는 시스템을 말하고 있다. 빚을 탕감해주어야만 채무자는 정상적으로 살 수 있다. 기존의 대부분의 학자는 이 비유에서 1만 달란트의 빚과 1백 데나리온의 빚은 대조라는 이야기 기법으로 청자들로 하여금 잊지 못할 인상을 남기는 것으로 해석해 왔다. 임금이 1만 달란트의 빚을 탕감해 주는 것은 하나님 나라에서만 일어나지, 실제로는 있을 수 없는 일이라는 것이다. 그리하여 이 비유에서 임금은 곧바로 하나님과 동일시되었다.

최근 스캇을 비롯해서 몇몇 학자는 이 비유 이야기가 과장된 이야기라기보다 당시 로마가 이스라엘로부터 거둬간 전쟁 배상금과 같은 것으로서 청중들이 듣고 이해할 수 있는 일로 평가하고자 한다.[34] 현

---

32 불쌍히 여기다(σπλαγχνίζομαι)라는 어휘는 복음서에서 12번 사용되나 주로 예수를 통한 하나님의 성품, 죽음에 대한 안타까움과 생명을 살리고자 하는 창조주의 의지와 관련해서 사용된다.

33 인류 역사에서 노예는 두 가지 형태로 나타난다. 전쟁에서 패망했을 때 전쟁노예와 빚을 갚을 수 없을 때 빚노예이다. 이스라엘이 430년간 이집트에서 노예 생활을 한 것은 가뭄으로 인해 먹을 것이 부족하자 살기 위해 이집트에서 곡식을 꾸어 먹다가 결국 갚을 수 없을 만큼 빚이 늘어났기 때문에 일어난 역사이다.

34 스캇/김기석 역, 『예수의 비유 새로 듣기』, 162-167.

대 사회에서도 유사한 일을 언급할 수 있는데, 가령 인천시장이나 서울시장이 거대한 사업 계획을 제대로 하지 못해 빚만 늘어난 경우라든가, 큰 사업에 실패한 사업가가 파산 신청을 하고 난 후에 조치해 주는 것과 유사한 일이라 할 수 있을 것이다. 사업을 잘못 운영해서 상상하지 못할 만큼의 큰 빚을 지어 못 갚을 정도라 해도 죽일 수가 있겠는가 하는 것이다. 죽인다 한들, 그 엄청난 빚을 되받을 수 있는가 하면 그렇지 않은 것이 분명하다. 갚을 수 있을 만한 소액의 빚일 경우도 마찬가지이다. 갚으라고 윽박을 지르며 감옥에 넣을 것이 아니라 갚을 수 있도록 일자리를 알아봐 주는 것이 올바른 일, 정의로운 일일 것이다. 왜냐하면 그것이 사람을 살리는 길이기 때문이다.

스캇은 1만 달란트의 빚을 탕감하는 왕의 이야기를 희년 모티브로 해석한다. 왕의 개념에서 메시아를 유추해내고, 메시아가 와서 막대한 빚의 탕감이라는 엄청난 일을 행하여도 그 종이 다른 사람을 용서하지 않음으로써 "희년의 희망을 물거품으로 만들고 왕의 최종적인 행동은 그 희망을 산산이 깨뜨리고 만다"라고 지적하면서 이 비유가 메시아적 왕권에 대한 대중적인 관념에 도전하고 있다고 여긴다. 즉, 자신의 어마어마한 빚을 탕감 받고도 동료의 소액의 빚을 탕감하지 않은 무자비한 종의 행동에 대해 주변의 다른 동료들이 보고 처벌을 원하였고, 그래서 왕에게 고해바쳐 결국 왕은 그를 형리에게 넘김으로써 이야기가 마감되는데, 이 비유 이야기를 듣는 청중도 그 동료 종들이 분개한 것과 똑같이 분개함으로써 결국은 첫 번째 종이 한 짓과 똑같은 짓을 한 셈이고, 따라서 이 비유는 모든 사람이 빠져 있는 악, 구조적인 악을 간과하고 있다고 주장한다.[35]

---

35 같은 책, 169-172.

스캇이 이 비유를 탕감이란 주제 때문에 메시아나 희년과 관련시킨 것은 매력적인 일이지만, 이 비유가 50년에 한 번만 일어날 일로 제시되었다고 볼 수는 없다. 또한 동료 종들이 분개한 것처럼 청중도 똑같이 분개했으리라는 것은 동의하기 어렵다. 청중은 무자비한 동료에 대한 분개보다는 1백 데나리온 빚진 자에 대한 동정의 마음이 강했을 것으로 예상되기 때문이다. 또한 이 비유가 구조적인 악을 고발한다는 주장은 너무나 큰 비약인 것 같다. 앞서 비유 다시 듣기에서 추론하였듯이 이 비유를 듣는 청중이 분개해서 그 무자비한 종을 처벌해줄 것을 기대하기보다는 그 무자비한 종에 의해 감옥에 갇힌 종이 풀려나 일상생활에 복귀할 수 있기를 기대했을 것으로 보이기 때문이다.

그러므로 필자가 보기에 이 비유는 희년의 희망을 깨뜨리고 말았다는 부정적인 메시지를 담았다기보다는 오히려 "네가 탕감을 받았다면, 타인의 빚을 탕감해 주어라"는 명확하고도 강력한 메시지를 전하고 있다. 이는 마태복음 7장 12절에 전하는 예수의 가르침과도 일치한다: "무엇이든지 남에게 대접을 받고자 하는 대로 너희도 남을 대접하라."

(3) 비유의 메시지: 정의는 어떤 방식으로 실현되는가?

일반적으로 사람들은 정의라 하면 법을 먼저 떠올리고, 법대로 하면 정의롭다고 생각한다. 빚진 자가 빚을 갚지 못하면 감옥에 가두는 것이 정의의 실현이라고 여길 수 있다. 그러나 이 비유에서는 정의에 대한 일반적인 상식을 뒤집어놓는다. 100데나리온의 빚이란 거의 생계형 빚일 가능성이 높다. 생계형 빚을 진 사람에게 빚을 독촉하고 감옥에 가두는 것이 옳으냐고 묻는 것이 이 비유의 핵심이다.

필자는 이 비유의 해석의 결정적 단서를 33절에서 찾았다: "내가 너를 불쌍히 여김과 같이 너도 네 동관을 불쌍히 여겨야 하지 않겠는가?" 불쌍히 여김은 이곳 외에 복음서에서 11번 사용된다. 예수가 병자를 치유할 때(막 1:41), 급식 기적을 일으킬 때(막 6:34, 8:2; 마 14:14; 15:32), 귀신 축출 기적을 일으킬 때(막 9:22; 마 9:36, 20:34)나 기적을 일으킬 때(눅 7:13) 예수의 마음을 표현했으며, 그 외 사마리아인의 비유(눅 10:33)와 돌아온 탕자의 비유(눅 15:20)에서도 나오는 표현이다.

예수의 행위를 묘사하는 곳에서나 예수가 전하는 비유에서나 불쌍히 여김은 '그대로 두면 죽겠구나' 하는 판단과 함께 살리기 위한 조치를 취하는 태도로 연결된다는 점을 고려하여 생명을 살리고자 하는 동인으로 이해될 수 있다. 그러므로 이 비유에서 불쌍히 여긴다는 것도 생명을 살리고자 하는 마음으로 볼 수 있을 것이다. 1만 달란트라는 거대한 빚을 갚을 수 없는 사람을 살리는 것은 빚을 탕감해 주는 것으로 나타났다. 그러한 경험을 한 사람이 자신에게 소액의 빚을 진 사람에게 가혹하게 행해서는 안 된다는 것, 쉽게 말해서 받은 대로 행할 것을 가르치는 비유라고 하겠다. 그러므로 필자는 이 비유는 하나님 나라에서 정의를 실현하는 방법에 관한 메시지를 전하고 있다고 생각한다. 즉, 하나님의 정의는 사람들이 하나님에게서 받은 그대로 베풀 때에, 그리하여 사람이 살 수 있도록 해 줄 때에 실현된다는 것이다.

3) 청지기 비유(눅 16:1-8a): 정의의 실현 목적에 대한 예수의 답변

이 비유는 누가복음에만 나온다. 그렇지만 예수의 진정한 비유로 의심되지는 않는다. 율리허가 이 비유가 매우 난해하다고 지적한 이래로[36] 대다수의 학자가 해석하기 매우 어려운 예수의 비유로 손꼽고 있

---

36 A. Jülicher, *Die Gleichnisreden Jesu* (Tübingen: Mohr, 1910), 495.

다. 청지기가 빚진 자들의 빚을 임의로 삭감해주는 내용의 이 비유도 3막 극의 형태를 지니고 있다.

(1) 예수의 비유 새로 듣기

제1장면) 주인의 집

[이야기] 청지기를 가진 부자가 있다.

[청중] '흠… 청지기를 두고 재산을 관리할 정도라면 정말 대단한 부자로군.'

[이야기] 주인은 청지기가 주인의 재산을 허비한다는 소문을 듣게 된다. 그리하여 청지기를 그대로 두어서는 안 되겠다고 생각하고 청지기를 부른다.

[청중] '청지기가 주인의 재산을 허비한다는 소문은 누가 낸 걸까? 주인이 빚을 진 사람들에게 직접 따져 물었던 것일까? 빚진 사람들이 이자도 꼬박꼬박 잘 내는데, 안 받았다고 주인이 직접 문책하다가 알게 된 것일까? 중간에 관리자가 가로채는 경우가 많지.'

[이야기] 주인이 청지기를 불러 소문에 대해 캐묻는다. 그리고 해고를 선언하고, 지금까지 해오던 일을 정리하도록 명한다.

[청중] '저런! 우리가 주인에게 빚진 것과 이자 등 제대로 드렸다는 뜻에서 말한 거였는데, 청지기가 해고를 당하게 되었구먼.'

제2장면) 청지기의 집

[이야기] 청지기가 해고 후의 자신의 삶에 대해 고민한다. '아, 이제 해고되면 어떻게 살 수 있을까! 지금까지 청지기 일을 하면서 살아왔는데, 다른 소작인들처럼 땅을 파면서 살자니 힘이 없고, 빌어먹자니

부끄럽구나!'

[청중] '청지기도 고민할 때가 있군. 그동안 우리에게서 탈취하여 모아둔 것도 있을 텐데….'

[이야기] 청지기는 고민 끝에 해법이 떠올라 무릎을 치며 말한다. '아, 이렇게 하면 되겠군. 방법이 없는 건 아니지. 그래. 이렇게 하면 내가 실직을 하더라도, 사람들이 나를 자신들의 집으로 영접해줄 거야!'

[청중] '청지기가 생각하는 게 뭐지? 우리가 낼 거 다 내도 주인이 와서 빚 갚으라고 하는 걸 보면, 청지기가 중간에서 빼돌렸던 사람인데, 이젠 무슨 일을 하려나! 자기 살리려고 무슨 일이라도 할 사람인데.'

제3장면) 청지기의 사무실

[이야기] 청지기가 빚진 사람들을 호출하고 그들에게 묻는다. 주인에게 진 빚이 얼마냐고. 기름 백 말이라고 하자 절반을 삭감하여 증서에 오십이라 쓰라고 한다. (빚진 자의 반응은 전혀 언급되지 않는다.)

[청중] '아니, 이게 무슨 일이지? 청지기가 생각한 방법이 바로 이거였나? 빚진 자들에게 빚의 일부를 삭감해 주는 것, 그런데 절반이나? 이거 대단한 일이군. 사실 기름 백 말의 빚이란 너무 어마어마해서 갚을 엄두가 나지 않았을 텐데, 빚을 삭감해 주니 그 마음을 생각해서 갚도록 노력하고 싶은 마음이 들 수도 있겠네.'

[이야기] 청지기가 다른 빚진 이에게 묻는다. 너는 주인에게 얼마나 빚을 졌느냐고. 밀 백 석이라고 하자 증서에 팔십이라 쓰라고 한다. 밀은 20%를 삭감해 준 것이다.

[청중] '청지기가 대단한 결심을 했군. 그동안 사람들의 빚을 부풀려 괴롭히더니, 이제 회개했나? 어쨌든 고맙군. 이제 빚에 대한 부담은 좀 덜어진 셈이네.'

[이야기] 주인은 청지기가 일하는 것을 보고 칭찬하였다.

[청중] '역시 주인의 마음은 이거야. 사람들이 빚에 허덕이며 인생살
이에 지쳐 있는데, 빚을 갚으라고 혹독하게 대하는 것은 주인의 마음
이 아니다. 그는 자신에게 빚진 자들도 살 수 있도록 배려해 준다. 삭
감을 해서라도 말이지.'

(2) 비유 해설

많은 학자가 이 비유를 이해하기 매우 난해한 비유 중의 하나라고
평가한다.[37] 특히 8절에 언급된 청지기에 대한 주인의 칭찬이 이해하
기 어렵다는 것이다. 즉, 주인의 재산을 낭비하여 해고령을 받은 청지
기가 결국 회계 문서를 조작하여 주인의 재산을 더욱 축소시켰는데,
그러한 불의한 청지기를 주인이 칭찬한 점이 이해하기 어렵다는 것이
다. 그래서 몇몇 학자는 8절에 나오는 주인이 비유의 등장인물이 아니
라 이 비유를 전하는 예수로 보기도 한다.[38]

최근 비유 연구에 헌신한 스캇은 이 비유가 어렵게 여겨진 것은 대
다수의 연구자가 이 비유에 접근할 때 무의식적으로 그리고 상식적으
로 다음과 같은 점을 전제하기 때문임을 지적하였다. 이 비유에서 주

---

37 J. S. Kloppenberg, "The Dishonored Master(Luke 16:1-8a)," Bib 70(1989), 474;
   W. R. Herzog, *Parables as Subversive Speech: Jesus as Pedagogue of the Oppressed*
   (Louisville: John Knox Press, 1994), 233; 최갑종, 『예수님의 비유』, 233-243; F.
   Bovon, *Das Evangelium nach Lukas (Lk 15:1-19:27)*, EKK III/3 (Neukirchen-Vluyn:
   Neukirchener Verlag, 2001), 82-85; 김창락, 『귀로 보는 비유의 세계』, 256.

38 가령 예레미아스/허혁 역, 『예수의 비유』. 최근 한국에서 이 문제를 다룬 민경식도 이 비유는
   7절에서 마감되고 8절은 비유를 마친 후 예수의 말이라는 것으로 결론을 내린다. 민경식,
   "불의한 청지기를 칭찬한 이는 누구인가: 누가복음 16장 8절의 퀴리오스 번역에 대한 고찰,"
   「캐논 앤 컬쳐」 제1권 1호(2007), 237-267; "누가 불의한 청지기를 칭찬하였는가. 누가복
   음 16:8," 구제홍 · 김선정 외, 『예수의 비유』 (서울: 대한기독교서회, 2009), 221-246.

인은 하나님을 그리고 경제체제는 자본주의를 전제한다는 것이다. 또한 해석자들이 주인의 입장에 서서 주인을 청지기에 의해 횡령당한 사람으로 바라보기 때문이라는 올바른 지적을 한다.[39] 즉, 이 비유의 해석이 곤란한 것은 주인의 재산을 횡령하여 해고된 청지기가 자신을 해고한 주인에 대해 앙갚음하는 사기꾼과 같은 행동을 하는 것에 대해 어떻게 주인이 칭찬할 수 있느냐는 것에 집중되었다. 청지기에 대한 칭찬을 이해하려는 몇몇 학자는 이 청지기가 기름 50%, 밀 20%를 삭감한 것은 주인이 아니라 청지기에게 돌아올 몫을 포기한 것이고 그렇기 때문에 칭찬받았다고 해석하기도 한다. 하지만 이 또한 입증할 길이 없다. 이미 많은 학자가 지적하였듯이 8절이 비유에 속하지 않는다면 비유가 이야기를 하다가 중단한 듯한, 마무리가 제대로 되지 않은 인상을 준다. 그러므로 필자는 8a절까지를 비유로 보고자 한다.

물론 이 비유가 현재 학자들에게만 어려웠던 것이 아니라 비유가 전수되던 아주 초기 시절부터 어렵게 여겨졌다는 사실은 이 비유 뒤에 연결된 여러 적용문(8a-13절)을 보더라도 확인할 수 있다.[40]

예레미아스는 청지기의 민첩성을 비유의 핵심으로 보고, 종말론적 위기에 처해서 얼마나 빠르게 대처하느냐를 칭찬한 것으로 해석하였고,[41] 최근 클로펜버그는 명예와 수치라는 사회학적 개념을 사용하여

---

39 스캇/김기석 역, 『예수의 비유 새로 듣기』, 142-143.

40 8b-13절까지 비유의 적용문들이 열거되어 있다. 김창락 교수가 지적하듯이 전승 과정에서 차례로 생겨난 것이다. 김창락, 『귀로 보는 비유의 세계』, 257-259. 이렇게 많은 적용문이 이어진 것은 처음 적용문에 대해 동의하지 못하고, 지속적으로 다른 식으로 이 비유를 이해해보고자 하는 노력의 결과이고, 이는 이 비유가 이해하기 어려웠음을 보여주는 증거이다.

41 예레미아스는 이 비유를 "위기의 비유"로 보고 이 비유에서 청지기가 칭찬받은 것은 위기 대처 능력이라는 것이다. 그리고 모범 이야기로 본다. "너희는 여기서 배우라. 너희는 지금 목에 칼이 놓여 있는 생존의 파국으로 위협당하고 있는 이 재산 관리인과 똑같은

주인이 청지기를 통해 수치보다는 명예를 얻는 방법을 택했다는 식으로 해석하였다.[42] 필자는 이 비유에서 핵심적인 부분이자 동시에 칭찬의 내용이 청지기의 위기 탈출의 신속성보다는 위기 탈출을 위해 행한 행위, 즉 빚의 삭감에 있다고 생각한다. 청지기는 자신의 위기를 맞이하여 자신의 위기 해결 방안으로 빚진 자들의 빚을 삭감하였고, 바로 이 행위를 주인이 칭찬한 것이다.[43]

기존의 많은 학자가 말해왔듯이 청지기가 행한 빚 삭감을 문서 조작이라는 사기 행각으로 여긴다면 이 비유의 해석은 난해하기 짝이 없다. 세상 사람들에게 불법에 해당하는 것이 예수에게는 하나님의 법에 합당하고,[44] 세상에서 불의하다고 하는 것이 하나님 편에서는 정의일 수 있다는 생각을 가능케 하는 비유이다. 청지기가 행한 방법, 즉 빚 문서를 새롭게 조정하는 것이 정의롭지 못했을지라도 많은 빚을 삭감해 준 것은 정의로운 일이다. 많은 빚을 짊어진 사람에게 삭감이란 생명의 빛이기 때문이다. 빚의 삭감은 주인에게도 손해가 아니다. 왜냐하면 이자에 이자가 붙어서 빚이 어마어마한 규모가 되면 채무자는 더 이상 빚을 갚을 의지를 상실하게 되기 때문이다.

주인이 처음 들었던 소문이라는 것은 그에게 빚을 진 사람들에게서 나온 것이고, 그렇다면 그들이 빚을 잘 갚고 있음에도 청지기가 채무

위치에 놓여 있다. 그러나 너희를 위협하는, 아니 너희가 이미 그 한가운데 빠져 있는 이 위기는 비길 데 없이 무서운 것이다. 이 사람은 지혜로웠다. 즉, 그는 이 위기일발의 상황을 인식했다. 그는 체념한 채 수수방관하지 않고 위협적인 파멸이 그를 덮치기 전에 마지막 순간에 행동했다." 예레미아스/허혁 역, 『예수의 비유』, 176.

42 J. S. Kloppenberg, "The Dishonored Master(Luke 16:1-8a)," 478-480.

43 동일한 의견은 다음과 같은 학자들에게서 찾아볼 수 있다. 김창락, 『귀로 보는 비유의 세계』, 261.

44 가령 안식일법에 대한 예수의 생각. 이에 관해서는 김판임, "안식일법에 대한 쿰란공동체와 예수의 입장 비교," 「신학연구」 58집(2011 여름), 39-58 참조.

자와 채권자 사이에서 돈을 가로채고 있었다고 생각해볼 수 있다. 그리고 빚이 이자와 함께 늘어나 너무 부담이 되면 빚을 갚을 엄두조차 나지 않게 될 위험이 있다.[45] 빚의 삭감은 채무자와 채권자의 윈-윈이다. 빚이 삭감됨으로써 채무자는 빚을 갚을 수 없다는 절망감에서 해방된다. 삭감으로 인해 빚을 갚을 수 있는 가능성이 높아지면 빚 상환 의욕이 상승될 수 있기 때문이다. 청지기는 자신의 위기를 타개하기 위한 목적으로 채무액 삭감이란 과감한 행위를 한 것인데, 이는 주인과 빚진 자 그리고 청지기 모두에게 유익했던 것이다. 그것이 바로 주인이 원했던 바였다.

(3) 비유의 메시지

이 비유에서 필자는 하나님의 정의가 어떠한 목적을 가지고 이루어져야 하는지에 대한 메시지를 읽게 된다. 즉, 하나님의 정의는 사람을 살리는 목적으로 이루어져야 한다는 것이다. 빚을 갚을 능력을 초월할 정도의 과도한 빚은 사람을 피폐케 한다. 빚진 자가 시간이 흐를수록 부담을 갖게 되는 것은 중간이득을 취하는 자가 많은 것을 취할 때 생기는 현상이다. 이 비유에서 중간이득을 취하는 자는 청지기로 묘사되었고, 주인이 그의 부당함을 알고 해고를 명하자 자신의 부당 이익을 포기하고 빚진 자들의 빚을 삭감하는 과단성 있는 결정을 한다. 이에

---

45 예레미아스에 따르면 이 비유에서 언급된 기름 백 말, 밀 백 섬은 개인이 갚을 수 없을 매우 큰 규모의 빚이다. "기름 100바트(개역: 100말=36.5hl)는 감람나무 146그루의 소산이며 약 1,000데나리온의 금액에 해당한다. 밀 100코르(개역 100석=364.4h)는 약 27,500킬로그램으로서 42헥타르의 소출이며, 약 2,500데나리온의 금액에 해당한다." 예레미아스/허혁 역, 『예수의 비유』, 175-176. 이와 같이 이 비유에서 언급되는 기름 빚과 밀 빚이 어느 정도 규모인지 그의 연구서에서 이미 지적하고 있음에도 이후 연구한 대다수의 학자가 이 빚의 규모에 대해 주의를 기울이지 않은 것은 유감스럽다.

대해 주인은 칭찬을 함으로써 채권자의 명예가 높아지고, 채무자들은 삶에 부담을 덜었으며, 청지기는 미래에 대한 희망을 가지게 되었다.

3. 나오는 말: 하나님의 정의와 생명

세 가지 예수의 비유를 연구한 결과 하나님의 정의에 대해 다음과 같은 결론을 내려 본다. "하나님의 정의는 사람들을 먹여 살리는 방식으로 실현된다."

포도원 주인의 비유는 하나님의 정의가 무엇인지 알 수 있게 해 준다. 하나님의 정의란 기본적으로 정한 법을 지키면서 사람들을 살 수 있게 해 주는 것이다. 새벽 인력시장에서 사람을 고용할 때 하루 임금을 정하였다. 고대 사회에서 일용직 노동자는 시간제 노동이 아니라 일일 노동인 것이다.

오후 늦은 시간에 만난 사람이 놀고 있는 것을 본 포도원 주인은 하루 임금을 받지 못하고 빈털터리로 귀가할 사람과 그의 가족들의 생계를 염려한 것이다. 그리하여 그에게도 하루 품삯을 주고 싶다. 하루 품삯을 주고 싶다는 것은 그와 그의 가족들을 먹이고자 하는 마음이다. 이 마음이 그날 일할 수 있는 시간이 1시간밖에 남지 않은 시간에도 그를 고용하게 된 결정적인 동기인 것이다. 하나님의 정의란 노동 시간의 분량대로 따지거나 노동자가 성취한 업적 위주로 분배하는 것이 아니라 개개의 노동자와 그의 가족들이 생계를 이어나갈 수 있도록 분배해 주는 방식이다.

탕감 받았으나 탕감해 주지 않은 종의 비유에서 드러나는 하나님의 정의도 포도원 주인의 비유와 다른 것이 아니다. 1만 달란트의 빚을 진 종을 탕감해 준 것은 다른 이유가 있는 것이 아니다. 종이 죽었다 깨어나도 갚을 수 없음이 자명하기 때문이다. 아내와 자식, 그가 가진 모든 것을 다 팔아 빚을 갚으라고 엄포를 놓지만, 다 팔아도 빚을 갚을 수 없다는 현실을 주인은 안다. 그렇기 때문에 빚의 탕감은 그와 그의 가족을 살리기 위해 택한 방식인 것이다. 그러한 은혜를 입은 사람이라면 받은 대로 베풀어야 할 의무가 있다. 1만 달란트의 빚을 탕감 받고 나아가 자신에게 1백 데나리온의 빚을 진 자에게 자비를 베풀지 않은 종에 대한 주인의 조처는 코믹하면서도 강력한 메시지를 전달하고 있는 것이다. 포도원 주인의 비유가 하나님의 정의가 무엇인지 말해주고 있다면, 빚을 탕감 받은 종의 비유는 하나님의 정의를 사람(하나님의 백성)도 실천해야 할 의무가 있음을 말해주는 것이라 하겠다. 하나님의 정의가 실현되는 방법은 사람이 살 수 있도록 하는 것이다.

마지막으로 불의한 청지기의 비유(눅 6:1-8a)는 하나님의 정의의 목적을 말해준다. 하나님의 정의는 사람들을 살리기 위하는 목적으로 이루어진다. 청지기가 자신의 실직 위기에서 살아갈 방도를 모색한 결과, 주인에게 빚진 자들의 빚을 삭감하는 일을 감행한다. 청지기는 자신의 미래를 위해 행한 일이지만, 이는 결국 주인이 원하는 일이다. 주인은 자신의 부를 축적하기 위해 사람들을 착취할 마음이 없다. 주인이 사람들에게 밀과 기름을 꾸어 준 이유는 그들도 살고 자신도 살기 위함이다. 주인의 재산을 관리하던 청지기가 과도하게 부과하여 빚진 사람들에게 부담을 주었음을 주인이 알고 그의 해고를 명한 것이다. 하나님의 정의는 사람을 살리는 데 목적이 있는 것이지, 사람을 괴롭히면서까지 자신의 재산을 정확히 축적하는 데 있는 것이 아니다.

하나님의 정의를 이해하기 위해 접근한 예수의 세 비유는 모두 사람들의 경제 활동에 관한 내용이다. 포도원 주인의 비유는 노동자의 임금 문제, 탕감 받은 종의 비유는 빚의 탕감 그리고 마지막 청지기의 비유는 빚의 삭감을 주제로 하였다. 모두 다 경제 문제이다. 경제생활이란 사람이 먹고 '살기 위해' 하는 것이다. 우리는 경제학 원론에서 경제 활동의 목적을 이윤 추구 혹은 부의 축적이라고 배웠다. 그럴 경우 사람은 이러한 목적을 위한 도구가 된다. 또한 진정한 목적이 되어야 할 사람의 생명이 이윤 추구라는 목적을 위한 수단으로 전락해버릴 위험이 농후하다. 경제 활동의 목적은 이윤 추구가 아니라 '살기 위함'이라고 해야 한다.

예수의 비유를 통해 밝혀진 하나님의 정의는 우리로 하여금 이윤 추구라는 왜곡된 경제 활동의 목적에서 벗어나 '생명 살림'이라는 경제생활의 진정한 목적을 향하게 해 준다. 하나님의 정의는 법을 수호하는 것에 한정되는 것이 아니라 사람을 살리는 방향으로 이루어진다는 것이 이 세 비유에 대한 연구 결과로 분명해졌다.

제 2 부

페미니스트 예수

대부분의 천재성은 당시 사람들이 가지고 있는 일반적인 견해를 뛰어 넘어 본질적인 것을 이해하는 능력으로 인정된다. 예수의 천재성은 여성에 대한 이해에서도 나타난다. 당시 유대인들은 여자로 태어나지 않은 것을 감사할 정도로 가정에서나 성전에서, 사회에서 여성을 차별하고 혐오했다. 길에서 여인과 이야기를 나누는 일도 흉이 되었다.

딸로 태어나면 아버지의 명예를 위해 희생을 당하거나(입다의 딸) 아버지의 통제하에서 살게 되고, 혼인 같은 중차대한 일도 아버지의 결정을 따라야 했다. 유대인들이 긍지로 여기는 하나님의 율법을 공부할 자격도 없고 지킬 의무도 없었다. 여자는 단지 남자를 보좌하기 위해 존재했다. 결혼 후에 여성의 지위도 여전히 남편과 동등하지 않았다. 이혼 권한은 여성에게 없었고 이혼을 당하는 위치에 있었다.

이러한 남녀 불평등한 사회에서 태어나 살아온 예수이지만 그는 하나님이 그의 형상을 따라 남자와 여자를 만들었다는 창조 신앙에 근거하여 남자와 여자를 평등하게 보았으며 하나님 나라와 같은 종교적 주제를 이야기할 때 여성을 기꺼이 대화 파트너로 여기고 그들이 이해할 수 있는 방식을 취하였다. 여성도 그가 원하는 일을 하는 것을 적극적으로 지원해 준다. 여성을 대하는 예수의 태도에서 예수의 천재성을 본다.

제2부에서는 예수 당시 유대교에서의 여성의 지위와 역할을 고찰하면서 예수의 입장을 비교하고, 예수의 종교적 메시지에서 여성에 대한 태도 그리고 마지막으로 초대받은 마르다의 집에서 보여준 마르다와 마리아의 태도에 대한 예수의 입장을 살펴본다.

4장

유대 여성들의 지위와 역할 및
이에 대한 예수의 견해

1. 들어가는 말

예수는 동시대를 살던 유대인들과 상당히 다른 견해를 지녔다. 이 글에서는 같은 민족인 유대인들과 다른 견해를 지녔던 예수의 견해와 태도 그리고 그의 신학적 배경을 살펴보고자 한다. 특별히 결혼 제도, 가정과 사회생활에서의 여성의 지위와 역할 그리고 유대 종교 내에서의 여성의 지위와 역할을 살펴보고, 이에 대한 예수의 견해를 비교 고찰하고자 한다.

예수가 그의 지상 생활 동안 페미니스트로서 분명한 자의식을 지니지 않았기 때문에 이러한 모든 사항에 관해 깊은 숙고나 언급은 하지 않았으므로 비교 자료가 빈약하다. 그러나 예수의 기본 견해를 분명히 알 수 있는 전거들을 공관복음서 내의 몇 가지 언급을 통해 알아보고자 한다. 예수의 메시지의 중심 주제는 하나님 나라이다. 그가 하나님 나라를 어떻게 이해하였기에 당대 유대인들과 다른 태도로 여성들을 대할 수 있었는가?

2. 유대 사회의 혼인 제도와 이에 대한 예수의 견해

1) 일부일처제와 일부다처제

유대인들에게 남녀의 결합을 위한 혼인은 삶의 기본이었다. 이는 구약성서의 창조 설화, 그중에서도 창세기 1장 27-28절에 언급된 바와 같이 하나님이 "그의 형상대로" 남자와 여자를 창조하신 후 선언하신 "생육하고 번성하라"는 축복에 기인한다. 유대인이라면 누구든지 하나님의 축복을 받기 원하고, 생육과 번성은 남녀의 결합에서만 가능하므로 결혼이야말로 하나님의 축복을 얻기 위한 필수적인 일이 된다. 하나님이 인간을 하나의 성으로만 창조하지 않고 남성과 여성, 두 성으로 나누어 창조하신 이유는 생육과 번성에 있다. 창조 후 생육과 번성의 축복으로 인해 유대인들에게 결혼은 해도 좋고 안 해도 좋다는 식의 인간의 선택 사항이 아니라, 그것이 토라 안에 있다는 의미에서 하나님의 명령인 것이다.

구약성서의 창조 설화에 따르면 일생에 한 번 결혼하는 것이 하나님의 뜻으로 소개된다(창 1:27, 2:21-24). 창세기 7장의 노아 이야기 이전에는 일부다처제나 다부다처제(창 6장)의 모습이 보이지만, 노아 이야기에서 하나님은 다시 사람이나 짐승이나 암수 하나씩 짝을 지어 방주에 들여보내라고 명령함으로써 일부일처제의 모습을 회복한다. 일부다처제는 카인의 후예에게서 나타난다. 라멕이 두 아내를 취하고(창 4:19-24), 야곱은 두 자매 레아와 라헬을 아내로 맞고, 아브라함은 한 아내 사라만을 갖는다. 사라가 아이를 낳을 수 없기 때문에 사라의 종 하갈을 첩으로 삼는다(창 16:1-2). 그러나 이 경우 아브라함이 원하기 때문이라기보다는 사라의 의지에 따른 것으로 표현된다.

창세기 25장 1절에 따르면 아브라함은 사라가 죽은 뒤 그두라를 후처로 맞이한다. 이때는 이미 사라가 사망한 후이므로 그두라는 합법적인 두 번째 아내라고 볼 수 있다. 그러나 창세기 25장 6절에 따르면 "서자들"이라는 표현이 나오는데 이는 사라가 낳은 아들 이삭을 제외한 아브라함의 자식들, 즉 하갈과 그두라가 낳은 자식들을 말한다. 그렇다면 사라를 제외한 하갈과 그두라 모두를 첩으로 간주하고 기술한 셈이 된다.

롤랑 드 보에 따르면 정식 아내와 그 외에 첩을 거느린 족장 시대 이스라엘의 혼인 관습은 그들의 주변 세계의 관습과 연결되어 있다.[1] 이를 위해 그는 함무라비 문서를 인용한다. 이 문서에 따르면 결혼한 남자는 만일 그의 아내가 아이를 낳을 수 없을 경우에만 한 명의 첩을 가질 수 있다. 그러나 첩은 본처와 같은 권리를 지니지 못한다. 드 보는 한 명의 본처만이 모든 원리를 소유한다는 점에서 함무라비 문서에서도 확실한 일부일처제가 지켜지고 있다고 말한다.

아브라함의 경우는 드 보의 설명을 따라 메소포타미아인들의 관습의 영향을 받고 있다고 볼 수 있을 것이다. 그러나 야곱의 경우는 다르다. 그는 아내가 둘일 뿐만 아니라 그 두 아내 모두 그들의 종들까지 남편에게 제공한다(창 29:15-30, 30:1-9). 에서는 세 아내를 갖는데, 이들은 모두 동등한 위치에 있다(창 26:34, 28:9, 36:1-5). 이와 같이 족장

---

1 Roland de Vaux, *Das Alte Testament und seine Lebensordnungen* (Freiburg: Herder, 1964), 이양구 역, 『구약시대의 생활 풍속』 (서울: 대한기독교서회, 1983), 58-59.

들의 혼인은 전혀 일부일처제라고 할 수 없는데, 이러한 예들에 대해 드 보는 이스라엘이 메소포타미아보다 일부일처제에 엄격하지 않았던 것으로 추정한다.[2]

이스라엘에서 언제부터 일부일처제가 확립되었는지는 분명치 않다. 신명기 21장 15절 이하에 따르면 두 아내를 갖는 일은 합법적이다. 기드온은 많은 아내를 가지고 있었고 첩도 여러 명이었다(삿 8:30-31). 사사들과 왕들에게는 일부일처제로 제한하는 일이 없었다. 솔로몬 왕의 경우는 후궁이 700명, 첩이 300명이라고 전해진다(왕상 11:3).

매우 후기의 탈무드에는 보통 남자는 네 명의 아내를, 왕의 경우는 열여덟 명의 아내를 둘 수 있다고 했는데, 이는 순전히 이론적인 숙고에 따른 것이다. 실제로 매우 부유하고 사치한 사람만이 여러 명의 아내를 둘 수 있다. 대부분의 남자는 한두 명의 여자로 만족했을 것이다. 사무엘의 아버지 엘가나는 두 아내를 가졌는데, 그중 하나는 불임이었다(삼상 1:2). 역대기하 24장 3절에 따르면 제사장 여후다는 요아스 왕에게 두 아내를 추천한다.

이러한 여러 가지 예에도 불구하고 드 보는 당대에 일반인이 두 아내를 갖는 일이 현재 팔레스타인에 살고 있는 베두인들의 경우와 같이 그리 흔한 일은 아니었을 것으로 추정한다.[3] 베두인은 무슬림으로서 법적으로 일부다처제가 가능하다. 그러나 그들이 일부다처제를 실행하는 일은 매우 드물다. 대부분 두 번째 부인을 얻을 경우 그것이 필요한 일인지 숙고한다. 그리고 그렇다손 치더라도 대개 하녀를 택한다. 흔한 경우로는 많은 자녀를 원할 경우이다. 첫째 부인이 불임이거나

---

2 드 보/이양구 역, 『구약시대의 생활 풍속』, 59.
3 위의 책, 60.

아니면 딸만 낳았을 경우이다.

여자가 많을 경우 가정 내의 평화를 유지하는 게 쉽지 않다. 불임의 아내는 다른 아내나 첩들에게 경멸당한다.[4] 반대로 불임의 아내가 아이를 낳은 첩을 질투할 수 있다(창 30:1). 가정이 불화할 수 있는 이러한 이유 때문에 남자들에게 첫 번째 아내를 사랑하라는 권면을 하는 것 같다(창 29:30-31; 삼상 1:5).

사무엘서와 열왕기서는 전 왕조시대를 포함하고 있는데, 이에 따르면 맨 처음에만 두 아내를 가진 것에 대해 언급할 뿐이며(가령 사무엘의 아버지) 그 외에는 일부다처제에 관한 언급이 일체 없다. 가정에서의 여자와 관련된 지혜서들의 여러 구절은 일부일처제하에서만 이해할 수 있다(잠 5:15; 전 9:9; 시락 26:1-4). 잠언서를 마감하는 부분에 나오는 완벽한 아내에 대한 찬양(잠 31:10-31)도 일부일처제하에서 이해할 수 있다.

일부일처제가 아닌 많은 예가 구약성서에 보임에도 드 보는 일부일처제가 이스라엘 가정에서 지배적이었다고 추측한다.[5] 구약성서의 예언서들의 경우 이스라엘을 하나님의 유일한 아내라고 말한다(호 2:4-22; 렘 2:2; 사 50:1, 54:6, 62:4 이하).

유대교 내에서 엄격한 일부일처제를 고집하는 그룹이 있었다. 그들은 쿰란 동굴에서 발견된 문서들을 소장하고 있었던 에세네파 사람들인데, 이들은 평생에 단 한 번만의 결혼을 허락한다. 즉, 이혼을 하거나 사별을 해서 혼자가 된 경우에도 재혼은 불허하는 것이다. 이들이 이처럼 공동체의 모든 회원에게 엄격한 일부일처제를 고집하는 데

---

4 구약성서에 나오는 예들 중에 가령 사라와 하갈의 경우(창 16:4-5) 그리고 한나와 브닌나의 경우(삼상 1:6)를 보라.

5 드 보/이양구 역, 『구약시대의 생활 풍속』, 61.

에는 다음과 같은 토라의 세 구절, 즉 창세기 1장 27절, 6장 18절, 신명기 17장 17절에 그 근거를 두고 있다(CD IV,20-V,2). 슈테게만에 따르면 에세네파 사람들은 창조 기사의 "하나님이 사람들을 남자와 여자로 만드셨다"는 창세기 1장 27절의 내용을 "한 남자와 한 여자"라는 의미로 이해했으며, 노아의 이야기에서 방주 안에 노와와 그의 아들들 모두 각각 한 명의 아내를 데리고 들어간 것에 근거해서 노아 이후의 자손들은 한 번의 결혼으로 쌍으로 존재하는 것을 일반적인 규범으로 보았다는 것이다. 마지막으로 신명기 17장 17절은 "많은 여자들과 결혼해서는 안 된다"는 내용인데, 에네세파 사람들은 "많은 여자들"이란 표현을 적용하여 "이스라엘인이라면 누구든지, 심지어 왕조차도 여러 명의 여자와 결혼해서는 안 된다"고 이해하였다는 것이다.[6]

2) 결혼의 성립: 결혼 적령기, 부모의 역할

구약성서에는 결혼 적령기란 말이 나오지 않는다. 언제 결혼을 해야 하는지 모세 오경은 아무런 제시도 하지 않는다. 그러나 대개 부모가 딸을 매우 이른 나이에 결혼시킨 것은 확실하다. 후기 랍비들은 결혼의 최소 연령으로 처녀는 만 12세, 총각은 만 13세에 결혼할 수 있게 하였다. 왜냐하면 만 13세가 유대교에서는 종교적으로 성숙한 나이이며 동시에 결혼할 능력이 있는 나이로 인정되었기 때문이다. 그러나 경제적인 이유에서 16~17세에 결혼하는 것이 일반적이었다.[7]

---

6 H. Stegemann, *Die Essener*, Qumran, *Johannes Täufer und Jesus* (Freiburg: Herder, 1993), 269-270.
7 에세네파 사람들은 만 20세를 종교적으로 성숙하고 결혼할 수 있는 전제 조건으로 요구하였는데(1QSa I,9-10), 이는 유대교 내에서 예외적인 경우에 속한다.

이렇게 이른 나이에 결혼을 하게 되므로 부모가 결혼에 대해 간섭하는 것이 보통이었다. 혼인을 결정하기 위해 처녀나 총각 당사자들에게 결혼 의지를 묻는 일은 매우 드물고, 대개는 부모들이 결정적인 역할을 한다. 가령 아브라함이 그의 아들 이삭의 아내를 선택하기 위하여 자기 종을 파견한다든지, 야곱의 결혼 상태가 어떤 사람이어야 하는지 이삭이 야곱에게 당부한다(창 28:1). 아버지가 사망한 경우는 여자의 오빠가 그 역할을 대신한다. 이삭의 결혼 상대인 리브가의 경우 그녀의 오빠인 라반이 이 일을 결정한다(창 24:33-53). 혹은 어머니가 결정할 수도 있다. 아브라함에게서 쫓겨난 하갈이 아들 이스마엘의 아내를 골라주는 것이 그 예이다(창 21:21).

결혼의 성립을 이해하려면 우선 결혼이 유대인들에게 의미하는 바가 무엇인지 알아야 한다. 기혼 남자는 아내 된 여자의 "주인"으로 불리고(출 21:3, 22; 삼하 11:26 등), 기혼 여자는 남편이라는 주인의 "소유"이다(창 20:3; 신 22:22). 여자를 훔쳐 결혼하는 것은 사사시대에만 나온다(삿 21:15-23). 신명기 21장 10-14절에 따르면 전쟁 포로로서 하녀로 쓰던 사람을 아내로 맞이할 수 있다. 그러나 이혼을 하게 되면 그 여자는 더 이상 노예가 아니라 자유인이 된다.

일반적으로 신랑이나 신랑의 아버지가 신부의 아버지와 거래한다(창 24:33-49). 신랑이 신부의 아버지에게 소위 '신부 몸값'(모하르)을 지불한다(창 34:12; 출 22:15-16; 신 22:29; 삼상 18:25). 돈 대신에 다른 것으로 대체할 수 있다. 가령 야곱의 경우 아내를 얻기 위해 품삯을 제공했다(창 29:18-19, 27-28; 수 15:16; 삼상 17:25, 18:20-27). 그러나 그렇다고 해서 여자가 사고 팔 수 있는 물건에 해당한다고 쉽게 말할 수는 없다. 신부에게 아버지의 결혼 결정에 동의할 것인지 묻기도 하고(창 24:57), 지참금이나 여러 가지 지참품이 주어지기도 한다. 가령 여종들(창 24:59, 29:24, 29)이나 토지(수 15:18-19; 삿 1:14-15; 왕상 9:16) 등이 그것이다.

결혼의 성립은 잔치로 이루어진다(창 29:22; 삿 14:12; 토빗 8:19).[8] 그 경우 신부 혹은 신혼부부에게 축복하는 것 외에 다른 특별한 종교적인 행사는 결부되지 않는다. 결혼의 궁극적인 목적은 물론 후손을 얻는 데 있다. 그러나 이미 야휘스트도 사랑과 상호 보완과 경외로 이루어지는 내적인 공동체로 혼인을 이해하였다(창 2:21-24).

3) 근친결혼

근친결혼은 이스라엘의 족장 시대에 보편적인 것이었다. 아브라함은 그의 아들 이삭의 아내를 메소포타미아에 있는 그의 친척 중에서 구해오도록 자기 종을 파견한다(창 24:4). 야곱의 두 아내, 레아와 라헬은 자매로서 야곱과 사촌지간이다. 삼손의 아버지는 자기 씨족 중의 한 처녀와 결혼하지 않은 것을 탄식한다(삿 14:3). 토비트는 아들에게 자기 종족 중에서 아내를 고르도록 충고한다(토빗 4:12).

그러나 토라에 따르면 가까운 친족이나 사돈 간에는 결혼이 금지되고 있다(레 18:6-18). 예로 든 경우는 친모와 아들, 계모와 아들, 형제자매간, 할아버지와 손녀, 할아버지와 외손녀, 아버지가 재혼하여 낳은 자녀와 전처의 자녀 간, 고모와 조카 간, 이모와 조카 간, 숙모와 조카 간, 시아버지와 며느리 간, 형수와 시동생, 제수와 시아주버니 간, 아내와 아내의 딸을 동시에 범하는 것, 아내와 처제를 동시에 범하

---

8 유대인의 결혼 잔치 모습과 절차에 관해서는 드 보/이양구 역, 『구약시대의 생활 풍속』, 75-78 참조.

는 것 등이 언급된다.

레위기 본문에는 금해야 할 근친상간으로 삼촌과 조카딸의 관계는 언급되어 있지 않다. 문자 그대로 적용하는 데 충실한 유대인들은 이 관계에 대해 결혼이 허용되는 것으로 이해했다. 그러나 에세네파 유대인들은 다른 의견을 가지고 있었다(CD V.7-11).[9] 삼촌과 조카딸의 결혼은 레위기 본문에 명시적으로 언급되지 않았으나 이모나 고모나 숙모와 조카의 결혼이 금지된 것과 마찬가지로 적용되어야 한다는 것이다. 이와 같이 법령을 가진 유대인들 사이에서도 레위기 규정의 문자적 적용에 그치고 마는 사람들이 있는가 하면, 문자를 넘어 확대 적용하는 사람들도 있었다.

4) 시형제 결혼

시형제 결혼은 유대 사회를 제외한 다른 사회에서는 보기 드문 경우이다.[10] 이에 관한 법령은 신명기 25장 5-10절에 나온다. 형제가 동거하는데, 그중 하나가 아들이 없는 상태에서 사망하였을 경우 그 죽은 자의 아내는 다른 집의 남자에게 재혼하지 말고 그 시동생이 그를 취하여 아내를 삼으라는 법이다. 그 여인의 첫아들을 형의 자식으로 하여 장손의 가문을 이어가도록 하라는 것이다. 만일 그 시동생이 형수를 아내로 받아들이기를 기꺼워하지 않을 경우 형수는 성읍 장로들에게 시동생을 고발할 수 있다. 그러면 장로들이 그를 불러다가 설득

---

9 E. Lohse, *Die Texte aus Qumran* (Darmstadt: Wissenschaftsverlag, 1986), 74-75.
10 고대 히브리 문화가 당시 주변 세계의 영향을 받았다고 보는 드 보의 경우도 시형제 결혼만큼은 이에 상응할 만한 것이 함무라비 법전에서는 전혀 나오지 않는다는 사실을 확인한다. 드 보/이양구 역, 『구약시대의 생활 풍속』, 84.

하고, 그래도 그가 원치 않을 경우 여자는 장로들 앞에서 그에게 나아가 그의 신을 벗기고 침을 뱉는 모욕을 줄 수 있다(신 15:7-10).

이 경우 시동생이 미혼인지 기혼인지 분명하게 언급되고 있지 않다. 그 시동생이 기혼자라면 일부다처제가 허용되고 있는 셈이다. 그러나 형제가 동거한다는 표현에 근거해서 볼 때 살아 있는 형제는 미혼일 가능성이 높다. 왜냐하면 창세기 2장 24절에 따르면 사람이 결혼을 한다는 것은 "부모를 떠나 한 몸을 이루는" 것이기 때문이다. 그렇다면 자녀의 첫 아이는 죽은 형의 호적에 올리고 그다음 자녀부터 본인의 호적에 올릴 수 있다. 이 법은 가부장 사회와 장자를 통한 대 잇기에서 착상한 특수한 혼인법이라 할 수 있다. 신명기 25장 7-10절의 내용으로 보아 시형제 결혼을 거부하는 남성들도 제법 있었다고 여겨진다. 가령 창세기 38장 6-19절에 따르면 유다의 장자 엘이 그의 아내 다말에게 자식을 남기지 않고 죽자 그의 맏동생 오난은 다말과 결혼할 의무가 있었다. 그러나 그는 자기 자식으로 인정받지 못할 아이를 낳기를 원치 않아 다말이 임신하지 못하도록 땅에 사정을 한다. 이 행위 때문에 야훼는 그를 죽인다(창 38:8 이하). 오난이 죽자 그의 아버지 유다는 막내아들 셀라를 다말에게 주어야 했는데, 이 일을 기피하자(창 38:11) 다말은 간계를 꾸며서 시아버지인 유다와 관계를 맺고 임신하는 데 성공한다(창 38:15-19).[11]

---

11 다말이 결국 그의 시아버지와 관계를 맺어 자식을 얻으려고 한 이 행위는 레위기 18장에 금지된 근친상간에 해당한다. 리페이는 다말의 이러한 행위를 가부장제 사회에서 자녀 없이 과부된 여자의 비참한 상황을 벗어나기 위한 매우 현명하고도 용감한 행위로 파악했다. 가부장제 사회에서 여성의 위치는 남편과 자녀에 의해 규정되기 때문에 자녀 없는 과부란 공동체의 연결고리를 상실한 존재이기 때문이다. 다말은 이러한 비참한 존재에서 벗어나기에 성공한 여인이다. 알레스 L. 리페이/장춘식 역, 『여성신학을 위한 구약개론』(서울: 대한기독교서회, 1998), 78-80.

5) 이혼과 재혼

혼인의 파기는 부부 중의 한 사람의 사망이나 이혼으로써 이루어진다. 예수 시대 랍비들의 해석에 따르면 유대의 남성들이 아내의 간음 행위 외에도 남편이 여타한 이유를 가지고 이혼하는 일이 많았음을 알 수 있다. 신명기 24장 1절에 따르면 "사람이 아내를 취하여 데려온 후에 수치 되는 일이 그에게 있음을 발견하고 그를 기뻐하지 않거든"이라고 이혼의 사유가 기록되어 있다. 이 문장에서 "수치 되는 일"이 무엇인지 구체적으로 언급되지 않았기 때문에 그 해석이 다양하다. 율법 해석에 엄격했던 샴마이 학파는 마태복음 5장 37절과 19장 9절에 나오는 예수의 가르침과 같은 의미, 즉 간음으로 해석했고, 힐렐 학파는 아내가 요리할 때 음식을 태우거나 너무 짜게 할 경우에도 이혼할 수 있다고 해석하였다.[12] 심지어 랍비 아키바의 경우는 남편이 자기 아내보다 더 아름다운 여자를 발견했을 경우에도 이혼이 허락된다고 하였다.[13]

이와 같이 이혼권이 남성들에게만 있고, 이혼 사유도 그들 마음대로 정한다 할지라도 우리가 생각하는 것만큼 이혼이 쉽게 이루어지진 않은 것 같다. 말라기에 따르면 "하나님은 이혼을 미워하신다"(말 2:16).

이혼을 당한 여자는 이혼장을 가지고 재혼할 수 있다. 이런 점에서 많은 사람이 유대법에서 이혼장은 여성을 학대하는 것이 아니라 여성을 보호한다고 말하기도 한다. 이혼장이 없으면 재혼할 수 없지만, 이혼장을 가지면 재혼의 가능성과 권한이 주어지기 때문이라는 것이다. 그러나 여기에도 제한이 있다. 신명기 24장 3-4절에 따르면, 재혼한

---

12 샴마이 학파와 힐렐 학파 및 이들의 율법 해석에 관해서는 E. Schürer, *Geschichte des jüdischen Volkes II*, 1907(4), 424 이하; Josephus, *Antiquitatis* iv, 8, 23 참조.

13 Mischina Gittin IX, 10.

후 두 번째 남편이 죽거나 다시 이혼을 당했을 경우 이전의 남편에게 돌아갈 수는 없다는 것이다.

유대 사회에서는 조선 시대에 정조를 지킨다는 의미에서 과부가 된 여인들에게 강요되었던 수절은 없었던 것 같다. 남자든 여자든 배우자가 죽고 나면 개인의 능력에 따라 재혼을 하는 것이 일반적이었다. 예외적인 경우를 에세네파 문헌에서 찾아볼 수 있다. 에세네파 사람들은 일생에 단 한 번만 결혼하는 것을 하나님 뜻에 부합하는 일로 여겼다. 그들의 이해 배후에는 창세기 1장 27절의 하나님의 창조가 있다. 그들은 "하나님이 그의 형상대로 사람을 창조하시되, 남자와 여자로 창조했다"는 이 구절을 "한 남자에게 한 여자를"이라는 의미로 이해하였다. 그러므로 이혼이나 사별 후의 재혼은 하나님의 뜻에 합당하지 않은 일로서 허락하지 않았다.

6) 예수의 견해

예수가 유대인의 결혼제도에 대해 체계적으로 가르치거나 비판적으로 접근했다는 것은 어디서도 찾아볼 수 없다. 다만 결혼과 이혼과 재혼에 관한 예수의 견해는 신약성서의 마가복음 10장 1-12절(마 19: 3-9)에서 찾아볼 수 있다.

이 본문은 '이혼이 가능한가'라는 바리새인의 질문에 대한 예수의 대답이 논쟁적으로 이루어지고 있는 이야기이다. 그중에서도 6-8절에 나오는 세 가지 선언에서 결혼과 이혼에 관한 예수의 견해를 알 수 있다.

첫 번째 선언: "(하나님께서) 창조 때로부터 사람을 남자와 여자로 지으셨다"(막 10:6). 결혼과 관련하여 첫 번째로 말씀하신 이 선언은

창세기 1장 27절을 인용한 것이다. 이로써 예수의 결혼관이 창조신학에 기인하고 있음을 알 수 있다.

　이미 알려진 바와 같이 창세기에도 창조 이야기가 둘이 있다. 창세기 1장과 2장은 서로 다른 이야기로서 인간 창조에 관한 이야기가 서로 다르다. 인간 창조와 관련된 내용만 비교하자면, 1장에서는 남자와 여자가 모두 하나님의 형상으로 동시에 창조된다. 이 본문에 따르면 남자와 여자는 동등한 존재이다. 반면 창세기 2장에서는 하나님이 남자만을 창조한다. 창조하고 나서 보니 그가 독처하는 것이 보기에 좋지 않아 그가 잠든 사이에 그의 갈비뼈를 꺼내어 그를 도울 배필로 여자를 만들어 주셨다는 것이다. 창세기 2장에는 여자가 남자의 갈비뼈로 만들어진, 즉 그에게 속한 존재이며 그를 돕기 위해 창조된 존재라는 철저히 남성 중심의 가치관이 들어 있다. 결혼에 관한 예수의 첫 번째 선언은 남녀평등을 나타내고 있는 창세기 1장 27절의 말씀을 의도적으로 선택한 것처럼 보인다.

　두 번째 선언: "이러므로 사람이 그 부모를 떠나서 그 둘이 한 몸이 될지니라 이러한즉 이제 둘이 아니요 한 몸이다"(막 10:7-8). 이 말씀은 창세기 2장 24절을 인용한 것이지만, 약간의 변용의 흔적이 보인다. 창세기 2장 24절과 마가복음 10장 7-8절을 비교해보면 예수의 독특한 결혼관을 엿볼 수 있다.

창 2:24 본문	막 10:7-8 본문
"이러므로 남자가 부모를 떠나 그 아내와 합하여 그들이 한 몸을 이룰지로다"	"이러므로 사람이 그 부모를 떠나 그 둘이 한 몸이 될지니라 이러한즉 이제 둘이 아니요 한 몸이니"

구약성서에서 "남자가"로 표현된 반면 예수의 선언에는 "사람이"로 되어 있다. 이러한 변용으로 예수가 창세기 2장 24절의 남성 위주의 결혼관을 남녀 평등적인 진술로 전환하였다고 볼 수 있다. 가부장적 문화권에서 결혼은 남자가 가부장이 되기 위한 과정이다. 그래서 결혼의 주체는 남자가 되고, 남자가 여자를 취하는 것이 결혼인 것이다. 그런데 예수에게 결혼은 남자만의 것이 아니라 남자와 여자 모두의 것이다. 그리하여 구약성서 본문에서 "그들이"라는 일반 3인칭 대명사 복수형을 예수는 "그 둘이"라고 변용하여 결혼하는 남녀 당사자를 부각해 남편과 아내를 동등하게 강조하는 것이다. 즉, 예수는 남자와 여자를 하나로 묶는 역사를 결혼이라고 이해한다. 창조에서 남자와 여자가 동등하듯이 결혼에서도 남자와 여자는 동등한 것이다.

세 번째 선언: "그러므로 하나님이 짝지어 주신 것을 사람이 나누지 못할지니라"(막 10:9). 이 선언에서는 결혼만이 아니라 이혼에 관한 이해까지 포함한다. 이전에 다수의 학자는 이 선언의 전반부가 결혼에 관한 것이고 후반부는 이혼에 관한 것으로 보고, 이 선언을 이혼에 대한 절대 금지의 선언으로 해석해왔다. 이 선언으로 마가복음 10장 1-10절의 본래 주제로 돌아왔다. 이 본문 전체는 원래 예수의 결혼관이 아니라 이혼관이 화제가 되고 있기 때문이다. 이것은 이 본문의 도입부라 할 수 있는 1-2절에서 알 수 있다.

1절에서 예수는 많은 무리를 가르치는 교사로 등장하고, 예수를 시험하기 위해 바리새인들이 등장한다. 예수에 대한 시험의 말은 다음과 같은 질문이다 "사람이 아내를 내어버리는 것이 옳으니이까?" 이는 이혼에 대한 합법성 내지 도덕성을 묻는 질문이다. 이 질문으로 예수와 바리새인들의 논쟁 상황이 묘사된다.[14] 논쟁을 이끌어가는 방법은 질문과 대답이다. 질문을 받은 예수는 바리새인들에게 되묻는다. "모세가 어떻게 너희에게 명하였느냐?"

　유대인들은 그들의 생활에서 문제가 생기면 언제나 성서를 펼친다. 그중에서도 토라라 불리는 모세 오경에서 문제 해결을 위한 지침을 찾는다. 토라는 하나님이 그의 백성에게 그의 뜻대로 살도록 하기 위해 주신 일종의 지침서이다. 그래서 유대인들은 모세 오경을 모세가 썼다고 하더라도 하나님의 말씀을 받아 그의 뜻을 기록한 것이라 여긴다. 그런데 여기서 예수가 "토라에는 어떻게 기록되어 있느냐?"라고 묻지 않고 "모세가 어떻게 너희에게 명하였느냐?"라고 묻는 질문 배후에는 당대의 유대인들이 가지고 있던 토라에 대한 절대 신봉에 대해 거리를 두는 예수의 의도가 있다. 즉, "토라에 이렇게 기록되어 있다"는 말이 곧 "하나님의 명령이다"와 같은 의미로 통용되던 유대 사회에서 예수는 "모세의 명령"이라고 표현함으로써 성서의 문자주의적 태도에서 벗어나 진정한 하나님의 뜻을 찾을 수 있는 가능성을 제시한다.

　예수의 질문에 대해 바리새인들이 이제 그들이 이혼에 대해 알고 있고 주장하고 싶은 것을 말할 기회를 얻었다. 사실 모든 질문은 대개 이미 질문하는 자가 그 대답을 알고 있는 법이다. 예수는 이러한 사실을 알고 있다. 바리새인들이 예수에게 "사람이 아내를 내어버리는 것이 옳으니이까?"라고 물을 때 이미 예수는 그들이 무엇을 말하려고 하는지 알고, 그것을 그들의 입으로 직접 말하게 한다. 바리새인들은 그들이 주장하고 싶은 것을 발언할 기회를 얻었다. "모세는 이혼 증서를 써주어 버리기를 허락하였나이다." 이혼 허락을 의미하는 바리새인들의 이러한 대답은 신명기 24장 1절 이하의 법을 염두에 두고 있다. 그

---

14 불트만은 이 이야기를 양식사적으로 "논쟁사화"로 분류한다. 불트만/허혁 역, 『공관복음전승사』(서울: 대한기독교서회, 1981(6)), 49, 56-59.

러나 바리새인들의 답변이 곧 신명기 본문의 직접 인용은 아니다. 구약 본문과 마가 본문의 본문을 비교하면 다음과 같다.

구약 본문(신 24:1-3)	마가복음 본문(막 10:4)
사람이 아내를 위하여 데려온 후에	모세는
수치되는 일이 그에게 있음을 발견하고	
그를 기뻐하지 아니하거든 이혼 증서를 써서	이혼 증서를 써주어
그 손에 주고 그를 자기 집에서 내어 보낼	버리기를
것이요	허락하였나이다

첫째, 구약 본문에서는 애매하나마 이혼의 전제 조건이 제시된 반면 바리새인들의 답변에는 이혼의 전제 조건을 생략한 채 이혼의 허락만 언급하고 있다. 둘째, 구약 본문에서 이혼을 의미하는 표현으로 "자기 집에서 내어 보내다"라는 표현을 썼다면, 바리새인들은 "버리다"라는 표현을 사용했다. 한국어 "버리다"로 번역된 그리스어 "아폴뤼오"(απολυω)란 말은 이혼 전문 용어라 할 수 있다.[15] 그리스어의 의미로 말하자면 "묶었던 것을 풀어버리다", "이혼하다"라는 의미로 번역할 수 있다. 이 말을 "버리다"로 번역한 개역한글판 성서의 번역자들이 그 당시 한국 남성들의 사고방식과 마찬가지로 여자를 쓰다가 버려도 되는 물건처럼 여기고 있음을 알 수 있다.

---

15 J. A. Fitzmyer, "The Matthean Divorce Texts and some New Palestian Evidence," NTS 37(1976), 212-213; Ben Witherington III, *Women in the Ministry of Jesus: A Study of Jesus' Attitudes to Women their Roles as Reflected in His Earthly Life* (Cambridge, 1984), 25; D. Lührmann, *Markusevangelium* (Tübingen: Mohr, 1987), 169.

구약 본문과 마가 본문의 공통점은 이혼을 하려면 이혼 증서를 써 주어야 한다는 점이다. 구약 전통에서 그리고 구약 전통과 조상들의 유전을 중시하는 바리새인들에게서도 이혼 증서는 여자가 재혼할 수 있는 가능성을 열어주는 것이다. 여자를 데리고 살다가 그냥 버리는 것은 죄이지만, 이혼 증서를 써 주고 버리는 것은 합법적이라는 주장이 바리새인들의 답변에 내포되어 있다.

이에 대해 예수는 모세의 율법에 기록된 것과 하나님의 뜻이 다름을 선언한다: "너희 마음의 완악함을 인하여 이 명령을 기록하였거니와." 신명기 24장 1-3절은 하나님의 뜻을 모세가 제대로 기록한 것이 아니라 사람들의 완악함 때문에 어쩔 수 없이 기록하였다는 말이다. 예수는 이혼이 하나님의 뜻에 의한 것이 아니라 사람들의 완악함으로 인해 생기는 일임을 파악했다. 토라에 기록되어 있다고 해서 모두 하나님의 뜻이라고 할 수는 없다는 것이다.

토라의 기록과 하나님의 뜻을 분리하는 이러한 예수의 성서 해석은 유대인들 사이에서는 상상도 할 수 없는 일로 혁명적인 성서 해석이라고 하겠다. 예수는 율법주의, 문자주의에 집착하면서 악을 행하는 사람들에게 도전하여 하나님의 본래의 뜻을 살리는 데 주력한다. 이미 앞에서 살펴본 바와 같이 하나님의 뜻을 예수는 그의 창조 신앙에 기초를 두고 파악한다.

이로써 결혼과 이혼에 관한 예수의 견해는 분명해 보인다. 남녀의 결합, 즉 결혼은 하나님의 창조 질서에 부합하는 일이고, 맺어진 부부가 헤어지는 것, 즉 이혼은 하나님의 뜻이 아니다. 그런데 모세가 하나님의 뜻에 부합하지 않는 이혼을 허용하는 것처럼 기록한 것은 사람들이 완악하기 때문이라고 예수는 말한다.

11-12절에 부연되고 있는 내용은 이혼 불가능성을 좀 더 완곡하게

표현한다: "누구든지 그 아내를 내어버리고 다른 데 장가드는 자는 본처에게 간음을 행함이요, 또 아내가 남편을 버리고 다른 데로 시집을 가면 간음을 행함이니라." 이 구절에 따르면 이혼뿐만 아니라 재혼에 관해서도 엄격한 금지를 요구한다. 도대체 간음이란 무엇인가? 이 구절에 따르면 재혼이 곧 간음이다. 현대 사회에서 간음이란 결혼한 사람이 그의 아내나 남편 외에 다른 사람과 성관계를 갖는 것을 의미한다. 그러므로 이혼한 상태에서 재혼 상대를 만나 재혼을 하는 것은 합법적인 행위로 인정된다. 과거 한국 사회에서는 남자가 첫 번째 아내를 버리고 재혼하는 것을 매우 부도덕하게 보았다. 그리하여 첫 번째 아내를 버리지 않은 상태에서 두 번째 여자, 즉 첩을 얻는 것을 오히려 허용하였다.

11절에서 "내어버리다"로 번역된 그리스어 '아폴뤼오'(απολυω)는 별거하다는 뜻이 아니라 이혼하다는 말이다. 그리고 "본처"라는 표현에 합당한 그리스어 어휘는 이 문장에 나오지 않는다. 단지 3인칭 여성 대명사가 나올 뿐이다. 그러므로 "본처에 대해"가 아니라 "그녀에 대해" 간음함이라고 번역함이 옳다. 엄밀히 말하면 이혼한 후에 그녀는 본처가 아니라 전처인 셈이다. 이혼한 전처에 대해 간음을 행했다는 것은 무슨 말인가? 샬러(B. Schaller)는 이 문제를 해결하기 위해 "그녀에 대해"로 번역된 본문을 "그녀와 함께"로 번역하며, 여기에서 3인칭 여성 대명사가 첫 번째 아내가 아니라 두 번째 아내를 의미하는 것으로 해석한다.[16] 샬러는 간통의 의미를 적용하여 "누구와 간통하다"라고 해석하는 편이 그 의미를 살리는 것으로 본 것이다.

---

16 B. Schaller, "'Commits adultery with her, not against her', Mk 10:11," ET 83 (1972. 4.), 107-108.

두 번째 표현은 이해하기 더 어렵다. 여자가 남편을 버리고 다른 데로 시집을 가면 간음이라니? 대부분의 학자는 12절에 근거하여 11-12절이 예수의 말이 아니라는 점에 동의한다. 예수 시대 팔레스타인에서는 여자가 그의 남편으로부터 별거하거나 이혼할 수 없었기 때문이다.[17]

마가복음 10장 12절은 마가가 예수의 기본 가르침을 헬레니즘계 독자들에게 전하기 위해 표현한 것으로 이해된다. 이러한 사실은 11절에서 청중과 장면이 바뀌고 있다는 사실에서 확인해볼 수 있다. 마가복음 10장 1절에서 예수의 청중은 "무리들"이었다. 그리고 결혼과 이혼에 관한 예수의 견해는 10절까지의 이야기에서 충분히 알 수 있다. 11절에서 청중은 "제자들"로 바뀌고 예수가 이야기하는 장소도 "집안"으로 옮겨진다. 다시 말하면 "제자들"이란 예수의 열두 제자를 의미하는 것이 아니라 마가 공동체를 의미한다는 것이다. 아마 마가 공동체도 바울의 교회와 마찬가지로 여자들의 이혼과 재혼에 대해 부정적인 입장을 취했다고 추정해볼 수 있다(고전 7장 비교).

3. 유대 가정에서 여성의 지위와 역할

1) 딸로서

결혼을 하기 전 어린 소녀들이 가정에서 차지하는 지위는 소년들의 지위보다 낮았다. 예레미아스는 다음과 같은 사실들을 그 근거로 제시

---

17 J. Gnilka, *Das Evangelium nach Markus (Mk 8,27-16,20)*, EKK II/2 (Neukirchen: Neukirchener Verlag, 1979), 74-76; Ben Witherington III, *Women in the Ministry of Jesus*, 27.

한다.[18] 첫째, 아버지에 대한 딸들의 의무는 아들들과 같았으나 유산 상속과 같은 권리면에서는 그렇지 못했다는 것이다. 아들이 전혀 없는 경우에는 딸들도 아버지에게서 유산을 상속받을 수 있으나 아들이 있는 경우에는 아들들에게만 상속권이 있었다. 물론 상속받은 형제들은 여자 형제들이 결혼할 때까지 부양할 의무가 있었다. 그리고 여자 형제가 결혼할 때에 지참금을 지불해야 했다.[19]

둘째, 딸에 대해 아버지의 권한이 절대적이라는 점을 그 근거로 제시한다. 딸들은 소유권과 자율적인 결정권을 지니지 못하였다. 그러므로 그들이 노동을 해서 번 수입이나 습득한 물건은 아버지의 소유가 되었고, 청혼을 수락하거나 거절하는 일도 아버지가 하는 일이었다. 아버지가 없는 경우라 하더라도 딸들이 자신의 혼인에 대해 결정하는 것이 아니라 아버지의 권한을 위임받은 자, 가령 큰아버지나 큰삼촌이 하는 것이 상례였다.[20] 아버지는 모든 법률 문제에서 딸의 대리자 역할을 했다. 심지어 딸이 한 서원을 취소할 수도 있었다. 아버지는 딸을 팔 수도 있었다. 물론 이 경우는 딸이 성년, 즉 12.5세가 되기 이전에만 가능하다.[21] 12.5세에 이르렀거나 그 이상의 연령이 된 딸들은 아버지가 정한 혼처에 대해 동의하거나 거부할 수 있는 권리가 있었다. 약혼식 때 신랑이 지불하는 결혼 기탁금은 아버지의 소유에 속하였다.

---

18 예레미아스/한국신학연구소번역실 역, 『예수 시대의 예루살렘』(서울: 한국신학연구소, 1983), 454-460; Witherlington III, *Women in the Ministry of Jesus* (Cambridge, 1984), 2-3.
19 예레미아스/한국신학연구소번역실 역, 『예수 시대의 예루살렘』, 455, 각주 39.
20 이는 가부장 사회의 전형적인 모습이라 할 수 있다. 조선 사회에서도 이러한 아버지의 권한은 동일하다.
21 예레미아스, 『예수 시대의 예루살렘』, 393-394, 456.

그 무엇보다도 유대 가정과 사회에서 소년과 소녀가 차별 대우를 받는 것은 성서에 접근할 수 있는 권리가 있느냐 없느냐에 달려 있다고 하겠다. 소년들은 그들의 종교에서 가장 핵심이라 할 수 있는 율법을 배우는 반면 소녀들은 율법을 배울 수 없었다. 소녀들은 어머니에게서 요리와 바느질, 베 짜기 등 가사를 배울 뿐이다. 기원후 90년경 랍비 엘르아잘은 "딸에게 토라를 가르치는 사람은 딸에게 방종을 가르치는 것이다"라고 말하였다.[22] 귀족 가문에서도 여자에게 율법을 가르치는 것이 금지되어 있으므로 귀족 가문에서는 그들의 딸들에게 그리스의 교육을 받게 하였다. 그리스어는 가문을 나타내는 자랑거리였기 때문이다.[23]

2) 한 남자의 아내로서

십계명에 따르면 집이나 밭, 남종이나 여종, 소와 나귀 외에 부인도 남편의 소유물에 속하는 것으로 간주된다(출 20:17; 신 5:21). 부인이 남편에게 속한다는 의식은 부인이 남편을 부르는 호칭에서도 알 수 있다. 부인은 자기 남편을 '바알'(주인, 지배자, 명령자)이나 '아돈'(주님)이라고 부르는데, 이는 노예가 그의 주인을 호칭하거나 신하가 그의 왕을 호칭할 때 쓰는 말과 같은 것이다. 부인은 남편에게서 상속을 받을 수 없는데, 남자의 후손이 전혀 없을 경우에만 예외적으로 상속받을 수 있다.

부인이 그의 남편에게 속하였다는 의식은 이미 창세기 2장의 창조

---

22 Sota III, 4. 예레미아스, 『예수 시대의 예루살렘』, 466에서 재인용.
23 예레미아스, 『예수 시대의 예루살렘』, 466.

기사에 반영되어 있다. 즉, 남자가 잠든 사이에 남자의 갈비뼈 하나를 뜯어내어 여자를 만들었다는 내용은 창조시부터 여자는 남자의 뼈, 즉 남자의 소유물이라는 사고에 기반을 두고 있다. 그뿐만 아니라 하나님이 여자를 만들어 아담에게 데리고 오셨을 때 그를 보고 아담이 환호하는 외침도 여자가 그의 소유물이라는 생각을 반영한다.

> "이는 내 뼈 중의 뼈요, 살 중의 살이라. 이것을 남자에게서 취하였은즉,
> 여자라 칭하니라"(창 2:23).

그러나 부인이 남편의 소유물이라 해도 노예의 위치와는 다르다. 노예는 팔 수 있다. 또 딸들도 팔 수 있다. 그러나 아내는 팔 수 없다. 이러한 소유권에 따라 여자는 살아 있는 동안 남편에게 속하게 된다 (롬 7:2). 적당한 사유로 아내를 내쫓을 수는 있지만, 그 경우 이혼장을 써 주어야 한다. 그 이혼장을 가지고 그 부인은 다른 사람과 재혼할 수 있다.

가정에서 여자가 하는 일은 빵을 굽고 요리를 하는 등 식사와 관련된 일들, 양털로 실을 뽑아 옷을 짜는 등 의복과 관련된 전통적인 일들이다. 그 외에 경우에 따라서 가축 떼를 지키거나 밭일을 하기도 한다.

3) 첩으로서

유대 가정에서 여성들의 지위가 남성들과 비교할 때 평등하지 못한 것은 사실인데, 그중에서도 첩들이 가장 비인격적인 대우를 받는다는 것은 말할 필요도 없다. 첩이란 일부일처제에서든지 일부다처제에서든지 간에 정식 부인으로 인정받지 못하는 여자로, 자녀 출산을 위해

남자의 성적 대상이 된 여자를 지칭하는 말이다.[24]

예를 들어서 아브라함의 아내 사라가 아이를 낳지 못하자 사라는 아브라함의 가계 계승을 위해 그의 여종 하갈을 아브라함과 동침하도록 내어준다. 이것이 바로 하갈이 아브라함의 첩이 된 경우이다. 이때 하갈이 아브라함을 좋아한다거나 아브라함이 하갈을 맘에 들어 했다거나 등에 관해서는 전혀 언급되지 않는다. 첩은 단지 자녀를 낳아주기 위해서만 의미가 있는 존재이다. 자녀라는 말도 어폐가 있다. 딸은 아무 의미가 없고, 아들이라야 첩의 존재도 의미가 있다. 첩이 아들을 낳은 뒤에는 집안에서 대우가 달라지는지 모르나 첩의 지위가 정식 아내로 승격한다거나 하는 식으로 변경되는 일은 없었던 듯하다. 첩이나 첩의 자식으로 인해 집안에 불화가 발생한 경우에는 어렵지 않게 첩과 그의 자식을 내어 쫓기도 하였다(창 21:9-14).

아브라함의 첩 하갈이 아들 이스마엘을 낳고 1년 후에 사라가 아들 이삭을 낳게 되자 사라는 하갈과 그의 아들을 내쫓도록 한다. 그러나 아들까지 내쫓는 일은 희귀한 일이다. 일반적인 경우는 첩이 낳은 아들은 첩의 자식이 아니라 본처의 자식으로 인정된다. 즉, 첩은 아들을 낳기 위한 일종의 도구로 사용된 존재이지, 그를 넘어 인격적인 대우를 받는다든지 혹은 아이의 어머니로 존중받는다든지 하는 일들은 수반되지 않았던 것으로 보인다. 야곱의 둘째 부인 라헬이 아이를 낳지 못하자 아이를 많이 낳은 그의 자매 레아를 시기하여 자신의 여종 빌하를 야곱의 첩으로 제공하여 빌하를 통해 자녀를 가지고 싶어 한다. 빌하가 아이를 낳자 라헬은 진정으로 기뻐한다(창 30:1-8). 이미 여러

---

24 예레미아스는 랍비 문헌을 인용하여 정식 부인과 첩의 차이를 "결혼 증서의 유무"에 있다고 본다. 예레미아스/한국신학연구소번역실 역, 『예수 시대의 예루살렘』, 461.

자녀를 얻은 레아도 폐경을 맞은 뒤에 자신의 여종 실바를 야곱의 첩으로 제공하고 실바가 아들을 낳을 때마다 진심으로 기뻐한다(창 30: 9-13). 자신의 여종이 낳은 자식이 곧 자신의 자식이라고 여겼기 때문이다.

4) 자녀들의 어머니로서

가정 내에서 여성의 지위와 세력은 어머니가 되면서, 그것도 특별히 아들을 낳으면서 높아진다(창 16:4, 29:31-30:24). 남편은 자신의 아들의 어머니로 그의 아내와 더 밀접한 관계를 맺게 된다. 십계명은 아버지와 어머니를 똑같은 비중으로 존경하도록 명령한다(출 20:12). 자녀들은 어머니에게 순종과 존경을 바칠 의무가 있다. 지혜서에서는 자녀들이 어머니를 존경할 것이 강조된다(잠 19:26, 20:20, 23:22, 30:7; 시락 3:1-16).

유대 가정에서 자녀를 많이 낳는 것은 축복에 속하였다. 반면에 자식을 낳지 못하는 것은 시험이요(창 16:2, 30:2; 삼상 1:5), 하나님께서 내리신 징계(창 20:18)이며, 수치에 해당하는 일이었다(창 16:2, 30:3, 9). 이러한 수치를 면하기 위해 사라와 라헬과 레아는 자기들의 여종으로 하여금 남편의 아들을 낳게 하여 그 아이를 양자로 삼았다. 자식이 없는 한나는 슬픔에 가득 차서 하나님께 자식을 주실 것을 간구하고, 아들을 낳은 뒤 전능하신 하나님을 찬양한다(삼상 1:1-2:10).

자식과 관련된 본문들을 보면 자식을 원하는 소원이 대개 아들을 향한다. 아들들이 집안의 혈통과 성을 계승하고 아버지의 재산을 유산으로 상속받기 때문이다. 아들들 중에서도 온갖 우선권을 누리는 것은 장자였다. 아버지가 살아 있을 때에는 형제들 중에서 가장 높은 위치를 차지하였고(창 43:33), 아버지가 죽으면 다른 형제들 지분의 갑절을 유산으로 받았다. 그리하여 이와 같은 가부장적인 사회에서는 과부된 여자는 장자에게 의지하여 살아가는 것이 일반적이었다.

5) 과부로서

조선시대 여인들에게 미덕으로 강요되었던 '수절'과 같은 것은 유대 과부들에게 없었던 것 같다. 남편이 죽은 뒤 얼마 동안 상복을 입고 남편의 초상을 애도하는 관례가 있었다(민 30:10; 창 38:14; 삼하 14:2). 가부장적인 사회에서 자녀가 없이 과부된 여인은 시형제 결혼법에 따라 자녀를 가질 수 있었다. 시동생이 없거나 시동생이 과부가 된 형수와 결합하기를 거부할 때에는 다른 남자와 재혼할 수 있었다. 재혼하기 전까지는 친정집에 돌아가 있었다(창 38:11; 룻 1:8).

가부장적인 사회에서 남편이 없는 과부, 게다가 아들조차 없는 과부는 그 사회와의 연결고리를 잃어버린 존재라고 할 수 있다. 왜냐하면 가부장적인 사회란 남자들을 중심으로 움직이는 사회이기 때문이다. 그렇기 때문에 남편을 일찍 잃은 과부는 사회적으로나 경제적으로 곤란한 상태에 있었다. 유딧은 부유한 과부였지만 이것은 예외적인 경우이고, 어린 자녀를 가진 대부분의 과부, 즉 남편을 일찍 잃은 여인들은 대개 경제적으로 곤경에 빠져 있었다(왕상 17:8-15; 왕하 4:1-7). 과부들은 종교적인 입법을 통해 보호되었고, 백성의 자선에 의탁되었다. 백성의 자선을 의지하는 사람들로는 과부 외에도 고아, 이방인들 그리고 가정의 보호나 의지할 곳이 없는 모든 이가 포함된다(출 22:21; 신 10:18, 24:17, 26:12 이하, 27:19).

6) 예수의 견해

예수가 유대 가정에서의 여성들의 지위나 역할에 대해 특별히 언급한 흔적은 전해지지 않는다. 다만 이와 관련해서 고려해볼 수 있는 것은 다음의 세 가지 기사이다. 회당장 야이로의 딸 치유 이야기(막 5:21-24, 35-43), 이방 여인 수로보니게 여인의 딸 치유 이야기(막 7:24-30) 그리고 과부의 헌금에 대한 간단한 언급(막 12:41-44; 눅 20:1-4)이다.

예수의 활동 중에서 그의 이적 행위들에 관해 가장 많은 자료를 수집하여 엮었던 마가복음의 경우25 '딸의 치유 이야기'가 두 가지 전해진다. 물론 아들의 치유 이야기가 없는 것은 아니다(막 9:14-29). 아들의 치유 이야기에서는 그 아버지가 누구인지 밝히지 않고 단지 "무리 중의 한 사람"이라고만 소개되는 반면 딸의 치유 이야기에서는 그 아버지가 누구인지 그 직책과 이름까지 상세히 밝히고 있으며, 다른 한 경우에는 그 어머니의 이름은 밝히지 않으나 출신 지역을 언급하고 있다. 고대 사회에서 여성이 그의 이름보다는 출신 지역과 함께 소개되는 것은 일반적이다. 가령 한국에서도 타지역 출신이 결혼해서 살고 있는 새댁을 일컬을 때 그의 이름보다는 '개성댁', '김천댁' 등으로 부르는 것이 매우 보편적이었다.

마가복음이 전하는 딸의 치유에 관한 두 이야기는 다음과 같은 점에서 대칭 구조를 이룬다.

---

25 마가복음에는 18개의 이적 이야기가 소개된다. 불트만은 그 이적의 내용에 따라 크게 병 고침 이적과 자연 이적으로 분류했다. 불트만/허혁 역, 『공관복음전승사』, 260-272.

	회당장 야이로의 딸 치유 (막 5:21-24, 35-43)	수로보니게 여인의 딸 치유 (막 7:24-30)
치유 간청자	아버지(유대인/남자)	어머니(이방인/여자)
간청 태도	점잖고 정중한 간청	예수와 논쟁 끝에 승리
예수의 치유 방법	회당장의 집에 방문하여 딸의 손을 잡고 일어나라고 말함으로써 치유	처음에는 여인의 청원을 거절했으나 여인과의 논쟁 끝에 병이 치유되었음을 선언

이와 같이 두 이야기는 자녀의 치유를 간청하는 자가 유대인 남자와 이방인 여인이라는 점에서 멋진 대칭 구조를 이루고 있지만, 우리의 관심을 위해서 중요한 것은 그 둘이 딸의 치유라는 점에서 일치한다는 점이다. 앞에서 보았듯이 유대인들에게는 딸보다 아들이 더 중요한 비중을 차지했다. 이것은 한국 사회도 마찬가지이다. 모든 가부장적인 사회에서 일반적으로 볼 수 있는 현상이다. 한국 사회에서 가부장적인 요소는 더욱 강하여 오늘날에도 태아 검사를 하여 남아이면 살려두고, 여아이면 유산을 하는 경우가 많다. 그런데 이천 년 전 가부장적인 가치관이 지배하던 시대에 예수는 아들만이 아니라 딸의 치유에 대한 간청이 이루어지도록 역사하였다. 어떻게 이런 일이 가능했을까? 이혼 금지에 관한 해석에서 살펴봤듯이 예수는 하나님 나라가 실현되고 있는 것을 목도했으며, 그것의 가장 단적인 증거인 질병 치유와 귀신 축출에서 딸들이 그 구원의 역사를 경험하고 있음을 보여주었다. 하나님 나라의 백성에는 남자들만이 아니라 여자들도 해당하기 때문이다.

예수가 과부에 대해 언급하고 있는 구절은 마가복음 12장 41-44절과 누가복음 20장 1-4절이다. 이 본문에서는 부자들과 가난한 과부의 헌금이 대조를 이루고 있다. 부자가 얼마의 액수를 헌금하였는지 밝히지는 않으나 많이 넣었다고 묘사된 반면 가난한 과부는 겨우 두 렙돈을 헌금하였다고 한다. 이러한 모습을 보면서 예수가 말씀하시는 내용이다. 대부분의 과부는 가난하였으므로 과부가 헌금을 하는 것에 대해 어느 누구도 관심을 기울이지 않았을 것이다. 그러나 예수는 가난한 과부가 연보궤에 얼마를 집어넣는 모습을 주목했다. 당시의 과부들은 대개 가난했으므로 남을 위해 헌금하기보다는 오히려 백성들의 구제 헌금에 의지하여 연명하는 것이 보통이었다. 그러므로 가난한 과부가 연보궤에 얼마를 기부한다는 것은 기이한 일이었을 것이다. 예수는 부자들이 그들 소유의 일부를 헌금으로 내는 것보다 매우 적은 액수이지만 가난한 과부가 헌금한 것이 훨씬 크다고 말한다. 두 렙돈밖에 되지 않지만, 그것은 과부의 생활비 전부에 해당하는 것이기 때문이다.

4. 유대 사회에서 여성의 지위와 역할

1) 여성의 외출

예레미아스에 따르면 유대 사회에서 결혼한 여성이 해야 할 일이란 식사 준비와 자녀 양육, 길쌈과 의복 관리 등 거의 집안에서 해야 하는 일들이다.[26] 외출을 하려면 면사포를 써서 얼굴과 머리카락을 가려야 했다. 얼굴과 머리를 내놓은 채 외출을 하는 여자들은 미풍양속을 해치는 자로 간주되었으며, 그녀의 남편은 이것을 이유로 그 아내를 내

---

26 예레미아스/한국신학연구소번역실 역,『예수 시대의 예루살렘』, 461.

쫓을 수 있었다. 그리고 이혼할 때 부인에게 지불하기로 혼인계약서에 규정한 돈을 주지 않아도 되었다. 기원전 150년경 예루살렘 사람 요하난의 아들 요세는 율법학자로 유명했는데, "여자들과 너무 많은 이야기를 나누지 말라"는 말을 남겼다. 이 말은 후대 사람들에 의해 다음과 같이 덧붙여졌다. "이것은 자기 부인을 두고 한 말이다. 그러므로 이웃 사람의 부인과 이야기하는 것은 더 말할 나위가 없다." 여인과 단둘이 있어서도 안 되고, 결혼한 여자를 눈여겨보아서도 안 되며, 심지어 여자에게는 인사를 하지 않는 것이 예법이었다. 율법학자의 문하생들은 길에서 여인과 이야기하는 것을 수치로 여겼다.

여성들에게 바람직한 일은 집 밖으로 나가지 않아도 되는 일이었다. 알렉산드리아의 필로는 다음과 같이 썼다.

"시장이나 심의회, 재판 집회, 축제 행렬, 대중 집회, 즉 공개적인 장소, 전쟁을 수행하거나 평화를 이루는 모든 공적인 일들은 남자들만의 일이다. 여성들에게 적합한 일이란 집을 지키고 방 안에 있는 것이다. 처녀들은 후원의 규방에 틀어박혀 있으면서 사랑방으로 통하는 문까지만 나올 수 있고, 결혼한 여자는 정원의 문까지 나올 수 있다."[27]

제2마카베오서 3장 9절에 따르면 일반적으로 여성들은 집 안에 틀어박혀 있는 것이 관례였다. 여성들에 대한 이러한 규제는 집안이 좋을수록 더욱 엄격했다. 그리고 지방보다 도시에서 더욱 엄격했다. 예레미아스는 비천한 계층의 여인들이 귀족 집안의 부인들처럼 집 안에 틀어박혀 살 수 없었던 이유로 경제적인 이유를 들었다.[28] 즉, 가난한

---

27 De spec.leg. III, 31§ 169. 예레미아스, 『예수 시대의 예루살렘』, 452에서 재인용.

사람의 아내들은 남편의 일을 도와야 했기 때문이라는 것이다.

2) 여성의 정치 활동

유대 여성이 가정일 외에 어떤 사회적 활동을 할 수 있느냐 하는
물음에 대한 대답은 일단 부정적으로 보는 것이 합당할 것이다. 특별
히 여성들의 정치 활동이라면 더욱 말할 필요가 없다. 유대인들은 바
빌론 포로기 이후 계속해서 이방인의 지배를 받았으므로 유대 남성들
도 정치적인 관심을 펼칠 수 없었다. 그런데 유일하게 예외적으로 여
왕이 있던 시기도 있었다.

그 여왕의 이름은 살로메 알렉산드라이다. 마카비 혁명의 성공으
로 유일하게 유대인들이 자신들의 자치권을 행사하던 하스몬 왕가의
경우였다.[29] 그녀는 원래 하스몬 왕가의 세 번째 왕인 아리스토불로
1세의 아내였다. 맏아들인 아리스토불로 1세는 그의 아버지 히르카누
스가 죽은 뒤 대사제로 임명되고 정치는 주로 그의 어머니가 장악하였
다. 그러자 아리스토불로 1세는 그의 어머니와 형제들을 모두 감금하
고, 그의 어머니는 굶어 죽도록 방치하였다. 그러나 아리스토불로 1세
는 그가 원하는 정권은 잡았으나 1년 만에 죽고 말았다. 그가 죽자 그
의 아내 살로메 알렉산드라는 감금되었던 형제들을 풀어 주고, 그들
중 가장 나이가 많은 알렉산더 얀네우스[30]와 결혼하였다.[31] 얀네우스

---

28 예레미아스, 『예수 시대의 예루살렘』, 454.

29 하스몬 왕가는 시리아 통치에 대항했던 마카베오 혁명의 성공적인 결과라고 할 수 있다.
  유다 마카베오의 형제 시몬이 기원전 142년에 세금 면제 혜택을 받은 것을 계기로 하여
  유대인들이 새로운 연호를 사용하기 시작한 것을 하스몬 왕가의 시작으로 본다. 하스몬
  왕가의 왕들과 그 시대 이집트의 프톨레메오 왕조와 시리아의 셀류쿠스 왕조와의 연대
  기적 비교는 보 라이케, 『신약성서 시대사』(서울: 한국신학연구소, 1986) 참조.

는 27년(기원전 103~76년) 동안 통치하였는데, 그가 죽을 때 왕위를
아들에게 물려주지 않고 아내에게 물려주면서 그가 통치하는 동안 사
이가 나빴던 바리새인들과 화해할 것을 부탁하였다(Jos. Ant. XIII, 400).
그리하여 알렉산드라가 기원전 76년부터 67년까지 9년 동안 통치하
게 된다. 그녀는 총명하고 목적 지향적이어서 이 기간에 자립적인 정
치를 펼쳤고, 남편의 유언대로 바리새인들과 사이좋게 지내려는 목적
을 이루었다. 살로메 알렉산드라 여왕 시대에 가장 유명한 서기관이었
던 시몬 벤 샤타흐는 그가 살아 있는 동안 비가 풍부하게 내려서 밀알
이 콩이나 팥처럼 커졌으며, 보리 알맹이는 감람 열매처럼, 콩은 금화
처럼 커졌다고 말한다.[32] 이것은 동양 사회 어디에서나 마찬가지로 왕
이 정치를 잘할 때 농사도 잘된다는 이해가 반영된 것이다. 요세푸스
도 이 점은 인정해야 했다.[33]

---

[30] 얀네우스의 원래 이름은 요나단이었다. 그는 마케도니아의 위대한 정복자 알렉산더의
이름을 따고 요나단도 그리스식 이름으로 바꾸었다. 그는 알렉산더처럼 영웅이 되고 싶
어 했으며, 그리하여 하스몬 왕가의 세력 확장을 위해 분투하였다.

[31] 알렉산더 얀네우스와 살로메 알렉산드라의 결혼은 시형제 결혼의 대표적인 예이다. 알
렉산드라는 얀네우스보다 나이가 13세나 많았다.

[32] 로제/박창건 역, 『신약성서 배경사』 (서울: 대한기독교출판사, 1983), 36.

[33] 바리새인들의 활동에 대해 요세푸스는 그의 저서 『유대전쟁사』(*Bellum Judaicum*)에서
부정적으로 기술한다. 이에 따르면 살로메 알렉산드라의 정치적인 능력으로 바리새인
들과 화해를 이룬 것에 대해 언급한다. "그들(=바리새인들)은 더욱더 그녀(알렉산드
라)의 순진성을 이용하여 곧 전체의 지배자가 되었다. 그녀는 다른 사람들을 지배하였
으나 그녀 자신을 지배한 것은 바리새인들이었다"(BJ I, 110-112). 바리새인과 사두개
인, 에세네인에 대한 요세푸스의 기록에 관해서는 G. Stemgerger, *Pharisaer, Sadduzaeer,
Essener* (Stuttgart: Katholisches Bibelwerk, 1991) 참조.

3) 여성의 경제 활동

로스 S. 크레머 교수는 "후기 고대 시기 디아스포라 유대 여성들"이라는 논문에서 기원후 2세기 소아시아 서해안의 서머나에서 발견된 루피나의 비문을 통해 디아스포라의 유대 여성들의 사회적 지위와 활동에 관해 발표했다. 비문은 그리스어로 새겨져 있으며, 내용은 다음과 같다.

> "유대 여자이며 회당장인 루피나는 그녀의 자유 노예들과 집에서 자라난 노예들을 위하여 이 무덤을 건립하노라. 어느 누구도 (이곳에서) 장사할 권리가 없노라. 감히 이 규정을 파기하는 자는 국고에 1500데 나리온을 지불해야 하며 동시에 유대인들에게 1000데나리온을 지불해야 할 것이니라. 이 비문의 사본은 공문서 보관소에 보관되어 있노라."[34]

이 비문에 따르면 라틴어 이름을 가진 루피나라는 유대 여인은 비문을 주문한다. 자기 자신과 자신에게 속한 노예들을 위해 묘지를 소유하고 그 땅을 다른 사람들이 다른 목적으로 사용하지 않도록 경고할뿐만 아니라 그런 사람들에게 범칙금까지 물리게 한다. 이 유대 여인은 매우 부유하고 많은 노예를 거느렸던 일종의 가장 역할을 했으며, 스스로 "회당장"이라고 지칭했다. 즉, 그녀는 유대 사회에서 재정적으

---

34 Ross S. Kraemer, "Jewish Women in the Diaspora World of Late Antiquity," *Jewish Women in Historical Perspective*, Judith R. Baskin ed. (Detroit, 1991). 이 논문을 장춘식 교수가 번역하여 「한국여성신학」 제38호(1999 여름호), 76-84와 제39호(1999 가을호), 56-66에 실었다.

로나 사회적, 종교적으로 매우 유력한 인물이었음이 틀림없다. 크레
머는 일반적으로 알려져 있는 랍비 문헌에 나타난 유대 여성의 비하와
대조적인 예로 루피나의 경우를 소개한다.

　루피나 정도의 재력을 지닌 여성은 아니지만, 어느 정도 재산이 있
어서 그리스도를 믿는 사람들에게 자기 집을 제공하는 여인이 사도행
전에 언급된다. 요한 마가의 어머니이다. 유대 여인이 집과 어느 정도
의 재산이 있다고 한다면 그것은 대개 과부로서 남편의 재산을 상속받
은 것으로 추정되어 왔다. 그러나 실제로 서머나의 루피나처럼 재력이
있는 여인의 경우 그녀가 유산 상속으로 부를 획득한 것인지 아니면
사도행전에 언급된 이방 여자 루디아(행 16:14)처럼 장사를 해서 부를
축적한 것인지는 전혀 알 수 없다. 루피나의 예는 아버지나 남편 혹은
아들의 이름을 의지하지 않고 스스로 재력과 사회적 영향력을 가진 유
대 여인이 있었다는 것을 말해 준다.

　크레머 교수는 루피나의 비문 외에도 파디움에서 발견된 기원전 2
세기 중엽의 문서 파편에서 네 명의 유대 여성이 소유하고 있었던 가
축들, 가령 소, 양, 염소 떼들을 나열하고 있는 것과 그 시대 알시오네
의 세부 기록에 나오는 여섯 명의 유대인 지주 중에 네 명이 여성인
것을 지적하면서 유대 여성들도 독립적으로 재산을 소유할 수 있는 재
산가로 인정되고 있었다고 말한다.[35]

　그러나 어느 문헌이나 자료에서도 유대 여성들이 무슨 직업을 가지
고 있었는지, 어떻게 그들이 경제생활을 영위했는지, 어떻게 부를 축
적할 수 있었는지에 대해서는 분명히 제시하지 않는다.

---

[35] Ross S. Kraemer, "Jewish Women in the Diaspora World of Late Antiquity," 「한
　국여성신학」 제38호(1999 여름호), 79.

4) 예수의 견해

현대 사회의 페미니스트들이 흔히 주장하는 바와 같이 여성들도 정치나 경제 분야에서 남성들과 평등하게 활동할 수 있어야 한다는 식의 주장은 예수에게서 찾아보기 어렵다. 예수가 주된 화제로 삼았던 주제는 '하나님 나라'이다. "스스로 자라는 씨의 비유"(막 4:23-26)에서 알 수 있는 바와 같이 씨가 스스로 싹을 내고 자라 결실을 맺는 동안 농부는 그 되어진 일에 대해 아무것도 모르듯이 하나님 나라의 큰 작용에 대해 사람들은 아무것도 알지 못한다. 하나님의 나라는 전적으로 하나님이 그 나라의 주체자로 활동하는 영역이기 때문이다.

다만 한 가지 고려할 수 있는 것은 예수가 하나님 나라에 관해 말하고 그 나라의 임재에 관해 보여줄 때에 많은 사람이 그의 곁에서 듣고, 그가 증거하는 역사를 목격하였다는 점이다. 이런 사람들 중에는 남자들만이 아니라 여자들과 어린아이들도 많았던 것으로 추정된다. 가령 마가복음 6장 35-44절에 나오는 급식 이야기에서 떡 다섯 개와 생선 두 마리로 남자 오천 명을 먹이고도 남은 것이 열두 광주리에 가득했다고 전해지는데, 실제로 이때 먹은 사람은 남자만 해도 오천 명이었으니 성인 남자 오천 명만이 아니라 그 남자에게 딸린 여자와 아이들도 그곳에 있었을 것이고, 이들까지 다 합친다면 수만 명이 되었을 것이다.

그뿐만 아니라 예수가 병을 치유해 주는 이야기에도 여성들이 나온다. 시몬의 장모 치유 이야기는 예수가 시몬의 집에 들어가 치유한 것이지만, 그 외 다른 치유 이야기, 가령 12년간 혈루증을 앓는 여인의 치유(막 5:25-34)는 길에서 일어나고, 수로보니게 여인의 딸의 치유는 그 여인이 어느 집에 있는 예수를 찾아가 간청함으로써 이루어진다.

수로보니게 여인은 이방 여자라 치더라도 혈루증 앓는 여인은 유대인이라고 가정할 수 있다. 또한 예수가 기적을 일으킨 뒤 그것을 목격한 많은 사람이 놀라고 경이감을 표현했다고 전해지는데, 이 목격자들 중에는 분명히 여자들도 포함되었을 것이다.

예수가 산 위에서 가난한 자, 애통하는 자, 온유한 자, 의에 주리고 목마른 자, 마음이 청결한 자 등을 축복하실 때 그곳에 남자들만이 아니라 여자들도 함께 있었을 것으로 짐작된다. 특별히 예수가 십자가에 달려 죽을 때 그의 남자 제자들은 모두 피신하고 없었으나 몇 명의 여인은 멀리서 바라보고 있었다고 전해진다. 그들은 "예수께서 갈릴리에 계실 때에 좇아 섬기던 자들이요, 이 외에도 예수와 함께 예루살렘에 올라온 여자가 많이 있었다"(막 15:41).

이 모든 것으로 미루어 볼 때 예수가 직접적으로 여성들에게 가정 밖에서의 활동을 종용하거나 정치와 경제면에서 사회적 활동을 권장하지는 않았을지라도 그가 전하는 하나님 나라의 도래와 그로 인한 위로의 말씀은 많은 여성에게 집 안에만 머물지 않고 집 밖에서 예수를 따르게 했던 것으로 볼 수 있다.

5. 유대 종교에서 여성의 지위와 역할

1) 율법에 대한 여성의 의무

유대인들에게 토라(모세 오경)라 불리는 책은 하나님의 말씀이며 동시에 하나님의 거룩한 백성으로서 하나님의 뜻대로 살기 위한 지침서였다. 그러나 여자들은 토라의 모든 율법을 공부할 필요가 없었으며 모든 계명을 지킬 필요도 없었다. 아니 엄밀히 말하자면 여자는 율법을 배울 수 없었고, 배워서는 안 되었다. 거룩한 문서는 남자들만의 전용물로, 그들만이 접근할 수 있었다. 여자들에게는 다만 율법의 금지 조항만을 준수해야 할 의무가 있었을 뿐이다.[36] 이것은 어린이들이나 노예들이 지켜야 할 내용과 같은 것이다.[37] 그래서 랍비 문헌에는 여자와 어린이와 노예가 함께 열거된 경우가 종종 있다.[38]

2) 성전에서 여성

예루살렘 성전은 솔로몬 왕 때 건축되었다가 바빌론의 침략으로 무너졌다(기원전 586년경). 포로기 이후에 유대인들은 다시금 성전을 재건하였다(기원전 515년경). 이것은 시리아 지배하에서 심히 손상되었는데, 헤롯 대왕 때 복원되기 시작했다. 헤롯은 기원전 20~19년경부터 많은 사람을 강제 노역에 동원하고 많은 비용을 들여 성전을 복원할 뿐만 아니라 증축하기까지 하였는데, 이렇게 시작된 성전 복원은 로마에 의해 파괴되기 수년 전에야 비로소 완성되었다.

성전은 유대인들의 종교 생활의 중심이라고 할 수 있다. 성전은 하나님이 거하시는 곳으로서 거룩한 공간이다. 이곳은 유대인들이 그들의 하나님께 제물을 드리는 장소인 것이다. 예루살렘 성전 제의의 핵심은 안식일과 축제일, 대속죄일[39]에 상응하는 동물과 식물, 마실 것

---

36 로제/박창건 역, 『신약성서 배경사』, 173.

37 위의 책, 174.

38 가령 Berachot 3,3.

39 유대인이 성전을 방문하는 대축제일은 1년에 세 번이다. 출애굽 사건을 기념하여 누룩 없는 빵을 먹고 1년생의 흠 없는 숫양을 드리는 유월절, 유월절로부터 50일 후에 들에 나는 첫 열매를 드리는 오순절 그리고 가을에 이스라엘 광야 행로를 기념하기 위한 초막

을 제물로 드리는 것이다. 어느 때에 어떤 제물을 드려야 하는지에 대해서는 레위기 23장과 민수기 28-29장에 기록되어 있다.

이 장소는 구역이 엄격히 구별되어 있어서 아무나 아무 공간에 들어갈 수는 없었다. 가령 이 거룩한 성전에서도 더욱 거룩한 지성소는 촘촘한 천으로 커튼을 달아 성전의 다른 공간과 구별해 놓았고, 이곳에는 일 년에 단 한 번 대속죄일에 온 이스라엘을 대표하여 대사제만이 들어갈 수 있었다. 일반 이스라엘 사람들이 들어갈 수 있은 공간은 성전 중앙에서 가장 가까운 곳이고, 여성들은 성터의 동쪽 부분인 '여자들의 뜰'에만 들어갈 수 있었다.

안식일이나 축제일들 그리고 속죄일에 이스라엘 사람들은 가족 단위로 예루살렘 성전을 방문했던 것 같다. 성전 입구에 들어서면 남자들은 서쪽 문으로 여자들은 동쪽 문으로 들어갔는데, 성전이야말로 남자와 여자가 철저히 구별되는 장소인 것이다. 이 공간들 주변인 '바깥뜰'은 이방인들에게도 개방되는 장소이다. 마가복음 11장 15-19절(병행)에 나오는 예수의 성전 정화 기사에서 예수를 격노하게 했던 상인들의 진열장은 아마도 이 바깥뜰에 펼쳐져 있었을 것이다.[40]

성전 제의에서 활동하는 인물들은 사제들이다. 사제 계급은 성전 제의에 참여한다는 의미에서 이스라엘의 귀족 가문에 속한다.[41] 이들 중 가장 고위 사제는 대사제이다. 대사제는 이스라엘 민족 중에 가장 지위가 높았다. 이 사람만이 유일하게 지성소를 출입할 수 있었다. 대

절 축제가 그것이다.

40 마가복음에 성전의 구역에 관한 언급이 없는 것으로 보아 마가 기자는 성전을 방문해보지 못한 이방이었을 가능성이 상당히 높다.

41 이스라엘의 제사장 계급에 관해서는 예레미아스/한국신학연구소번역실 역, 『예수 시대의 예루살렘』, 197-286 참조.

사제는 유대인의 최고 행정 기관이며 최고 재판소인 산헤드린의 의장이 된다. 화려하게 이루어진 대사제복을 받고, 대속죄일에 백성들의 죄를 사해 준다.[42]

대사제는 다음과 같은 혜택과 의무를 지닌다. 대사제는 아무도 들어갈 수 없는 지성소에 들어갈 수 있고, 언제라도 원하기만 하면 제물 드리는 일에 참여할 수 있으며, 상을 당한 경우에도 제의에 참여할 수 있고, 성전의 성물들이 분배될 때에 제일 먼저 선택할 권리가 있었다. 토라에 따르면 대사제는 대속죄일에만 직무를 수행하는 것으로 나온다(민 16장). 그러나 지배적인 관습에 따르면 이보다 더 많은 제의적인 직무가 부여되어 있다. 미쉬나에 따르면 붉은 암소를 번제물로 드릴 때 이에 참여했으며, 대속죄일 이전 일주일 동안 사제로서 직무를 수행해야 했다.[43]

이러한 특권과 의무를 지닌 대사제가 되는 길은 현대 사회에서 이루어지고 있는 시험 제도나 선거 제도에 따른 것이 아니라 대사제 가문으로 이어지는 세습제였다. 대사제는 사독 가문에서 장자들로 이어지는 세습제였으나 이스라엘이 시리아 정부의 지배를 받을 때 메넬라오스에 의해 세습제가 소멸된다.[44] 마카베오 혁명 이후 요나단이 왕과

---

42 예레미아스/한국신학연구소번역실 역, 『예수 시대의 예루살렘』, 198.

43 Para III 5와 Joma I, 2. 예레미아스/한국신학연구소번역실 역, 『예수 시대의 예루살렘』, 201, 각주 31, 32.

44 시리아의 셀류커스 왕 안티오쿠스 4세 때 메넬라오스가 대사제로 임명받음으로써 솔로몬 왕 이후 이어졌던 사독 가문의 대사제 세습제는 종지부를 찍는다. 메넬라오스는 사독 가문이 아니면서 불법적인 방법으로 대사제가 되었기 때문에 안티오쿠스 4세에게 아부할 수밖에 없었다. 안티오쿠스 4세는 스스로 신이라 칭하고 예루살렘 성전의 보물을 강탈해갔으며 유대인들로 하여금 더 이상 야훼 하나님을 경배하지 못하도록 하였다. 이때 메넬라오스가 안티오쿠스 4세를 거들어 유대인들의 종교를 탄압하는 법을 만들었고, 이것이 마카베오 혁명이 일어나게 된 원인이 되었다. 이에 관해 E. Schürer, *Geschichte*

대사제직을 겸하게 됨으로써 하스몬 왕가에서는 이스라엘 역사에 유래 없는 왕과 대사제직을 겸직하는 일까지 일어났다.

　과거의 전통과 관례를 무너뜨리는 역사를 감행한 이런 하스몬 왕가에서도 대사제는 남자여야 한다는 원칙은 견고하게 지켜졌다. 하스몬 왕가에서 살로메 알렉산드라가 여왕으로 통치할 때에 그녀가 여자라는 이유 때문에 대사제직을 겸하지 못하고, 결국 그녀의 아들 히르카누스 2세를 대사제로 임명한다.[45] 최고의 종교적 지도자라고 할 수 있는 대사제직은 여왕이라 하더라도 여자라는 이유 때문에 될 수 없는 남성 전용물이라 할 수 있다. 그뿐만 아니라 성전과 관련된 일에 종사하는 모든 사제[46]는 물론 레위인[47]도 남자만이 될 수 있었다.

　　　des jüdischen Volkes, Bd. 1 (Leipzig, 1901=Hildesheim/New York, 1970), 165-210;
　　　E. Lohse, *Umwelt des Neuen Testaments* (Göttingen: Vandenhoeck und Ruprecht,
　　　1970), 12-18; 로제/박창건 역, 『신약성서배경사』 (서울: 대한기독교출판사, 1995),
　　　24-29.

45 E. Schürer, *Geschichte des jüdischen Volkes*, Bd. 1, 291; 로제/박창건 역, 『신약성서
　　배경사』, 35. 사독 가문의 마지막 대사제의 이름과 그 재직 기간에 관해서는 예레미아스
　　/한국신학연구소번역실 역, 『예수 시대의 예루살렘』, 238 참조.

46 예레미아스에 따르면 성전에서 일하는 사제들 사이에는 엄격한 서열이 있었다. 대사제
　　바로 밑에 성전 경비대장이 있어서 대사제를 보위하며 대사제의 대리자 역할을 했다.
　　성전 경비대장 밑으로는 주간 당직 사제들의 통솔자 24인과 일직 사제들의 통솔자 156
　　명가량이 있었다고 한다. 성전에서 이들이 맡은 임무와 역할에 관해서는 예레미아스/한
　　국신학연구소번역실 역, 『예수 시대의 예루살렘』, 212-236 참조. 예레미아스는 성전과
　　관련된 일을 하는 사람들이 모두 남성이라는 사실에 대해서는 언급하지 않는다. 이는
　　유대 사회에서 지극히 자명한 일이기 때문이다.

47 레위인의 지위와 성전에서의 직분에 관해 예레미아스/한국신학연구소번역실 역, 『예수
　　시대의 예루살렘』, 258-276 참조.

3) 회당에서 여성의 지위와 활동

회당(시나고그)이란 말 그대로 '모이는 집'이란 뜻이다. 유대인들은 이 집에 모여 성서도 읽고 예배도 드리며 어린이들을 가르치기도 한다.[48] 회당은 그 마을에 직면한 문제들에 대해 논의하는 지방 자치단체의 역할을 하기도 한다. 회당의 기원에 대해서는 확실히 알려진 것은 없다. 다만 바빌론 포로기 이후부터였을 것이라고 추정할 뿐이다.[49]

현대에도 경건한 유대인들은 매주 안식일마다 회당에 간다. 그것도 혼자 가는 것이 아니라 아내와 자녀들을 데리고 가는 가족적인 방문이다. 그러나 일단 회당 안으로 들어가면 여자들은 한쪽에 머물러 있고, 남자들만이 예배를 거행한다. 고대 유대교에서 소년들은 만 13세가 되면 종교적으로 성년이 된다. 그러므로 회당의 예배는 13세 이상의 남자들의 모임이고, 여자들과 13세 이하의 어린이들은 구별된 공간에 머물게 된다.

회당의 예배가 성립되려면 적어도 성인 남자 10명이 있어야 한다. 회당에서의 예배는 한 분이신 하나님에 대한 신앙을 고백하고 기도하며 성서를 낭독하고 하나님의 뜻을 가르치는 것이 주된 일이다. 하나님에 대한 신앙고백으로는 "쉐마 이스라엘"(들으라 이스라엘아)이라는 도식으로 표현되는 기도문으로, 다음과 같은 세 성서 구절로 이루어진다(신 6:4-9, 11:13-21; 민 15:37-41).

---

48 J. Kohn, *The Synagogue in Jewish life* (New York, 1973), 17 이하. 콘은 시나고그의 특성을 살려 다음과 같이 세 가지로 회당의 기능을 표현한다. 기도의 집(베트 하 테필라), 연구의 집(베트 하 미드라쉬), 모임의 집(베트 하 크네세트).

49 로제/박창건 역, 『신약성서배경사』, 184. 로제에 따르면 예수 시대에 이미 유대인들이 사는 모든 마을에 회당이 세워졌다고 한다. 즉, 디아스포라뿐만 아니라 팔레스타인에도 회당이 설립되었다는 것이다.

"들으라 이스라엘아, 주 우리 하나님은 한 분이신 주님이다.

너는 마음을 다하고 성품을 다하고 너의 모든 힘을 다하여

주 너의 하나님을 사랑하여야 한다"(신 6:4).

"나는 너희의 하나님이 되려 하여 너희를 애굽 땅에서

인도하여 낸 너희의 하나님이기 때문이다"(민 15:41).

회당에서는 예배만이 아니라 교육이 이루어지기도 한다. 교육의 목적을 위해 회당 옆에 교육만을 위한 건물이 지어지기도 한다. 회당에서의 교육은 다른 것이 아니라 율법을 읽고 이해하도록 하는 것이 목적이다. 회당 교육은 소년들에게만 이루어졌다. 귀족 가문이라 하더라도 소녀들은 율법 교육을 받을 수 없었으므로 그들은 대개 그리스와 헬라식 교육을 받았다.

회당에서는 세 명으로 구성된 회장단이 외적, 사무적인 일들을 처리하였다. 회당의 총책임자라고 할 수 있는 회당장은 그 공동체의 명망 있는 사람들 가운데서 선출되는데, 그는 예배드리는 책임을 맡고, 집회 과정이 율법에 따라 이루어지고 있는지 감독하였다. 그리고 대표 기도자와 율법 낭독자를 정하고, 참석한 사람들 중에서 설교를 하도록 요청하는 일을 한다.[50] 회당지기는 성서 두루마리를 가져가는 일을 하고, 회당장이 정한 기도와 찬양, 설교를 맡은 사람들이 그들의 직무를 수행할 수 있도록 요청하였다. 또한 가끔은 율법을 범한 공동체 회원에게 형벌이 내려질 때 이를 집행하는 일을 한다.[51]

---

50 E. Lohse, *Die Texte aus Qumran*, 116-117.

51 *Ibid.*, 117.

최근에 크레머 교수가 발표한 서머나의 루피나 비문에서 루피나를 "회당장"이라고 했는데,[52] 이는 예수 시대보다 1세기 이상 이후이고, 팔레스타인이 아니라 디아스포라였다는 점을 감안하더라도 유대인 사회에서 여자가 회당장으로 지칭될 수 있었는지는 잘 납득되지 않는다. 왜냐하면 위에서 살펴보았듯이 모임, 예배, 연구, 교육과 지방자치라는 회당의 기능상 여자가 한 지역의 대표자로 오른다는 것은 쉬운 일이 아니기 때문이다. 만약 루피나가 예외적으로 회당장이 되었다면, 유대인 사회에서 이러한 사례는 매우 드문 일이라 하겠다.

4) 기타: 쿰란-에세네파 공동체[53]에서 여성

요세푸스에 의해 에세네파 사람들은 독신생활을 했다고 알려졌다 (B. J. §120-121).[54] 알렉산드리아의 필로도 에세네파 사람들이 여성들을 경시했기 때문에 결혼을 하지 않았다고 설명하였다. 그러나 다마스커스 문서(CD)의 몇몇 구절과 그들의 규율집 1QSa I,4-19에 여성들에 대한 언급[55]이 나오는 것을 볼 때 이들의 기록에 대해 의문을 자아낸다.

---

52 각주 34 참조.

53 요세푸스가 보도하는 에세네파 사람들과 1947~1956년 사이에 사해 주변 쿰란 동굴에서 발견된 수백여 문서를 소지했던 사람들이 동일하다는 사실은 쿰란 문헌을 연구하는 학자들 사이에서 일치된 견해이다. 이에 대한 상세한 연구로는 H. Stegemann, "The Qumran Essenes - Local Members of the Main Jewish Union in the Last Second Temple Times," J. T. Barrera and Florientino Garcia Martinez(ed.), *The Madrid Qumran Congress, Vol. II* (Leiden: Brill, 1991), 83-166.

54 에세네파에 관한 요세푸스의 보도를 번역 주석한 Todd S. Beall, *Josephus' Description of the Essenes: Illustrated by the Dead Sea Scrolls* (Cambridge university press, 1988).

55 이에 관한 최근 연구 E. Schuller, "Women in the Dead Sea Scrolls," *Methods of Investigations of the Dead Sea Scrolls and the Khirbet Qumran Site. Present Realities and future Prospects* (New York Academy of Sciences, 1994), 115-131.

슈테게만은 요세푸스의 보도와 쿰란 문헌 사이의 불일치에 대해 다음과 같이 설명한다. 그에 따르면 에세네파 사람들도 여느 유대인들과 마찬가지로 결혼을 하였을 것이고, 혼인을 거부하지는 않았을 것이라고 한다. 왜냐하면 창세기 1장 28절에 나오는바, 창조 직후 생육하고 번성하라는 하나님의 축복 선언은 유대인 모두에게 결혼이 일종의 신적인 명령으로 여겨졌기 때문이라는 것이다. 보통 유대 남자들은 13세부터 결혼할 수 있었고, 16세 정도에는 결혼하였으나 에세네파 사람들은 20세가 되어 선과 악을 구별할 수 있어야 결혼할 수 있다는 규정이 있다(1QSa I,9-10). 그렇기 때문에 에세네파 사람들은 일반 유대인들보다 늦은 나이에 결혼하였고, 게다가 아내가 죽은 뒤 재혼이 일반 유대인들에겐 허락된 반면 에세네파 사람들은 일생에 단 한 번만 결혼이 허락된 것으로 여겼기 때문에(CD IV,20-V,1) 아내가 죽은 뒤 홀아비로 여생을 꾸려나갔다는 것이다. 즉, 요세푸스가 에세네파 사람들을 독신 남자들의 모임으로 본 것은 그가 에세네파에 입단해서 공동체 멤버로 활동하지는 않고 오로지 외부에서 피상적으로만 관찰한 결과라고 평가한다.[56]

1QSa는 1QS에 이어 있는 본문으로 1QS XII-XIII이라고 할 수 있는데, 1QSa I,1에 "이것은 때의 마지막에 이스라엘 전 공동체를 위한 규율집이다"라는 표제어가 쓰여 있는 것으로 보아 앞부분과는 별도로 작성된 것임을 알 수 있다. 슈테게만에 따르면 1QSa는 에세네파 공동체의 가장 옛 규율집이다.[57] 1QSa I,4-19[58]는 공동체 회원들이 특정한 나이에 수행해야 할 의무를 열거하고 있다. 특히 4~6줄에 보면,

---

56 H. Stegemann(1994), *Die Essener, Johannes Täufer und Jesus*, 267-274.

57 *Ibid.*, 159-163.

58 이 텍스트의 히브리어 본문은 E. Lohse, *Die Texte aus Qumran*, 46-49.

어린아이로부터 여자들에 이르기까지 모든 이스라엘 사람이 모일 때에 필요한 규율집이라는 것을 알 수 있다. 6줄 이하에는 20세 이하의 회원이 할 일, 즉 율법 교육을 받아야 한다는 것 그리고 20세가 될 때까지—에세네파 사람들은 20세를 선과 악을 인식할 수 있는 나이로 여겼다— 여자와 동침하지 않을 것을 주의시키고 있다. 25세에는 공동체 내에서 직책을 가질 수 있으며, 30세가 되면 10명이나 50명, 100명, 더 나아가 1,000명을 이끄는 지도자가 될 수 있고, 재판석상에서 판결권을 가질 수 있다. 이 규율들에서 특별히 여자들에 관해 언급하고 있다는 점은 주목할 만하다. 여자에 대한 언급은 11줄에, 바로 20세 남자들에게 부여된 의무 다음에 나온다. 이에 따르면 이 공동체는 여자들의 증언을 허용하며, 여자들이 증언할 때 율법 규정을 준수할 의무와 책임이 있다는 것을 알 수 있다.[59]

슐러는 이 본문과 그다음에 이어서 나오는 전 공동체 회의(총회)에 관한 서술(1QSa I,27-II,11)에 근거해서 에세네파 공동체는 여성을 회원으로 받아들였다고 주장한다. 이 본문에는 부정함, 신체적인 결함 혹은 나이를 이유로 공동체 총회에 포함될 수 없는 사람들의 목록이 나오는데, 이 목록에 여자들은 포함되지 않는다는 사실을 그의 주장의 근거로 제시한다. 만일 슐러의 견해가 옳다면, 예수 시대보다 100~150여 년 전에 유대 사회에 남녀평등과 관련하여 매우 진보적인 역사

---

59 여성 3인칭 단수형 트카벨(tqabel)을 로제는 공동체(야하드)를 받아 번역하였고, 바움가르텐은 1957년에 발표한 논문 "On the Testimony of Women in 1QSa," *Journal of Biblical Literature* 76, 266-299에서 이 문맥에서 갑자기 여성형이 나오는 사실에 대해 의심을 품고, 여성 3인칭 단수형 트카벨을 남성 3인칭 단수형 유카벨(jqabel)로 수정하였다. 이 이후로 많은 학자가 바움가르텐의 견해를 따르고 있다. 그러나 슐러는 이 표현을 수정해서는 안 되고, 텍스트에 있는 그대로 여성형으로 읽어야 한다고 제안한다. E. Schuller, "Women in the Dead Sea Scrolls," 124.

가 있었다고 할 수 있다. 그러나 에세네파 정회원들이 참여하는 침수
예식과 제의적인 공동식사에 여성들도 참여시켰는지는 여전히 의문
이다. 유대인의 관례상 그것은 거의 불가능에 가깝기 때문이다.

에세네파 사람들이 여자들도 사람에게 속한다고 본 것은 사실이지
만, 여자들을 공동체의 정회원으로 가입시키는 것은 그 이상을 의미했
을 것이다. 에세네파 외에 바리새파와 사두개파의 경우에 여성들의 회
원 가입을 허용하였는지 비교할 자료가 없는 것은 유감스럽지만, 에세
네파 사람들보다 훨씬 엄격한 의미에서 여성들의 종교 활동을 제한하
였을 것으로 추정된다.

5) 예수의 견해

여성들이 유대 종교에서 어떠한 역할을 하고 있었는지 또 어떠한
역할을 해야 하는지에 관해 예수가 토론을 벌였다는 보도는 복음서에
서 찾아보기 어렵다. 바리새인들이 예수와 그의 제자들의 행동을 보고
논쟁을 벌이는 이야기들을 고려하면, 떳떳하지 못한 부류의 사람들
(가령 세리들과 죄인들)과의 식사(막 2:15-17), 식사 전에 손 씻는 정결
예식(막 7:1-9), 금식(막 2:18-20) 그리고 안식일 등의 사안이 논의되
고, 이에 대한 예수의 견해를 알 수 있다.

그러나 그 어느 곳에도 여성들, 특히 그들의 종교 생활에 대해서는
별다른 논쟁을 유발하여 예수의 의견이 나오게 하는 이야기는 없다.
다만 예수의 말과 행위의 핵심이 하나님 나라, 그것도 현존하는 하나
님의 역사로서 하나님 나라에 관한 것이라는 점 그리고 그 주제가 다
분히 종교적인 내용이라는 사실을 인정한다면, 다음과 같은 것들을 유
추해볼 수 있다.

예루살렘 성전에 대한 예수의 태도는 마가복음 11장 15-19절(마 21:12-17; 눅 19:45-48)과 13장 1-2절(마 24:1-2; 눅 21:5-6)에서 볼 수 있다. 마가복음 11장 15-19절은 "예수의 성전 정화"라는 제목으로 알려진 본문이다. 불트만에 따르면 16-17절을 제외한 15절의 "예루살렘으로 들어가니라"와 18-19절이 편집자의 것이고, 이사야 56장 7절과 예레미야 7장 11절의 인용을 예수의 가르침 내용으로 소개하는 17절은 나중에 첨가된 해석이다.[60]

예수가 적어도 성전 안에 들어가 장사하는 사람들을 내어 쫓으시고, 돈 바꾸는 사람들의 상과 비둘기 파는 사람들의 의자를 둘러엎으며, 성전의 원래 의도, 즉 제의를 통한 하나님과의 온전한 관계가 회복될 것을 희망한 것으로 추측해 볼 수 있다. 예레미아스는 예수의 성전 정화 작업을 성전에서 폭리를 취하는 상거래를 조직해 온 사제 계급에 대한 도전으로 파악하였다.[61] 예레미아스는 성전 자체와 성전 제의를 남용하는 사례를 구별하고, 예수가 성전이나 성전 제의가 아니라 성전 제의의 오용에 대해 공격하였음을 지적한다. 예수가 성전의 본래 목적, 하나님께 대한 예배로 복구시키려는 의도로 성전 정화를 했다고 설명한다. 17절에 나오는바 "내 집은 만민이 기도하는 집이라 칭함을 받으리라"는 이사야 56장 7절의 인용은 이미 지적한 대로 후대의 첨가

---

60 R. Bultmann, *Die Geschichte der synoptischen Evangelien* (Göttingen: Vandenhoeck und Ruprecht, 1921), 36-37. 그리고 Ergänzungsheft von G. Theissen und Ph. Vielhauer, 1975(5), 29; 불트만/허혁 역, 『공관복음 전승사』(서울: 대한기독교서회, 1970), 42-43; J. Roloff, *Das Kerygma und irdische Jesus* (Göttingen: Vandenhoeck und Ruprecht, 1969), 93; E. P. 샌더스/이정희 역, 『예수 운동과 하나님 나라』(서울: 한국신학연구소, 1998), 130.

61 J. Jeremias, *Neutestamentliche Theologie, Erster Teil: Die Verkündigung Jesu* (Gütersloh: Gütersloher Verlag, 1971); 예레미아스/김경희 역, 『예수의 선포』(왜관: 분도출판사, 1999), 206.

라고 할 수 있다. 1세기 유대인들에 성전은 기도의 집이라기보다는 하나님께 희생 제물을 드릴 수 있는 유일한 장소였다. 희생 제물에 대한 요구는 하나님이 모세를 통해 그의 백성 이스라엘에게 제시한 것이다. 샌더스는 이러한 점을 감안하여 환전이나 비둘기 매매는 성전 제의를 위해 필요한 일이라고 평가하고, 이에 대한 예수의 공격은 결국 성전 파괴의 예언과 같은 성격의 행동이었다고 지적한다.[62]

성전 파괴에 대한 예언은 마가복음 13장 1-2절에서 구체적으로 언급된다. 성전을 지탱하고 있는 돌들이 무너진다고 하는 것은 현재의 성전 체제의 붕괴를 의미한다. 예수의 이 예언은 사제 계급들뿐만 아니라 성전과 관련해서 살아가는 예루살렘의 모든 주민에게 대단히 큰 위협이었다.[63] 마가복음 13장 1-2절은 단순히 성전이 파괴될 것이라는 예언일 뿐이지만 이 예언은 위협의 성격을 띤다. 공관복음서 기자들은 예외 없이 이 예고에 "작은 묵시록"을 연결한다.[64] 그들이 예루살렘 성전의 붕괴와 마지막 때의 대재난을 동일시했던 것으로 보인다. 수난 전승에서 예수가 성전을 위협했다는 비난이 나온다. 몇몇 사람이 일어서서 예수에게 불리한 거짓 증언을 하여 말하기를 "우리가 그의 말을 들으니, '내가 손으로 지은 이 성전을 헐어버리고 손으로 짓지 않은 다른 성전을 사흘 안에 지으리라'고 했습니다"(막 14:57-58). 마가와 마태는 심문 과정에서 보도되는 이 이야기 중에서 예수가 성전을

---

62 E. P. 샌더스/이정희 역, 『예수 운동과 하나님 나라』, 123-139.

63 타이센/김명수 역, "예수의 성전 예언 ― 도시와 시골의 긴장의 장 가운데서의 예언," 『원시 그리스도교에 대한 사회학적 연구』(서울: 대한기독교출판사, 1986), 172-194. 타이센은 이 논문에서 예수의 성전 파괴에 관한 예언이 지닌 갈등을 도시와 시골 사이의 사회경제적 적대관계로 이해한다.

64 불트만/허혁 역, 『공관복음 전승사』, 36. 불트만에 따르면 성전 파괴에 관한 예수의 발언은 묵시문학과는 별도로 독립적으로 전승되어 온 것이다.

파괴하겠다는 비난이 거짓 증언임을 밝히고 있고, 누가는 아예 이 구절을 삭제하였다. 그러나 마가와 마태는 놀랍게도 십자가 처형 장면에서 지나가는 사람들이 예수에게 "성전을 헐고 사흘 안에 세우겠다던 자라"고 모욕했다고 이 비난을 묘사한다(이 비난도 누가는 삭제하였다). 샌더스는 이에 덧붙여 사도행전 6장 14절에서 스데반이 "나사렛 예수가 이곳(즉, 성전)을 헐고"라고 말하고 있다는 것에 주목하면서 다음과 같은 결론에 도달한다. "이것은 초기 그리스도인들이 이 비난을 기껍지 않게 받아들인 신임할 만한 증거이며, 이것은 예수가 실제로 (성전과 관련해서) 위협으로 간주될 수 있는 어떤 말을 했음을 확증하는 데 도움을 준다."[65]

필자는 예수가 하나님께서 거하시는 장소라는 의미에서 성전을 거부하거나 비판하지는 않았을 것이지만, 남성들, 그것도 사제 계급들의 권력 중심으로 돌아가는 성전 문화에 대해서는 비판적인 견해를 지녔을 것으로 생각한다. 왜냐하면 그가 전하는 하나님 나라의 백성에는 남자들만이 아니라 여자들도 포함되기 때문이다.

회당과 관련해서 예수가 어떠한 이해와 태도를 취했는지에 관해서는 자료가 별로 많지 않다. 마가복음에 네 번 언급될 뿐이다. 그중 두 번은 예수께서 치유하는 장소로 언급되고(막 1:21, 3:1), 두 번은 네러티브로서 "예수께서 회당에서 전도하시다"(막 1:39), "예수께서 안식일에 회당에서 가르치시다"(막 6:2)라고 예수의 전도와 가르침의 활동지로 언급된다. 그 외에 예수께서 회당을 직접 언급하는 구절은 마태복음에서 발견된다. 산상수훈 중에 "구제할 때에 외식하는 자가… 회당과 거리에서 하는 것 같이 너희 앞에 나팔을 불지 말라…"(마 6:2)라

65 E. P. 샌더스/이정희 역, 『예수 운동과 하나님 나라』, 141.

거나 혹은 열두 제자를 부르실 때에 "사람들을 삼가라, 그들이 너희를 공회에 넘겨주겠고, 그들의 회당에서 채찍질하리라"(마 10:17). 이것으로 미루어 볼 때 회당은 사람이 모이는 곳이며, 유대인 공동체로서 공동체 유지를 위해 벌을 내릴 수도 있는 회의를 하거나 체벌을 집행할 수 있는 장소로 이해되고 있음을 알 수 있다. 이것은 일반 유대인들이 지니고 있는 회당에 관한 기본적인 이해이다. 예수가 성전에 대해 부정적인 발언을 한 것과는 달리 회당에 대해서는 매우 중립적인 태도를 취했다고 볼 수 있다.

6. 나오는 말: 여성에 대한 유대교와 예수의 견해 비교

여성들을 남성들에 비해 하급한 존재로 보는 유대교의 견해는 다음의 랍비 유다 벤 엘라이(기원후 150년경)의 기도문에서 단적으로 찾아볼 수 있다.

"매일 세 가지 찬양을 드려야 한다.

나를 이방인으로 만들지 않으신 이는 찬양을 받으소서!
나를 여자로 만들지 않으신 이는 찬양을 받으소서!
나를 무식한 자로 만들지 않으신 이는 찬양을 받으소서!

나를 이방인으로 만들지 않으신 이는 찬양을 받으소서!
이는 모든 이방인은 그 앞에서 아무것도 아닌 것과 같기 때문입니다.
나를 여자로 만들지 않으신 이는 찬양을 받으소서!

왜냐하면 여자는 계명을 지킬 의무가 없기 때문입니다.

나를 무식한 자로 만들지 않으신 이는 찬양을 받으소서!

왜냐하면 무식한 자는 죄를 두려워하지 않기 때문입니다."[66]

이 기도문에서 무식한 자라는 것은 율법을 모르는 사람, 즉 이방인들을 가리킨다. 이렇게 보면 여자는 이방인과 마찬가지로 율법에 대해 모르고, 따라서 이방인과 같은 수준에 있다고 평가됨을 알 수 있다. 그런데 재미있는 것은 유대인들이 여성들에게는 율법을 가르치지 않을 뿐만 아니라 배우고자 하는 여성에게도 배움을 허가하지 않는다는 점에 있다. 여성들에게 율법을 가르치지 않으면서 여성과 남성에게 차등을 두는 일을 당대 유대 남성들이 해 왔던 것이다.

여성을 비하하는 내용은 또한 시락서에서도 찾아볼 수 있다. "한 여자에게서 죄의 시초가 유래하였다. 그 때문에 우리 모두가 죽게 되었다."[67] 여기서 여성 비하의 근거는 창세기 3장의 타락 설화에 있다. 그런데 창세기 3장의 이야기에서 죄의 결과로 아담이 죽게 된 것이 아니라 낙원에서 추방된 것이다.

랍비 전승에는 '여자들, 노예들, 아이들'이 함께 열거되고 있는 것을 볼 수 있다.[68] 이 세 그룹은 이러저러한 계명들을 모두 지킬 의무가 없다는 점에서 공통적이고, 따라서 이스라엘의 성인 남자들보다 하급한 것으로 평가되어 함께 열거된 것이다. 여자들, 노예들, 어린아이들은 성인 남자들이 매일 암송하는바 "들으라 이스라엘아"로 시작하는 기도문을 암송할 필요가 없었다. 식사 기도에서 여자들이나 노예들,

---

66 Tos. Berachot 7:18. J. Leipoldt, *Jesus und die Frauen* (Leipzig, 1921), 3-4 재인용.

67 JesSir 25:24.

68 Berachot 3:3. J. Leipoldt, *Jesus und die Frauen*, 6, 17.

어린아이들이 남자들과 같이 요구되지도 않았다. 여자가 남편을 위해, 어린아이가 아버지를 위해, 노예가 상전을 위해 식사 기도를 할 수 있느냐에 관해서는 유대교 내에서 논의되는 문제이다. 많은 랍비가 그것을 허용하고 있으나 엄격히 금하고 있는 랍비들도 있다: "그의 아내나 자녀들이 식사 때 그를 위해 기도하게 하는 자에게 저주가 있을지어다."[69]

여성에 대한 유대인들의 평가절하는 이상에서 본 바와 같이 무엇보다도 그들의 종교 생활에서 가장 강력하게 나타나고 있음을 알 수 있다. 그리고 그 근거를 하나님의 법으로 여겨지는 모세오경 중 창세기 2장의 창조 이야기와 3장의 타락 이야기에 두고 있는 것을 알 수 있다. 다시 말하면 여성들을 남성들보다 하급한 존재로 인식시키고, 그리하여 남성들, 즉 아버지와 남편과 아들에게 소속하고 그들의 명령을 따라야 한다는 것을 하나님의 명령이라고 가르쳐 왔다는 사실을 확인할 수 있다.

같은 유대인으로서 같은 문화권 안에서 살아온 예수가 이들과 다른 견해를 취하고 있는 것은 특이한 일이다. 예수는 하나님 나라에 대해 비유로써 가르치고, 병 고침과 귀신 축출로 그 나라의 현존을 보여주는 과정에서 여자와 남자를 차별 없이 대했다. 어떻게 예수는 당대 유대인들과 다른 태도를 취할 수 있었던 것일까? 예수의 관점에서 하나님이 직접 통치하시는 그 나라의 백성은 남자만이 아니라 어린아이와 여자도 포함되기 때문이다. 그리고 더 나아가 그가 이해한 창조신학에 근거를 두는 것으로 보인다. 즉, 일반 유대인들이 창세기 2장과 3장에

---

69 Berachot, 20b.

기초해서 여자를 비하했다면, 예수는 창세기 1장에 근거하여 남녀가 동등하게 "하나님의 형상"으로 피조되었다는 사실을 굳건하게 붙잡고, 그의 사상과 행동을 펼친다.

창세기 1장에서 하나님이 그의 피조 세계를 창조하면서 매번 "보시기에 좋았더라"고 감탄하는 반면 창세기 2장에는 이러한 표현이 나오지 않는다. 예수는 창세기 1장의 창조신학을 하나님의 창조의 뜻으로 받아들였다. 특히 그의 지상 활동 중 메시지의 핵심인 '하나님 나라'가 하나님의 창조의 뜻과 질서가 회복되는 시공간적 영역이라고 볼 때 하나님의 창조의 원뜻, 즉 남자와 여자가 동등하게 하나님의 귀한 형상으로서 아름답게 살아가는 것이 그의 나라에서 실현되고 있음을 예수가 선포한 것이라고 할 수 있다. 하나님의 뜻이 실현되는 하나님 나라가 도래하였다는 새로운 역사 인식은 당대 유대인들이 일반적으로 반성 없이 창세기 2-3장에 근거해서 여성을 비하하던 문화에서 차별화를 기할 수 있던 예수의 신학적 근거였다.

5장

예수와 여성

1. 들어가는 말

예수가 유대인이면서 동시에 그 당시 유대인들과 무언가 다르게 생각하고 행동하였다는 사실은 역사적 예수 이해의 가장 기본적인 척도이다.[1] 지상에서 말과 행위로 사람들에게 깊은 인상을 남긴 예수의 독특성은 '하나님 나라'에 관한 선포에서 파악된다. 마태에 따르면 하나님 나라 개념을 예수보다 먼저 세례 요한이 사용하지만, 그것은 세례 요한과 예수를 일직선상에서 이해하려고 마태가 고안한 것이다.[2] '하나님 나라' 개념은 예수에게서 독창적인 것이고, 그의 독창성은 동시대 사람들은 보지 못하는 그의 '현재 이해'에서 유래한다.

---

1 M. Lehmann, *Synoptische Quellenanalyse und die Frage nach den historischen Jesus* (Berlin: Walter de Gruyter, 1970), 163-205. 레만은 역사적 예수 연구를 위해 9가지 척도를 제시한다. 그중에서 네 번째로 제시한 "예수 당시 유대교 환경 및 초기 기독교와의 차이점"은 내용적으로 가장 신뢰할 만하다.

2 마가복음과 누가복음에 따르면 세례 요한의 선포는 "죄사함을 위한 회개의 세례"(막 1:4; 눅 3:3)에 한정되어 있다. 예수만이 "하나님 나라가 가까웠다"라고 선포하는 반면 마태복음은 "회개하라, 천국이 가까웠다"라는 예수의 선포를 세례 요한에게도 동일하게 부가한다(마 3:1, 4:17).

예수 시대 유대인들은 정치적으로나 경제적으로 많은 고난을 당하고 있었다.[3] 현재 당하는 그 고난이 크면 클수록 그들은 미래에 희망을 두었다. 미래에 대한 희망은 유대인들에게 오랜 전통에 속한 일이었다. 그들은 어려운 시대마다 하나님이 예언자를 세워서 그의 뜻을 전하던 것을 경험하곤 하였다. 그들은 하염없이 죄를 지어 하나님에게서 멀어져가건만 하나님이 한결같이 그의 백성을 찾아 불러주심을 경험하곤 하였다(가령 호세아). 그러나 마지막 예언자 말라기 이후에는 더 이상 예언자의 음성을 들을 길이 없었다. 예언자의 음성을 더 이상 들을 수 없게 되자 그들은 이제 하나님의 인내가 한도에 달했다고 생각했다.[4] '하나님도 이젠 더 이상 이스라엘을 어쩔 수가 없다. 그들을 사탄의 세력하에 두셨다'고 생각하였다. 그러나 유대인들은 하나님의 방치가 영원하다고는 보지 않았다. 대예언자 이사야가 전하는바, '그날'에 하나님은 다시 인간 역사에 직접 개입하실 것이다. 하나님이 인간 역사에 개입하시면, 그때까지 그들을 지배하고 있던 사탄의 세력은 약

---

3 예수 시대 유대인의 생활에 관해서는 다음의 자료들을 참조할 것. J. Jeremias, *Jerusalem zur Zeit Jesu* (Göttingen: Vandenhoeck & Ruprecht, 1967); 요아힘 예레미아스/한국신학연구소번역실 역, 『예수 시대의 예루살렘』(천안: 한국신학연구소, 1988); E. L. 엘리옷/황성규 역, 『갈릴리 기독교』(서울: 대한기독교출판사, 1985); R. A. Horsley, *Galilee. History, Politics, People* (Valley Forge, PA), 1995; 빌리발트 뵈젠/황현숙 역, 『예수 시대의 갈릴래아』(서울: 한국신학연구소 1998); 조태연, "갈릴리 경제학. 예수운동의 해석학을 위한 사회계층론적 이해," 신약학회(편), 『신약성서의 경제윤리』, 「신약논단」 제4권(서울: 한들, 1998), 62-88; 리차드 A. 호슬리/박경미 옮김, 『갈릴리 - 예수와 랍비들의 사회적 맥락』(서울: 이화여자대학교출판부, 2006); 에케하르트 슈테게만·볼프강 슈테게만/손성현·김판임 옮김, 『초기 그리스도교의 사회사』(서울: 동연, 2008).

4 P. Schäfer, *Die Vorstellung des heiligen Geistes in der rabbinischen Literatur* (München: Chr. Kaiser, 1972). 쉐퍼는 여러 랍비 문헌을 다룸으로써 당시 유대인들이 예언자 부재의 시대는 성령 부재의 시대, 즉 하나님이 그의 활동을 중지하고 있는 때로 이해했다고 요약한다.

화되고, 왕으로서 하나님의 통치가 이루어질 것이다. 이런 기대 속에서 현재의 어려움을 인내하는 것이 당대의 경건한 유대인들의 삶의 자세였다. 그러나 그 어느 누구도 이러한 기대를 '하나님 나라'라는 개념으로 명명하지 않았다.

예수는 이 지상에 와서 바로 현재에 다가와 있는 '하나님 나라'에 관해 비유로써 가르치고, 병든 자들을 치유하고 악하고 더러운 귀신들을 축출함으로써 그 나라의 임재를 보였다. 이 글에서는 하나님 나라에 관한 예수의 가르침에서 특별히 여성과 관련된 내용을 집중적으로 살펴 여성들을 바라보는 예수의 견해를 도출해내고자 한다.

2. 본말

1) 하나님 나라 비유의 청중으로서 여성(누룩 비유: 마 13:33/눅 13:20)

예수께서 하나님 나라에 관해 가르치실 때에 '비유'로 가르치셨다는 사실은 신약학계 예수 연구의 일치된 결론이 되었다. 그러나 비유의 특징에 대해서는 아직도 논란이 많다. 매우 일찍부터, 정확히 말하자면 초대 교부 시대부터 중세와 종교개혁 시대에 이르기까지 예수의 비유들은 교회 내의 권위 있는 사람들에 의해 해석되어 왔고, 해석이 없으면 비유들은 이해할 수 없는 것으로 간주되어 왔다. 즉, 초대 교부들로부터 중세와 근대에 이르기까지 행해 온 비유에 대한 알레고리적인 해석은 오히려 예수의 비유를 어렵고 한정적인 것으로 전승시켰다는 것이다(가령 막 4:3-9와 4:12-20 비교).[5]

그러나 20세기 초 율리허의 공헌으로 비유의 특징이 예전과는 다르게 파악되었다.6 예수는 사람들이 알아듣지 못하도록 어렵게 말할 사람이 아니라는 것이다. 오히려 그의 관심은 사람들이 하나님 나라에 대해 알기 쉽게 이해하도록 전하는 일이었다. 사람들이 잘 못 알아듣는 것 같을 때 예수는 "가령 말이지…" 하고 비유를 시작한다.7 그리고 비유를 듣는 청중들은 그의 비유를 통해 비유에 대한 별도의 해석이 없이도 깨달을 수가 있는 것이다. 따라서 예수의 비유에 등장하는 소재들을 통해 그의 청중이 어떠한 사람들이었는지 짐작할 수 있다. "씨 뿌리는 자의 비유"(막 4:1-9; 마 13:1-9; 눅 8:5-8), "저절로 자라는 씨의 비유"(막 4:26-29), "밭에 감추인 보화의 비유"(마 13:44), "겨자씨의 비유"(막 4:30-32; 마 13:31-32; 눅 3:18-19) 등은 청중들 대다수가 농사꾼들이었다는 것을 말해 준다. "그물 비유"(마 13:47-48)는 그의 청중 중에 어부들이 있었다는 것을, "진주 장사의 비유"(마 13:46)는 상인이 있었다는 것을 알 수 있게 해 준다.

예수가 하나님 나라에 관한 비유를 말할 때에 여성 청중들을 고려했다는 사실은 그의 비유의 소재에서 알 수 있다. "누룩 비유"(마 13:33/ 눅 13:20-21)가 그것인데, 동서고금을 막론하고 음식 장만은 여성의 역할이었고, 특별히 주식에 해당하는 빵을 만드는 반죽을 비유로 든 것은 여성들이 이해할 수 있는 적절한 소재를 택한 것이다. 누룩 비유

---

5 A. Jülicher, *Die Gleichnisreden Jesu* (Darmstadt: Wissenschaftliche Gesellschaft, 1969=Tübingen: J. C. B. Mohr, 1910), 203-322; 요아킴 예레미아스/허혁 옮김, 『예수의 비유』(왜관: 분도출판사, 1974), 62-85.

6 예수의 비유에 대한 해석사와 율리허의 역사적 공헌에 관하여는 다음을 참조하라. J. Jeremias, *Die Gleichnisse Jesu*, 요아킴 예레미아스/허혁 옮김, 『예수의 비유』, 11-16.

7 요아킴 예레미아스/허혁 옮김, 『예수의 비유』, 10: "(예수의 비유는) 청중을 그들이 익숙한 세계로 인도해 간다. 그것은 모두가 단순하고 명백해서 어린아이도 이해할 수 있고, 또 아주 분명해서 청중은 언제나 '네, 바로 그렇습니다'라고 대답하게 될 뿐이다."

의 핵심은 겨자씨 비유가 그렇듯이 누룩으로 있을 때의 반죽과 누룩이 작용하여 크게 부풀어 오른 빵 사이의 대조에 있다. 이 비유에서 나타난 하나님 나라의 속성은 바로 이것이다. 사람들 눈에는 아무것도 아닌 것 같이 미미하지만, 그의 영향력은 엄청나게 큰 것이다.

우리의 연구를 위해 중요한 것은 비유의 내용보다는 예수께서 여성을 그의 종교적 메시지의 대상으로 삼았다는 사실에 있다. 예수 시대의 유대 사회에서 여성은 종교적 가치가 없는 존재들로 여겨졌다.[8] 여성은 토라의 모든 계명을 준수할 필요가 없고 다만 한정적으로 요구되었다.[9] 성전에서도 여성은 이방인의 뜰과 여성의 뜰에만 들어갈 수 있었으며, 남자와 여자, 어린아이들이 다 같이 들어갈 수 있는 회당 예배실에서 여성들의 공간은 격자창에 의하여 구별되어 있었다. 자녀 교육에서도 신체의 양육만을 어머니가 담당하고 종교적 · 정신적인 교육은 아버지가 담당했다. 여성에게는 성서 교육이 허락되지 않았고 성서를 만지거나 읽을 권리도 없었다.[10] 유대인들에게 종교 생활은 그들의 가

---

8 예수 시대 유대교에서는 여성을 평가 절하하는 일이 보편적이었다. 다음과 같은 랍비 유다 벤 엘라이의 기도는 유대교에서의 여성 비하를 단적으로 보여준다: "나를 이방인으로 태어나지 않게 하신 하나님 감사합니다. 나를 여자로 만들지 않은 하나님 감사합니다"(Tos. brachot 7:18). 유대의 역사가 요세푸스의 "여성은 모든 면에서 남성보다 가치가 덜하다"(contra apionem 24:201)는 표현은 당대의 가부장적인 견해를 그대로 반영하고 있다. 예수 시대 유대교에서의 여성의 지위나 역할, 여성에 대한 가치 평가에 관해서는 G. Beer, *Die soziale und religiöse Stellung im israelitischen Altertum* (Tübingen: J. C. B. Mohr, 1919); 예레미아스/한국신학연구소번역실 역, 『예수 시대의 예루살렘』, 450-470 참조.

9 가령 유대 남성들이 아침저녁으로 암송하는 "쉐마 이스라엘"을 여성은 할 필요가 없었으며, 모세 율법에 나오는 계명들 중에서도 금지령만 지키면 되었다. 이외에도 예레미아스는 다음과 같은 과제들이 여성들에게는 면제되었다고 전한다: "과월절과 오순절, 초막절에 예루살렘을 순례하는 일, 초막절에 초막에 거주하고 축제용 꽃다발을 흔드는 일, 신년에 호각을 부는 일, 부림절에 므길라를 읽는 일 등등." 예레미아스/한국신학연구소번역실 역, 『예수 시대의 예루살렘』, 466.

장 중요한 일이었고, 유대인의 가부장적인 통념에는 여성은 종교적인 존재가 못 된다는 전제가 깔려 있었기 때문이다. 이처럼 예수 시대의 유대 사회는 매우 엄격한 가부장적 사회라고 할 수 있다. 이러한 사회에서 예수가 그의 종교적 가르침에 여성들을 고려하고 있다는 사실은 당대의 통념을 깨고 여성도 종교적 존재임을 인정한 것이다.

여성을 남성과 똑같은 종교적 존재로 인정하고 하나님 나라에 관한 종교적 담론의 대화 파트너로 여성을 고려하고 있는 예수의 태도는 당시 문화를 고려할 때 가히 혁명적이라 할 수 있다.[11] 예수의 이러한 태도는 어디에서 기인하는 것일까? 그것은 무엇보다도 하나님 나라가 도래하고 있다고 하는 그의 현재 이해에 있다고 할 수 있겠다. 하나님 나라는 하나님이 왕으로서 통치권을 행사하는 시공간적인 영역으로서 하나님의 뜻이 실현되는 곳이라고 할 수 있다.

예수가 그의 현재를 하나님 나라의 도래로 설명할 때 이러한 이해의 배경이 되는 것은 그의 창조 신앙이다. 즉, 하나님은 이 세상을 창조하시고 이 세상에 인간을 창조하시되 남자와 여자를 "동시에" 창조하셨다(창 1:27)는 이 신앙에서 예수는 여자에 대한 유대 사회의 편견을 벗어날 수 있는 힘을 얻는다. 이혼에 관한 논쟁이 이루어지고 있는 단락(막 10:1-9)에서 결혼에 대한 예수의 견해가 언급되고 있는 마가복

---

10 귀족 가문의 딸들은 세속적인 교육, 즉 그리스어를 배웠다.

11 예수가 여성들을 대하는 태도가 당대 다른 유대 남성들과 다르다는 사실은 이미 여러 학자들이 주목하였다. 옛 랍비들이 격언에 따르면 "(길에서) 여자와 말을 많이 하지 말라"고 하였고, 이것은 가정에서 자기 아내와의 관계에 이르기까지 확장되었다. 이러한 유대 사회를 고려해볼 때 복음서에 예수가 여인들과 만나고 나눈 이야기들이 그토록 많이 나온다는 사실은 주목할 만한 일이다. J. Leipoldt, *Jesus und die Frauen. Bilder aus Erster Teil: Die Verkündigung Jesu*, 3. Aufl. (Gütersloh: Gütersloherverlag, 1971); 예레미아스/김경희 역, 『예수의 선포』(왜관: 분도출판사, 1999), 307-311.

음 10장 6절에 따르면 예수의 창조 신앙의 배경으로 창세기 1장 27절이 인용되고 있다는 점을 유념할 필요가 있다.

창조에 관한 기사가 구약성서에 두 가지 종류가 있다는 것, 창세기 1장(창 1:1-2:4a)과 창세기 2장(창 2:4b-24)이 서로 다른 시기에 그리고 다른 사람들에 의해 기록되었다는 사실은 구약학계에서 이미 주지하는 사항이다.12 이 두 기사는 세계 창조나 인간 창조 과정에서 서술 방식뿐만 아니라 내용에도 큰 차이가 있다. 특별히 인간 창조에 관련해서 볼 때, 창세기 1장에 따르면 하나님은 그의 형상대로 남자와 여자를 창조하시되 동시에 창조하신 반면 창세기 2장에 따르면 남자가 우선적으로 창조되었고, 그가 혼자 있는 것이 보시기에 좋지 않아 하나님이 그의 갈비뼈를 빼내어 그를 도울 조력자로 여자를 만들었다는 것, 그래서 여자는 남자에게 소속한 것으로 이해되었다. 또한 2장에 이어지고 있는 타락 이야기는 랍비들 사이에서 여성을 뱀의 유혹을 받아 자기가 타락했을 뿐만 아니라 아담까지도 타락시킨 장본인이라고 비하하는 데에 사용되어 왔다.13

창세기 1장 27절에 나타나고 있는 남녀평등의 창조 이야기는 인류의 오랜 역사에서 망각되었다. 오로지 창세기 2-3장에 의거하여 여성은 타락의 씨앗이며 남성의 지배를 받아야 한다고 가르치며 종교적 존

---

12 창세기 1장은 사제 문서(Priester Schrift), 창세기 2장은 족장 문서(Jahwist Schrift)라고 알려져 있다. 족장 문서는 기원전 8세기, 사제 문서는 바빌론 포로기 이후인 기원전 4세기경에 이루어진 것으로, 창세기 1장의 창조 기사가 창세기 2장보다 훨씬 체계적으로 발전된 형태를 보인다.

13 벤시라 25장 24절에 따르면 "한 여자 때문에 죄가 시작되었고 우리 모두가 죽었다"라고 언급함으로써 죽어야 하는 인간의 운명을 여자의 책임으로 돌리며, 창세기 3장의 타락 설화가 이러한 여성 이해의 배후에 깔려 있다. 이러한 이해는 신약성서의 바울서신과 목회서신에도 반영되었다(딤전 2:13-14 참조).

재로서 여성의 가치를 폄하하였다.[14] 반면 예수는 그의 현재에서 하나님의 활동을 보고 그것을 하나님 나라의 도래로 가르치며, 바로 그 나라에서 하나님의 창조의 원 의도, 즉 차별 없는 하나님의 형상으로 동시에 창조된 '남녀의 평등함'을 보았던 것이다. 예수에게 하나님 나라는 하나님이 창조 의도가 회복되고 실현되는 나라이다.

2) 하나님 나라의 세계화의 계기를 마련한 여성(막 7:24-30)[15]

마가복음 7장 24-30절은 예수에게 간청하여 귀신에게 시달리는 자기 딸이 해방되도록 하는 데 성공한 이방 여인의 이야기이다. 이 이야기는 일반적으로 간절한 기도 행위를 강조하는 믿음 생활에 대한 모본[16]으로 또 여성신학계에서는 예수의 마음을 움직인 여성의 일화로

---

14 가령 바울이 대표적인 인물이다. 고린도전서 11장에서 여성들이 예배 때에 머리에 수건을 쓰는 관습에 관해 피력할 때 바울이 "남자는 하나님의 형상"이요, "남자의 머리는 그리스도요, 여자의 머리는 남자니라"고 남녀의 위계질서를 내세우는데, 이는 창세기 2장에 근거한 것이다. 그러나 여자가 남자의 갈비뼈에서 나왔으므로 남자에게 속하였다는 2장의 내용에는 "하나님의 형상대로" 창조되었다는 내용은 없다. 사람이 하나님의 형상대로 지음을 받았다는 내용은 창세기 1장에 의거한 것이며, 이 본문에 따르면 남자만이 아니라 남녀가 구별 없이 동시에 하나님의 형상대로 지음을 받았다. 이와 같이 고린도전서 11장을 쓸 때 바울은 성서적 전거를 철저히 점검하지 않은 채 당시 일반 유대인들이 가지고 있었던 가부장적 편견대로 사용했음을 알 수 있다.

15 김판임, "마가복음에 나타난 회개의 모습들," 「말씀과 교회」(1999 여름/가을호), 92-107. 필자는 이 논문에서 지은 죄를 자복한다는 의미에서 회개라는 개념을 사용하기보다는 좀 더 근원적이고 포괄적인 의미에서 "지금까지의 삶으로부터의 전환," "고정관념으로부터의 탈출"이란 의미로 사용하여 마가복음에 여러 가지 예를 지적하였다. 그중에서 예수가 가졌던 고정관념, 즉 '하나님의 구원 역사는 하나님의 백성 이스라엘에게'라는 고정관념을 깨고 세계를 향한 하나님의 구원 역사를 가능케 한 내용으로 이 본문을 해석하였다.

16 J. M. Evans, *Woman in the Bible* (Illinois: InterVarsity Press, 1984), 51-52; J. Schniewind, *Das Evangelium nach Markus* (Göttingen: Vandenhoeck & Ruprecht, 1968); 정양모, "신약성서의 여성관," 『한국카톨릭교회 이래도 좋은가?』 (왜관: 분도출

애용해 온 본문이다.[17] 이러한 해석들은 이 본문에서 예수와 여인의 대화를 근본적인 것으로 보고, 이적 사화는 부수적인 것으로 처리한 경우들이다.

반면에 이적 사화를 이 본문의 출발점으로 보고, 예수와 이방 여인의 대화로 이야기가 확대된 것으로 이해하는 학자도 있다.[18] 병 고침 이적과 죄 사함에 관한 선언을 둘러싼 논쟁이 결부된 문둥병자의 치유 이야기(막 2:1-12)를 고려하면, 후자의 견해가 매우 개연성이 있다. 그러나 다른 한편 마가복음 2장 1절-12절에 비해 마가복음 7장 24-30절은 귀신 축출 이야기와 예수와 여인의 대화가 분리되지 않고 서로 상호 보완하는 역할을 하고 있다는 점에서 사뭇 다른 점을 알 수 있다. 즉, 이적 이야기는 대화 속으로 소속되었고, 예수와 여인의 대화는 이

판사, 1998). 이 이야기에서 여인의 믿음을 강조하는 것은 마태복음을 선택할 때 가능하다. 마태는 마가 본문에서 수로보니게 여인을 가나안 여인으로 수정하고, 이야기 말미에 "네 믿음이 크도다 네 소원대로 되리라"는 말을 첨가함으로써 예수의 어떠한 말이나 태도에 굴하지 않는 여인의 믿음(확신)을 강조한다. 그러나 치유자에 대한 믿음의 강조는 마태복음이 이 이야기를 그의 기호에 따라 수정한 것이고, 마가복음 본문에는 믿음이 전혀 언급되고 있지 않다.

17 조태연,『거꾸로 읽는 신약성서』(서울: 대한기독교서회 1999), 25-34에서 수로보니게 여성의 이야기는 믿음으로 예수의 마음을 움직인 것이 아니라 이방 여인과 예수의 논쟁에서 예수가 패배한 것으로 해석한다. 남성 예수를 이긴 여인의 무기는 조태연에 따르면 지혜와 합리, 지성과 믿음 그리고 굴하지 않는 의지이다. 조태연은 이 모든 것을 겸비한 이방 여인에게 패배한 예수를 "인간적인 모습"으로 미화하고, 곧이어 아들의 의지에 패배하는 그의 친부의 모습을 그리면서 해석을 마친다. 조태연이 이 본문을 '예수 대 이방 여인', '유대인 대 이방인', '남성 대 여성'이라는 대립 구조에서 이해한 것은 이 본문의 논쟁적 성격을 잘 파악했다는 점에서 인정할 만하지만, 정작 중요한 '하나님 나라'의 실현과 전혀 연결하지 못하고 있는 점은 아쉽다. 이 이야기는 예수와 이방 여인의 논쟁이 그 중심에 있지만, 이 이야기는 그녀의 딸을 치유하는 것을 목적으로 하고 있고, 치유야 말로 하나님 나라의 실현을 단적으로 보여주는 예이기 때문이다.

18 K. Kertelge, *Die Wunder Jesu im Markusevangelium. Eine redaktionsgeschichtliche Untersuchung* (München: 1970), 152-153.

적이라는 틀 없이는 아무런 생명도 없는 것이 되고 말기 때문이다.[19]

이야기의 전개는 비교적 단순하다. 예수가 귀신 축출자로 알려진 것은 이미 그의 생애에서였다.[20] 그의 유명세를 알고 이방인 여인이 찾아온다. 그녀에겐 귀신에게 시달리는 딸이 하나 있었던 것이다. 여인은 자기 딸의 고통을 해결해 줄 것을 치유자 예수에게 부탁한다. 그러나 여인의 부탁을 들은 예수의 반응은 매우 부정적이다. "자녀로 먼저 배불리 먹게 할지니, 자녀의 떡을 취하여 개들에게 던짐이 마땅치 아니하니라"는 말로 예수는 여인의 간청을 냉정히 거절한다. 이러한 예수의 거절은 독자들을 당혹하게 한다. 최소한 독자들의 마음은 우리의 주님 예수께서 냉정한 분이 아니라는 믿음이 있기 때문이다. 간절히 간구하면 들어주실 분이라는 전제를 가지고 있기 때문이다.[21]

그러나 예수의 이런 냉정한 대답을 들은 여인의 반응은 독자들보다

---

19 M. Gnilka, *Das Evangelium nach Markus(Mk 1,1-8,26)*, EKK II/1 (Neukirchen: Neukirchener Verlag, 1978), 290.

20 마가복음 3장 20-26절에 언급된 바알세불 논쟁은 바로 예수가 살아 있을 때에 이미 그의 귀신 축출 능력이 예수를 따르는 사람들뿐만 아니라 예수를 못마땅하게 여기는 사람들 사이에서도 인정받고 있었다는 것을 나타내는 단적인 예라고 할 수 있다.

21 그래서 많은 해석자들은 예수의 냉정한 거절의 말을 그의 진심이 아니라 이방 여인의 믿음을 시험하기 위한 것이라고 해석함으로써, 예수가 냉정한 거절자라든가, 이방인을 무시하고 자기 동족만을 위하는 민족주의자라든가 하는 부정적인 이해에서 벗어나고자 하였다. 매우 학문적인 경향을 지닌 주석가들은 이 대화가 예수에게 소급되는 것이 아니라 초기 교회의 상황을 담고 있는 것으로 해석한다. 즉 초기 교회의 문제로서 이방인의 교회 허입에 관한 것이 화제가 되고 있다는 것이다. 가령 B. Kollmann, *Jesus und die Christen als Wundertaeter* (Göttingen: V&R, 1996), 255. 그러나 이 본문의 진정성에 관해 긍정하는 학자들도 많다. J. Jeremias, *Jesu Verheissung Für die Völker*, (Stuttgart 1959), 24-25; R. Pesch, *Das Markusevangelium I,* HThK II, 1, (Freiburg 1976), 390; Gnilka, *Das Evangelium nach Markus(Mk 1,1-8,26)*, 294; F. J. Murphy, *The religious World of Jesus. An Introduction to second Temple Palestian Judaism* (Nashville, 1991), 319. 이들은 적어도 이 구절이 예수가 그의 활동을 유대 백성에게 집중했다는 역사적인 기억에 근거하는 것으로 추측한다.

오히려 담대하다. 악에 속박되어 있는 딸을 해방시키기 위한 여인의 열정은 자기네 이스라엘 민족은 자녀라고 부르고 이방인을 개[22]라고 칭하는 예수의 모멸적인 표현도 꺾을 수 없다. 여인은 이러한 모멸적인 거절의 말에 자존심이 상해 돌아서거나 좌절하지 않고 이에 대항하여 주저 없이 말한다. 여인은 적어도 예수가 그녀의 한마디에 간청을 들어주리라고는 기대하지 않았고, 유대인들이라면 자기 민족이 다른 백성들과 성별된 존재로 생각하고 있다[23]는 것쯤은 알고 있었던 것 같다. 여인은 예수가 사용한 '식탁 – 자녀 – 집에서 기르는 개'라는 비유적 의미를 취하여 그대로 그녀의 논증을 위해 사용한다: "주여 옳소이다마는 상 아래 개들도 아이들이 먹던 부스러기를 먹나이다." 이 말로 여인은 마가복음에서 최초로 예수에게 "퀴리에"(주여)라고 부른 사람으로 부각된다. 이 말은 예수의 권위와 그의 말씀의 타당성을 인정하는 말이다.

예수께서 그의 현재를 도래하는 하나님 나라에 의해 규정되고 있음을 파악한 것은 당대 유대인들과 차별화되는 예수만의 독특한 것이지만, 하나님 나라, 즉 구원을 향한 하나님의 활동이 하나님이 선택하신 이스라엘 백성에게 미친다고 생각하는 유대인들의 희망은 공유하고 있었을 것이다.[24]

---

22 개나 돼지 같은 짐승들은 한국 사회에서와 마찬가지로 유대 사회에서도 불결한 동물로 여겨졌다. 마태복음 7장 6절에 언급되고 있는바, 거룩한 음식을 개에게 주지 말 것과 진주를 돼지에게 던지지 말라는 경고를 참조하라. 유대인이 지니고 있는 정결 예식에 따라 이방인들을 개로 표시하는 것은 유대인들에게 일반적인 관례였다.

23 유대인들이 가지고 있는 민족적 자부심은 다른 것이 아니라 하나님과의 관계에서 비롯된다. 야훼 하나님이 그 백성을 불러 "언약"을 세우시고 아브라함의 자손과 하나님과 그의 백성의 관계를 이루시고, 그의 백성의 징표로 할례를 행할 것과 그의 뜻대로 살도록 하기 위하여 율법을 주시고 율법대로 살 것을 요구한 것으로 요약할 수 있다.

24 제자 파견(마 10:5-6, 15:24)과 관련해서 "이스라엘의 잃어버린 양에게로 가라"는 예수

예수께서 "모든 촌을 다니시며 가르치실"(막 6:6b) 때에 그 촌들은 유대 땅 안에 있는 지역들이었을 것이 분명하고, 그가 그의 제자들을 불러 그들에게 귀신을 제어하는 능력을 주어 세상에 파송할 때에(막 6:7-11)도 이스라엘 백성들의 범주를 생각했을 것이며, 실제로 그의 제자들이 나가서 회개하라고 전파하며 귀신들을 쫓아낸(막 6:12-13) 것도 유대 땅 안에서였을 것이다. 유대인들에게 예루살렘을 중심으로 한 팔레스타인 땅이란 이미 많은 이방인이 살고 있음에도 하나님이 그의 백성 이스라엘을 위해 성별해놓으신 거룩한 땅이기 때문이다.

예수의 냉정한 거절에 좌절하지 않고, 그 거절의 내용을 인정하면서 더욱 강력하게 간청하는 여인의 태도에 예수는 이제까지 그가 전통적으로 지니고 있었던 하나님 나라의 민족적 제한성을 한순간에 날려버린다. 하나님 나라, 하나님의 구원 영역이 이스라엘에 국한될 이유가 무엇인가? 하나님은 이스라엘만이 아니라 이 세상을 창조하지 않으셨던가? 하나님 나라의 도래가 바로 하나님의 창조에의 회복임을 파악한 예수는 이방 여인의 말을 들었다. 이로써 하나님 나라의 세계화가 가능해진 것이다. 이 세계의 창조는 이스라엘 민족을 선택하신 것보다 앞선 것이었다. 이 세계를 회복하시려는 하나님 나라의 움직임은 민족을 초월해서, 지역의 한계를 넘어서 작용한다.

의 명령을 참조할 것. 이 명령은 이방인의 교회 허입을 반대하는 유대인들의 교회에서 생성된 말이 아니라 예수의 입에서 나온 말일 수 있다. 예수도 일반 유대인들이 생각하고 있는 바와 같이 하나님의 선택받은 백성으로서의 민족의 독특성을 생각했을 것이기 때문이다.

3) 하나님 나라의 백성으로서 여성

　현존하는 세계에 도전하면서 하나님이 원초적으로 원하셨던 모습으로 회복하려는 하나님 나라의 백성은 누구인가?

　무엇보다도 먼저 생각나는 무리는 "가난한 자들"[25]이다. 산상수훈에서 "심령이 가난한 자는 복이 있나니, 천국이 저희 것임이요"(마 5:3)라는 축복 선언이나 누가복음의 평지 설교에서 "가난한 자는 복이 있나니 하나님의 나라가 너희 것임이요"(눅 6:20)라는 축복 선언에서 알 수 있는 것은 가난한 자가 하나님 나라의 백성이라는 것이다. 마태는 가난한 자가 물질적인 의미에서만이 아니라 종교적 경건을 지닌 자라는 의미를 확고히 하기 위해 "심령이"(εν πνευματι)라는 말을 첨가해서 유대적 의미의 가난한 자의 의미를 잘 부각시켰다. 경건한 유대인들은 그들이 소유한 재산 여하에 상관없이 하나님의 긍휼을 필요로 하는 사람이라는 점에서 스스로를 "가난한 자"라고 표현하는 일이 많았다.[26] 마태와는 달리 예수의 말에 첨가하지 않고 그대로 단순히 "가난한 자"라고 표시한 누가는 이것을 자신의 신학, 즉 가난하고 어려운 형편에 있는 자를 돌보는 것이 중요하다는 것에 상응하므로 아무것도 첨가하거나 수정할 필요가 없었을 것이다.

---

25 가난한 자에 대한 예수의 이해, 마태와 누가의 상이한 이해에 관해서는 예레미아스/김경희 역,『예수의 선포』, 159-164 참조.

26 가령 1947~1956년 사이에 사해 근처 동굴들에서 발견된 쿰란 문헌들 중에서 찬양시 모음집인 1QH를 보면, 의의 선생의 찬양시들 중에 찬양가가 자기 스스로를 "가난한 자"라고 칭하는 것을 볼 수 있다(가령 1QH II,32; V,18, 33 등). 호다요트 본문에 나오는 "가난한 자"로 표현되는 용어만도 매우 다양하다. 이에 대해 N. Lohfink, *Lobgesänge der Armen. Studien Zum Manifikat, den Hodajot von Qumran und einigen späten Psalmen*, SBS 143 (Stuttgart: Katholischers Bibelwerk, 1990), 42 참조.

하나님 나라의 백성으로 두 번째 생각나는 무리는 "어린아이들"이다(막 10:14). 마가복음 10장 13-16절은 예수의 제자들이 어린아이들이 예수에게 다가오는 것을 금하는 태도에 대한 예수의 견해를 전한다. 제자들은 유대인들이 상식적으로 생각하던 것처럼 아이들과 종교적인 대화를 나누기에는 그들이 아직 어리다고 생각했을 것이다. 유대인들은 남아 13세가 되어야 종교적인 능력과 혼인의 능력을 가진 존재로 인정한다. 아마도 이 이야기에서 언급되는 아이들이란 13세 이하의 어린이들을 의미할 것이다. 예수는 그의 제자들에게 "어린아이들이 오는 것을 막지 말라"고 할 뿐만 아니라 오히려 "그들과 같지 않으면 하나님 나라에 들어갈 수가 없다"라고까지 말한다.

세 번째로 언급하고자 하는 하나님 나라의 백성은 여성이라는 점이다. 필자는 이러한 사실을 몇몇 치유 이야기와 이혼 논쟁(막 10:1-9)에서 찾아보고자 한다.

(1) 예수의 치유 활동에 포함된 여성들

마가복음을 비롯하여 공관복음서들은 많은 치유 이야기를 전한다. 하나님 나라의 도래를 예수는 치유 사건에서 깨달았다. 질병 치유나 귀신 축출이 일어날 경우 치유자나 축출자의 능력이 과시되기도 하지만, 예수의 경우는 철저히 하나님의 역사로 돌리기 때문이다: "그러나 내가 만일 하나님의 손을 힘입어 귀신을 쫓아낸다면 하나님의 나라가 이미 너희에게 임하였느니라"(눅 11:20).

하나님 나라의 도래를 말해 주는 질병 치유나 귀신 축출 이야기에서 치유 대상으로 언급된다는 것은 예수가 여성도 하나님 나라의 백성, 하나님의 구원 행위의 대상으로 삼았다는 것을 말해 주는 것이라 하겠다. 마가복음의 경우 남성들의 질병만 고치는 것이 아니라 여성들의 병도 고쳐주는 이야기가 적지 않게 나온다. 가령 혈루증을 앓는 여인을 고쳐 주고(막 5:25-34), 아들만 아니라 딸들도 고쳐 준다. 가령 유대인 회당장 야이로의 딸을 치유해 주고(막 5:21-24, 35-43), 이방 여인의 딸도 치유해 준다(막 7:24-30). 안식일에 남자를 고칠 뿐만 아니라(막 3:1-6) 여인도 고친다(눅 13:10-17).

(2) 이혼 논쟁에 나타난 예수의 여성 이해

지금까지 마가복음 10장 1-9절 본문은 예수께서 이혼에 대해 어떤 견해를 품고 있는지 그의 이혼 윤리를 찾기 위한 연구로 이루어져 왔고, 그리하여 목회 현장에서 생기는 문제들 중 이혼 문제를 처리하기 위한 모본으로 사용되어 왔다. 많은 경우 결론은 예수의 윤리는 과격하다는 것, 하여 웬만한 사람은 따르기 어렵다는 방향으로 이 본문을 정리하였다.

폭행하는 남편에게 매일 얻어맞으며 살아가는 아내가 그의 고통을 호소하며 목회자에게 상담을 요청할 때에도 목회자들은 이 본문 때문에 이혼해야 한다는 조언을 선뜻 하지 못한다. 전혀 사랑을 고려하지 않은 채 집안끼리 조건을 보고 결혼한 사람이 나중에 진정 사랑하는 사람을 만났을 경우에도 쉽게 이혼하지 못하고 이중생활을 하는 경우도 허다하다. 이 모든 것은 이 본문을 하나님 나라와 관련시키지 않고 그저 예수의 윤리로 파악하고 우리의 현실에 적용하려는 데에서 생기는 문제라고 할 수 있다.

필자는 이 본문을 철저히 하나님 나라와 관련해 이해해야 한다고 생각한다. 좀 더 자세히 이 본문을 관찰해보도록 하자. 마가복음에서 이혼 논쟁은 바리새인들이 모세의 율법에 대한 예수의 견해를 묻는 것으로 시작한다. "사람이 아내를 내어버리는 것이 옳으니이까?"(막 10:2)

유대 랍비들 간에도 이혼 논쟁이 있었다. 힐렐 학파와 샴마이 학파 사이에 논란이 되었던 것은 이혼 허용 자체에 관한 것이 아니라 '어떤 경우에 이혼을 허락하느냐'에 관한 것이었다. 샴마이 학파의 경우는 신명기 24장 1절에 언급된 이혼의 사유인 '수치스러운 일'을 성적인 것에 국한해 간음하였을 경우로 해석하였고, 반면에 힐렐 학파는 성적인 것뿐만 아니라 일상생활에서의 오점, 즉 "음식을 태웠을 때"도 이혼 사유가 된다고 해석하였다. 예수의 동시대인인 필로와 요세푸스에 따르면 힐렐 학파의 견해가 관행이 되어 왔다.[27]

그러나 바리새인들이 제기한 이 질문은 이혼의 합법성에 관한 것이다. 이 질문에 대해 예수는 직접적으로 가부를 말하지 않는다. 거의 모든 질문이 그렇듯이 질문하는 자는 그 질문에 대해 나름대로의 의견을 가지고 있다. 예수는 되묻는다. "모세가 어떻게 너희에게 명하였느냐?" 이 질문은 곧 모세 오경, 즉 토라에 어떤 계명이 쓰여 있느냐는 질문이다. 예수가 토라라고 하지 않고 모세의 명령으로 질문한 것은 매우 의도적이다. 왜냐하면 유대인들에게 토라는 하나님의 뜻이 기록된 책, 그의 백성으로 살아가야 할 생활지침으로서 절대적인 권위가 있는 책이다. 예수는 여기서 "토라에 어떻게 기록되어 있느냐?"고 묻지 않고, "모세가 어떻게 명하였느냐?"라고 물음으로써 이 계명에 대해 거리를 둘 수 있는 가능성을 열어놓는다.

이로써 예수는 보통 사람들이 성서의 문자주의적 해석에서 벗어나 진정한 하나님의 뜻을 찾을 수 있는 가능성을 제시한다. 즉, 모세는 결국 하나님일 수 없고, 따라서 그의 명령이 곧 하나님의 뜻이라고 주장

---

27 예레미아스/김경희 역, 『예수의 선포』, 308-309; 예레미아스/한국신학연구소번역실 역, 『예수 시대의 예루살렘』, 463.

하는 유대 전통적인 견해는 더 이상 고수될 수 없기 때문이다.

그러나 바리새인들은 예수의 이러한 의도를 알아채지 못하고 그들이 가지고 있는 이혼에 대한 견해를 피력할 수 있는 기회를 얻었다고 생각하여 신명기 24장 1-3절을 인용해 대답한다. 물론 신명기 본문을 그대로 인용하는 것이 아니라 마가복음의 맥락에 맞게 변형된 형태로 전달한다. "모세는 이혼 증서를 써 주어 내어 버리기를 허락하였나이다."[28] 바리새인들의 이 대답에 대해 예수는 그의 견해를 피력하기 시작한다. 그것은 "너희 마음의 완악함을 인하여 모세가 이 명령을 기록한 것이다." 다시 말하면 신명기 24장 1-3절의 이혼을 허락하는 이 명령은 하나님의 뜻에 따른 것이 아니라 사람들이 완악하여 이혼이라는 것을 하기 때문에 하나님의 뜻을 거스르면서까지 모세가 기록하였다는 것이다.

이어서 예수는 다음과 같은 세 마디 말로 응수한다. "1) 창조시부터 저희를 남자와 여자로 만드셨으니, 2) 이러므로 사람이 그 부모를 떠나 그 둘이 한 몸이 될지니라. 이러한즉 이제 둘이 아니요 한 몸이니, 3) 그러므로 하나님이 짝 지워 주신 것을 사람이 나누지 못할지니라." 이 세 마디에서 우리는 결혼과 이혼에 대한 예수의 견해가 그의 창조

---

28 신명기 24장 1-3절의 구약 본문은 다음과 같다. "사람이 아내를 취하여 데려온 후에 수치 되는 일이 그에게 있음을 발견하고 그를 기뻐하지 아니하거든 이혼 증서를 써서 그 손에 주고 그를 집에서 내어 보낼 것이요." 반면 마가복음에는 "모세는 이혼 증서를 써 주어 버리기를 허락하였나이다"라고 함으로써 이혼의 전제 조건을 생략하고 이혼 증서를 써 주기만 하면 이혼이 가능한 것으로 보고 있다. 이혼을 의미하는 말로 구약 본문에는 "자기 집에서 내어 보내다"(ἐξαποστελεῖ αὐτήν ἐκ τῆς οἰκίας αὐτοῦ)라는 표현을 썼다면, 마가 본문에서는 버리다(ἀπολύω)라는 용어를 사용한다. 아폴뤼오(ἀπολύω)는 '풀다', '내보내다'는 뜻을 가진 말로 그리스어 용법에서는 이혼을 의미하는 전문 용어로 쓰인다. 아내를 '버리다'라는 번역어는 개역 한글판 성서를 번역한 한국 남성들이 아내는 쓰다가 버려도 되는 물건처럼 여겼다는 것을 엿볼 수 있다. 아폴뤼오를 '이혼하다' 혹은 '혼인 상태를 풀다', '해혼하다'라고 번역하면 좋을 것이다.

신앙과 관련되었다는 것을 분명하게 알 수 있다.

그의 창조 신앙에 따르면 그것은 창세기 1장에 기초를 두고 있는바, 하나님이 이 세상을 창조하신 직후 이 세상은 하나님이 보시기에 "참 좋은" 것이었다. 그리고 그가 보시기에 참 좋은 이 세상에 하나님의 형상대로 사람을 만들되 남자와 여자로 만들고, 생육하고 번성할 것을 축복하셨다. 그런데 사람들의 완악함이 그의 창조 세계를 훼손하였다. 하나님에 의해 아름답고 보기 좋게 이루어진 이 세계가 인간의 완악함으로 인해 어그러지고, 따라서 하나님의 뜻이 제대로 펼쳐질 수 없었다. 그래서 이혼도 있어 왔던 것이다. 즉, 많은 사람이 하나님의 뜻대로 결혼하지 않는다. 하나님이 짝지어주신 사람과 결혼하지 않고, 완악한 사람의 가치 기준과 조건에 따라 결혼한다.

그러나 이제 하나님 나라가 이루어지고 있는 것을 보는 예수로서는 창조 때에 하나님의 뜻이 이루어질 것을 믿는 것이다. "창조시부터 저희를 남자와 여자로 만드셨으니" 그들은 쌍을 이루는 것이 마땅하다. 왜냐하면 사람은 쌍으로 창조되었기 때문이다. 그리하여 하나님의 통치가 이루어지고 있는 하나님 나라에서는 하나님의 원뜻이 실현된다. 하나님이 만들어주신 다른 한쪽을 발견하여 남편과 아내의 연을 맺었다면 그것이야말로 하나님이 짝지어주신 것이며, 어느 누가 이들을 나눌 수 있을 것인가? 아무도 나눌 수 없다.

예수의 이 말씀을 하나님 나라에 관련시켜 이해하지 않는다면, 완악한 세상에서 시달리며 살고 있는 여성들을 더욱 희생하게 만드는 본문으로 사용될 가능성이 농후하다.

이상과 같이 이혼 논쟁에 관련해서 보여준 이혼과 결혼에 대한 예수의 견해는 그의 가르침과 활동에 기반이 되고 있는 하나님 나라와 관련해 이해할 때 올바로 해석될 수 있음을 보았다. 그러므로 이 본문에서 여성이 하나님 나라의 백성으로서 남성과 동등한 존재로 인정받는다고 말할 수 있다.

3. 나오는 말

지상에서의 예수의 활동은 하나님 나라에 대해 가르치는 일이었다. 그는 병 고침과 귀신 축출과 같이 현존하는 악한 세력을 몰아내는 일로 하나님 나라의 현재적 도래를 보여주었다. 여성과 관련해서 살펴본 결과는 다음과 같다.

1) 예수가 하나님 나라에 관해 가르칠 때에 여성 청중을 고려하여 그들이 이해하기 쉬운 예를 비유로 이야기했다. 이러한 사실은 예수가 동시대인들이 가졌던 종교적 존재로서 여성의 가치 절하를 회복하고, 남자나 여자나 차별 없이 모두 하나님 나라에 대해 관심을 갖고 참여해 줄 것을 기대했다는 것을 보여준다.

2) 인류에게 현존하는 불의나 부당함, 악과 같은 모든 해로운 것을 말소하고, 좋은 것으로 채워주시며, 창조 때에 가졌던 하나님의 원뜻이 이루어지는 하나님 나라는 이스라엘 민족에게 한정되지 않고, 간구하는 모든 이에게 가능하게 한 사건도 여성에 의한 것이었다. 하나님 나라의 세계화는 이루어졌다. 하나님 나라는 모든 이에게 열려 있다.

3) 현존하는 세계에는 여전히 남성 우월주의가 만연하였기에 여성들이 알게 모르게 희생과 억압을 당하고 있으나 하나님 나라에서는 남성과 여성이 동등한 피조물로 그의 백성이 된다. 하나님 나라는 사람들을 구원하려는 하나님의 뜻이 실현되는 나라이므로 그 나라에서는 남자나 여자나 모두 치유 받으며, 남녀가 잘못 짝지어지지 않고 하나

님이 정해 주신 파트너와 함께 행복한 삶을 누리며 영원히 해로할 것이다.

그리고 하나님 나라에 관한 예수의 선포에는 그의 창조신학이 배경에 깔려 있다는 점이다. 현존하고 있는 세계의 잘못된 질서를 바로잡고, 하나님의 원뜻이 실현되고 있는 그의 나라에서는 남자와 여자가 차별 없이 하나님의 형상으로 그 본연의 모습을 지켜나가고 있다.

하나님 나라가 임하였느냐, 아직 오지 않았느냐 하는 논쟁은 지금 우리 시대에만 아니라 예수 당시에도 이미 있었다. 예수가 이 지상에 와서 병든 자를 치유하고 귀신들의 세력을 퇴치하는 것을 보는 사람들 중에도 그것을 하나님 나라의 도래와 관련시키고 싶지 않은 사람들이 있었다. 하나님 나라의 도래가 분명한 예수의 이러한 활동들을 보면서 그들은 그것을 하나님의 역사로 보고 싶지 않았다. 그들은 예수의 이러한 일들이 하나님의 능력으로 이루어지는 것이 아니라 예수가 더 큰 사탄의 힘을 빌려서 하는 일이라고 오히려 비난한다(막 3:22-30). 이러한 비난에 대해 예수는 "사탄이 어찌 사탄을 쫓아낼 수 있느냐?"고 상식적인 질문을 던진다. 같은 편끼리 싸우지 않는다는 것은 삼척동자라도 아는 진리이기 때문이다.

예수가 직접 병 고침과 귀신 축출로써 하나님 나라의 도래를 보여주었건만, 이러한 오해는 어디에서 기인하는 것일까? 두 가지 점에서 접근할 수 있다. 첫째는 유대인들이 하나님 나라를 생각할 때, 그것이 마지막 때 하나님이 이 세상의 모든 악을 제거하시고 그가 원하시는 세계를 재건하신다고 생각했다면, 그들은 전 지구가 용광로 불에 휩싸이거나 아니면 홍수에 잠긴다거나 하는 천재지변과 같은 사건을 기대했을 것이다. 그러나 예수가 보여준 것은 그들이 기대했던 천재지변과 같은 사건이 아니라 사탄의 세력에게서 해방되어 하나님의 귀한 형상을 회복하는 몇몇 예만을 보여준 셈이다. 몇 가지 전조만으로도 하나님 나라의 도래를 인지할 수 있으련만, 그것을 인정하지 않으려는 그들의 태도에는 또 하나의 이유가 있다. 그것은 다름 아니라—매우 모순적인 일이지만— 하나님 나라의 도래를 두려워하고 그것이 이루어지지 않기를 바라는 사람들이 있다는 사실이다.

하나님 나라는 현존하는 세계의 역전, 전복이라고 할 수 있다. 누가가 말하는 것과 같이 이 나라에서 한자리하고, 잘 먹고 잘사는 사람들은 하나님 나라에서는 기회가 없다. 하나님 나라는 세상 나라와 다르기 때문이다. 지금 가난한 자, 지금 애통해하는 자, 지금 힘없는 자, 억울한 자, 지금 병으로 고생하고 억압과 강제로 고통 받고 있는 자에게 하나님의 나라의 도래는 기쁜 소식이지만, 그와 반대로 지금 부유한 자, 지금 즐거운 자, 권력을 휘두르는 자, 억압하는 자, 불의를 행하며 안주하고 편안한 삶을 누리는 자에게 하나님 나라의 도래는 위협이기 때문이다. 그런 사람들에게 예수의 메시지와 활동은 위협으로 보였을 것이고, 그리하여 그의 말을 듣지 않기 위해 그를 제거할 궁리를 하게 되었을 것이다.

예수는 자기 자신을 통해 일어나고 있는 치유 사건이나 귀신들이 물러가는 사건에서 분명히 하나님이 인간 역사에 개입하는 것을 보고 그것을 "하나님 나라의 도래"로 표현하였다. 그것은 여전히 세상의 불의가 팽배해 있고, 사망과 죄와 아픔과 고통이 부단히 존재하고 있는 세계에서 미미한 현상으로 보일 테지만, 그 미미한 현상에서 하나님의 구원 역사를 보는 사람에게는 크게 역사할 수 있다.

지금 우리의 시대에는 예수도 하나님도 보이지 않는다. 그러나 보이지 않는 성령의 역사를 통해 이천 년 전 예수가 보인 병 고침과 귀신 축출과 같은 하나님의 구원 역사는 여전히 일어나고 있다. 그것을 보는 자는 복 있을진저. 그는 힘들고 고통스러운 현실에서 하나님의 구원 역사를 의지하며 하나님 뜻대로 살려고 할 것이다. 그러나 예수 시대에도 예수의 기적을 보며 그것이 하나님의 역사가 아니라 더 힘센 귀신의 힘으로 하고 있는 것이라고 예수의 능력을 부정하고, 이 세계에서 여전히 큰 세력으로 사람들에게 고통을 주는 세력들을 의지하고, 그 세력에 동조하며 살아가기를 고집하던 사람들이 있었던 것처럼 우리 시대에도 많은 사람이 하나님은 현재 역사하지 않는다, 하나님이 계시다면 왜 이 세상은 여전히 불의와 부정과 악과 죄가 팽배하느냐고 외치며, 그 불의한 세력에 합류하고 있을 것이다. 세상의 변화를 예민하게 감지하는 여성들은 예수와 함께 하나님 나라의 도래를 인지하고 즐길 수 있을 것이다.

6장
마르다와 마리아 그리고 예수

1. 들어가는 말

여성에 대한 예수의 태도를 명확하게 알 수 있는 성서 구절은 누가복음 10장 38-42절의 마르다와 마리아 자매 이야기이다. 이 이야기의 등장인물은 오직 세 사람, 마르다와 마리아 그리고 예수이다. 마르다와 마리아 자매는 예수를 흠모했고, 예수를 초대하여 집으로 모셨다. 마르다는 손님 예수를 대접하려고 준비할 게 많아서 분주했다. 그런데 그의 여동생 마리아는 언니의 분주함은 아랑곳하지 않고 오직 예수 곁에 앉아 그의 이야기에만 집중한다.

이런 상황에서 화가 난 마르다가 예수께 말한다. "주여 내 동생이 나 혼자 일하게 두는 것을 생각하지 아니하시나이까 저를 명하사 나를 도와주라 하소서"(눅 10:40). 쉽게 말하자면 마르다는 여동생 마리아가 자신을 돕지 않는 것을 예수 책임으로 돌린 것이다. 마리아를 붙잡고 노닥거리고 있지 말고 언니를 도와주도록 보내라는 것이다. 이에 대한 예수의 대답은 마르다뿐만 아니라 이 이야기를 접하는 독자들도 놀라게 한다. 필자는 여기서 페미니스트[1]로서 예수의 놀라운 면모를 본다.

이 짧은 일화에서 대화는 예수와 마르다 둘 사이에서만 이루어지고, 행동의 대조는 마르다와 마리아가 이루고 있다. 이 본문에서 예수는 자매의 대조적인 행위에 대해 평가하는 인물로 나타난다. 두 자매의 행동의 대조와 이에 대한 예수의 평가가 이 이야기의 핵심이라는 것은 이미 많은 학자와 설교자가 인지하였다. 이 글에서는 이 본문의 다양한 해석을 소개하고 문제점을 지적하며, 마르다를 향한 예수의 말 속에 들어 있는 진정한 예수의 생각, 즉 당시 유대인들에게서는 찾아보기 어려운 획기적인 태도, 페미니스트로서 예수의 견해를 밝혀보고자 한다.

2. 본말

1) 기존의 다양한 이해들

(1) 전통적인 이원론적 이해

많은 학자와 설교자가 이 이야기 속에 이원론적 구조를 파악하고, 곧바로 둘을 대립시켜 설명하곤 했다. 즉, 손님을 초대하여 음식을 대

---

1 "페미니스트 예수"라는 표현은 1970년대 미국의 스위들러가 사용하였다. 여성학자는 아니지만, 여성신학적 안목을 가지고 예수의 태도를 관찰하였던 그의 책이 최근 영어로 재출간되고 한국어로 번역 출간되었다. Leonard Swidler, *Jesus was a Feminist* (Rowman & Littlefield, 2007), 레너드 스위들러/이성청 옮김, 『예수는 페미니스트였다』(서울: 신앙과지성사, 2016). 이 책에 관하여는 서평 김판임, "여성 혐오 사회에 페미니스트 예수가 말을 걸다,"「기독교사상」709호(2018. 13), 194-199.

접하느라 분주한 마르다와 손님 예수의 발치에 앉아 그의 말에 경청하는 마리아를 극명하게 대조시키고, 이를 이 이야기의 핵심으로 파악한 후 곧바로 이 둘의 대조를 강조하는 것이다. 가령 마르다는 식사를 위해 번잡스런 일을 하고, 마리아는 오로지 예수님의 말씀을 듣고 명상하는 모델로 또 마르다는 일상사의 물리적 욕구를 걱정하는 자로, 마리아는 영적인 말씀을 추구하는 자로 말이다. 그리하여 이 두 자매의 행위는 하위와 상위, 세상적인 삶과 영적인 삶, 행동하는 삶과 관조하는 삶으로 대조되곤 하였다.

마르다의 불평에 대한 예수의 꾸중의 말을 근거로 하여 기독교 역사에서는 마르다의 행위보다 마리아의 행위를, 물질적인 삶을 추구하는 것보다 영적인 삶에 헌신하는 것이 더욱 훌륭한 것으로 평가되었다. 물론 마르다의 행위도 삶을 위해 필요한 것이지만, 마리아의 행위야말로 훨씬 영적이고 성스러운 것으로 평가되어 왔던 것이다.

마르다와 마리아의 상반된 태도를 육과 영의 대립 구조로 보는 이러한 이해는 한국 설교자들에게도 적용되었다. 마르다의 일은 교인들이 먹을 음식을 준비하는 일로, 마리아의 일은 주님의 말씀을 듣는 일, 즉 예배 참석과 성경 공부로 알레고리적 이해를 하였다. 그래서 종종 교회 여성들에게 다음과 같이 설교했다. "예배가 완전히 끝나기 전에는 공동식사를 준비하려고 나가지 마십시오. 음식 준비보다 예배 자체가 더 중요한 것입니다"라고 말이다.

(2) 마이스터 에크하르트(중세기 신비주의 신학자)

마리아의 태도를 영적인 것으로 보고, 반면 마르다의 태도를 저급한 것으로 보았던 기존의 이해에 대해 이의를 제기한 사람은 중세기 신비주의 신학자 마이스터 에크하르트이다. 그는 일을 제대로 하지 않은 마리아를 영적 생활의 초기 단계로 설정하고 마르다를 부지런히 열심히 일한 자로 높이 평가하였다. 에크하르트에게 마르다는 이상적인 여성 사제이다. 그는 진정으로 섬기는 일을 했다. 섬김이란 음식을 만들어 대접하는 것에서 시작해서 말씀을 전파하고 병자들을 고치며 다른 사람들의 필요를 돌보는 일이다.

그리하여 에크하르트는 마르다가 예수에게 "내 동생이 나 혼자 일하게 두는 것을 생각지 아니하시나이까? 저를 명하사 나를 도와주라 하소서"라는 항의 어린 말을 마리아가 너무 안락감에 빠지고 말씀의 달콤하게 도취되어 머무는 것이 걱정되어 한 것으로 이해한다. 영적 지도자였던 에크하르트는 당시의 행동주의자들을 마르다와 동일시하고 다음과 같이 말한다: "때문에 그리스도는 마르다에게 말했다. '걱정하지 말아라, 마르다야. 마리아도 (역시) 좋은 몫을 택하였다. … 그녀 역시 너처럼 복 받게 될 것이다."[2]

에크하르트는 인간을 이원론적으로 분류해 한편을 높이 평가하고 다른 한편을 저평가하여 서열화하는 것을 위험하게 여겼다. 그래서 인간의 종교 생활에서 영적인 것과 육적인 것, 명상과 행위, 마리아와 마르다는 함께 있어야 한다고 역설했다. 진정한 명상은 적절한 행위를 수반하며, 그 둘이 조화를 이루는 것이 건강한 크리스천의 삶으로 보았던 것이다.

에크하르트가 마리아와 마르다 둘 중 하나도 놓치고 싶지 않았던 것을 알 수 있다. 에크하르트의 견해에서는 영적인 것과 육적인 것에 대한 관심을 한쪽으로 치우치지 않고 조화를 이루는 것이 좋다. 균형 있는 삶을 꾸려갈 수 있도록 건설적인 설교를 할 수도 있을 것이다.

---

2 죌레/정미현 역, 『신비와 저항』 (서울: 이화여대출판부, 2007).

그러나 예수의 견해가 과연 그러한가 하는 질문이 제기된다. 마르다가 예수에게 드린 요청은 동생 마리아에 대한 걱정이라기보다는 비난이었고, 마르다를 향한 예수의 발언은 둘 다 격려하는 말이기보다는 마르다에 대한 꾸중으로 들리기 때문이다.

(3) 요아킴 예레미아스(20세기 유대인 · 독일 신학자)

예레미아스는 이 이야기에서 마르다와 마리아의 태도보다는 이들에 대한 예수의 평가에 더 관심을 두었다. 예레미아스는 예수 당시 남성에 비해 여성을 폄하하는 보편적인 유대교의 가부장적 문화와 차별화된 예수의 태도에 주목한다. "여성은 어떤 면에서 보든지 남성보다 가치가 적다"(요세푸스). 그러므로 "여자와 길에서 많이 얘기하지 말라"(랍비 잠언). 그리고 심지어 자기 아내와도 마찬가지로 말을 많이 하지 말라(후기 랍비 잠언)는 유대 사회 분위기에서 예수는 당시 관습을 넘어서 여성들과 스스럼없이 이야기하고(제자들도 놀랄 정도로, 요 4:27), 예수의 청중에는 여성들도 있었고(눅 11:27-28), 마르다와 마리아 자매의 초청을 받아들여 그들의 집을 방문하기도 했다는 것이다.[3]

아쉽게도 예레미아스는 예수의 자세에만 관심을 가졌고, 마르다 마리아 자매에게 관심을 두지 못했다. 아마도 그 이유는 그 이전에 독일 신학계의 분위기가 '역사적 예수'에게만 집중적인 관심을 두고 있었기 때문이 아닌가 짐작된다. 예레미아스가 활동하던 시대는 19세기 말~20세기 초에 성행했던 자유주의 신학의 영향이 지대했고, 따라서

---

3 예레미아스/김경희 역, 『예수의 선포』(왜관: 분도출판사, 1999), 310-311. 당시 유대 남성들과 예수의 차별화된 태도와 그 이유에 관해서는 필자의 졸고 "유대교에 있어서 여성들의 지위와 역할 및 이에 대한 예수의 입장,"「한국기독교신학논총」18집(2000), 109-158 참조.

인간적인 예수에 대한 관심이 가장 컸기 때문이었을 것이다.

(4) 20세기 여성신학자

20세기 중후반에 활약하는 여성신학자들은 예수에게 불평을 터뜨렸다가 야단맞은 마르다에게 주목하고, 마르다의 위상을 살리려고 노력한다. 특히 21세기에 들어 세계 교회가 '생명'을 교회의 주제로 내세우면서 음식을 장만하느라 분주했던 마르다의 행위는 더욱 유의미한 것으로 다가오기 때문이다. 여성신학자들에게 마르다는 음식을 만드는 주부의 모습으로, 진정 손님에게 맛있는 것을 장만하려는 사랑 어린 여주인으로, 가족과 친지를 먹여 살리는 '살림꾼'의 모습으로 각인된다.

만약 누군가 먹을 것을 만들어 제공하지 않는다면 인생에 기쁨은커녕 생명을 유지하기도 어려울 것이다. 음식을 만드느라 분주한 마르다를 오히려 예수님께서 야단을 치고, 아무것도 하지 않고 발치에서 예수님의 말이나 듣고 있는 마리아를 두둔하는 예수에 대해 분노를 표출하기도 한다. 그래서 교회에서 교인들을 먹이고 돌보는 데 집중하는 교회 여성들 입장에서 기존의 해석과는 달리 마르다를 두둔하고자 하는 시도들도 엿보인다.

가령 피오렌자는 의심의 눈으로 누가복음 10장 38-42절에서 보여주는 예수의 태도가 예수의 입장이라기보다는 신학자인 누가의 입장으로 봐야 한다고 주장한다. 누가가 고의적으로 초기 가정교회에서 지도력을 발휘하고 있는 마르다와 같은 여성 리더들을 억압하고자 하는 이유에서 활동적인 마르다를 부정적으로 묘사하고, 마리아처럼 조용히 예수의 발아래 잠자코 앉아 있는 것을 여성의 이상적인 모습이라고 강조하려고 했다는 것이다.[4]

경우에 따라서는 마르다의 일이나 마리아의 일, 둘 다 포용하는 견해로 해석하려는 경향도 보인다. 예를 들면 김성희는 이 구절을 누가의 입장을 대변하는 것으로 보는 점에선 피오렌자와 함께한다. 그러나 예수가 꾸중을 한 것은 마르다의 섬기는 행위 자체가 아니라 많은 일로 분주하고 결국엔 마리아에게까지 강요하는 태도에 대한 것이었다고 여긴다. 예수가 여기서 마리아의 선택이 마르다의 선택보다 낫다는 것을 이야기하는 것도 아니고, 마르다와 마리아의 일을 비교하려는 것도 아니라, 둘의 일 모두 중요하며 각자의 달란트에 맞는 것을 서로가 서로에게 인정해 주어야 한다는 것으로 보고자 한다.[5]

2) 초대와 접대의 관점에서 본 새로운 해석의 시도

필자는 앞서 소개한 네 가지 견해 모두가 일리 있다고 여긴다. 마르다와 마리아가 삶의 자세에서 대조적인 모습을 보인다는 것도 맞고, 여성신학자들이 지적하는 바와 같이 마르다의 활동이 무시할 수 없는 중요한 일이라는 점에도 동의한다. 그러나 이 이야기의 핵심을 이해하기 위해 '초대와 접대의 상황'을 생각해 본다. 그리고 예수를 초대한 마

---

4 E. Schüssler Fiorenza, "Feminist Chritical Interpretation for Liberation: Martha and Mary, Lk 10:38-42," *Religion and Intellectual Life* 3 (1986), 21-36.

5 김성희, "여성제자들의 파트너십을 통해 읽는 누가-행전 이야기,"「신약연구」제9권 제4호 (2010. 12.), 642-643(625-656); 레티 러셀, "마리아와 마르다: 여자들 사이에서 이루려는 파트너십의 꿈?,"「한국여성신학」42(2000. 6.), 123-130. 러셀이 2000년 4월 26일 대전여신학자협의회 창립 기념식에서 행한 강연 논문이다. 그는 마르다와 마리아의 일을 교회 여성의 일로 통합하려는 시도를 했다. 러셀도 처음엔 피오렌자처럼 마르다와 마리아의 이야기를 누가의 견해가 포함된 이야기로 본다. 하지만 러셀은 예수의 생애에 소급할 수 있는 가능성까지 본다. 그리고 교회 안에서 서로 다른 일을 하는 자매에 대해 분개하고 갈등하는 일도 있지만, 이 모든 일은 우리가 하나님이 주신 은사를 사용하여 함께한다는 메시지로 서로의 파트너십을 강조한다.

르다와 마리아의 상황과 초대받은 예수의 상황에 서 보기를 시도해 본다.

우리는 살아가면서 누군가를 초대하기도 하고 초대받기도 한다. 사회성이 활발한 사람은 초대와 관련된 일이 활발할 것이다. 누군가의 초대를 받는다거나 누군가를 초대하는 일은 사람을 사귈 때 매우 중요하고 의미 있는 일이라는 것에는 의심의 여지가 없다. 초대한다는 것은 누군가를 좋아하고, 좀 더 가까이 사귀고 싶기 때문이다. 일반적으로 소중한 사람, 함께 시간을 보내고 싶은 사람을 초대한다. 그러니 마르다 마리아 자매와 예수님은 분명 좋아하는 관계였을 것이다. 좋아하는 분을 집에 모셨으니 얼마나 즐겁고 떨렸을 것인가?

마르다는 여러 맛있는 음식으로 손님을 대접하려고 마음이 분주했다. 그녀의 태도는 지극히 상식적이다. 누구든지 손님을 접대하려면 먼저 음식 장만을 생각한다. 누가 이야기에서 마르다는 전형적인 가정의 여주인다운 모습을 보여준다. 마르다는 당시 시대적 가치를 따른다. 손님을 모시면 당연히 음식 접대를 잘해야 한다. 한국이라면 밥, 불고기, 갈비, 잡채, 뭇국, 수정과, 각종 나물, 각종 전(생선전, 고기전, 호박전) 등등 수를 셀 수도 없이 많은 음식을 장만하는 것이 예의이다. 음식 준비에 분주할 때 누군가 게임을 하고 논다거나 TV만 보고 있다거나 책을 읽고 있다거나 한다면 용서가 안 될 것이다. 그것도 오빠나 남동생이 아니라 여동생이 그렇다면 더욱 화날 만하다. 마르다는 "마리아, 너 이리 좀 와서 함께 음식 준비 좀 도와"라고 언니답게 명했어야 마땅할 것이다.

그러나 성경 이야기에서 마르다는 마리아에게 직접 말하는 것이 아니라 마리아와 이야기를 나누시는 예수에게 말한다. "주여, 내 동생이나 혼자 일하게 두는 것을 생각지 아니하시나이까? 저를 명하사 나를 도와주라 하소서."

마르다가 초대한 손님 예수에게 이와 같은 불평 어린 발언을 한다는 것은 사실상 불가능한 일처럼 보인다. 음식을 장만하는 일이 아무리 분주하기로서니 손님에게 이런 불평을 한다는 것은 상식 이하이기 때문이다. 이에 대한 예수님의 발언은 더욱 심각하다. 보통 사람이라면 집주인에게 이런 핀잔을 받으면 무안해서라도 "마리아야, 얼른 일어나 언니 좀 도와라"라고 말했을 것이기 때문이다. 그러나 예수는 마르다의 불평의 원인이 많은 음식 장만에 있다는 것을 파악하고 다음과 같이 말한다. "마르다야 마르다야, 네가 많은 것을 염려하고 근심하는구나, 한 가지만 해도 충분하단다." 그리고 언니의 음식 장만을 돕지 않는 마리아의 선택에 대해 다음과 같이 옹호해준다. "마리아는 빼앗기지 않을 좋은 것을 택하였다."

이 이야기에서 마르다와 마리아는 분명 대조적인 행위로 소개된다. 이들의 대조성은 음식 장만과 말씀 청취, 육적인 것과 영적인 것인 것만 아니라 그 외에도 여러 가지를 찾아볼 수 있다. 마르다 마리아 자매의 대조성은 다음과 같다.

(1) 마르다는 많은 음식을 준비하느라 애를 태운다. 마리아는 음식에 아예 관심조차 없다.

(2) 마르다는 자기 혼자 일한다고 불평한다. 마리아는 자신이 좋아하는 일을 하느라고 남을 불평할 여유가 없다.

(3) 마르다는 손님 접대에 대한 사회적 기준을 따르려고 한다. 마리아는 사회적 평가에는 관심이 없고 자신이 좋아하는 일을 한다.

(4) 마르다는 손님을 기다리게 한다. 마리아는 손님을 혼자 두지 않는다.

(5) 마르다는 손님 접대가 힘들다. 마리아는 손님 접대가 즐겁다.

나는 이 이야기에서 먼저 ① 마르다가 예수에게 말한 내용과 태도가 불평이라는 점을 주목하고, 그 불평이 나오게 된 원인을 생각해 보았다. ② 마르다의 불평에 대한 예수의 말씀에서 마르다와 마리아에 대한 그의 태도를 살펴보았다. 그랬더니 위에 열거한 여러 가지 대조성을 파악하게 되었고, 이 이야기가 단순히 '말씀을 듣는 것이 밥을 먹는 것보다 고상한 일이다'라는 수준을 넘어 삶의 자세에 대한 귀한 가르침이라는 결론에 도달했다. 즉, 마르다와 마리아는 인간의 두 가지 유형을 보여준다.

(1) 마르다 유형은 사회, 외부의 평가 기준에 따라 살면서 남들에게 인정받으려는 자의 모습을 보인다. 주로 맏딸, 맏아들에게서 이러한 유형을 찾아보기 쉽다. '손님을 맞으면 이래야 한다', '손님을 모시면 최소한 이러저러한 음식은 차려야 한다' 등등 부모나 사회 규범이 그들에게 요구하는 게 많다. 그리고 그들도 지시하는 대로 살려고 애를 쓰지만, 다른 한편 그런 수고로 인해 인생이 힘들고, 그렇게 살지 않는 사람을 보면 자기처럼 살지 않는다고 흉을 보고, 심지어 욕까지 할 수 있다.

(2) 마리아 유형은 사회와 같은 외부의 기준에 따라 맞추어 살기보다는 자기 내면의 욕구를 따라 살아가는 형이다. 주로 막내에게서 이러한 유형을 찾아볼 수 있다. 부모도 막내에겐 이러저러한 규범을 요구하기보다는 있는 그대로 받아준다. 더 잘해 주지 못해 안타까워한다.

마르다의 염려와 근심에 대한 예수의 발언은 마르다 유형에게 주는 구원의 말씀이기도 하다. "세상 사람들이나 사회 기준이 가르치는 대로 따라가려고 하지 말고, 당신이 기뻐할 수 있는 일, 한 가지만 택하십시오. 불평이 나오지 않을 정도로, 기쁨을 누릴 수 있는 정도로 일해도 충분합니다." 좀 더 쉽게 이 본문을 가장 적절하게 해석한다면 다음과 같다. "마르다야 마르다야, 여러 음식을 하려고 고달파하지 말고, 그저 일품요리라도 혹은 김치 한 가지도 족하니 불평하지 마라. 내가 원하는 것은 너의 기쁨이지 너의 불평이 아니니라."

마리아 유형은 나무랄 것이 없다. 남에게 피해를 주지 않는 범위 내에서 자기에게 기쁨이 되는 일을 선택했기 때문이다. "마리아는 이 좋은 편을 택하였으니 빼앗기지 아니하리라."

3. 나오는 말: "빼앗길 수 없는 기쁨을 선택하라"

마리아의 삶의 자세를 두둔해 주는 예수의 말씀에서 필자는 페미니스트 예수의 모습을 본다. 그의 말과 태도가 여성으로 살아가는 필자의 인생에 얼마나 큰 힘을 주었는지 모른다. 인생의 기로에서 신학이란 학문을 택하고 성서 연구를 평생 업으로 하고자 결심하면서 살아가는 것이 한국의 문화적 차원에서 사실 그리 쉬운 일만은 아니었다.

만일 내 아버지가 장로나 목사였다면 어쩌면 신학을 하는 일이 불가능했을지도 모른다는 생각이 든다. 1970년대 한국 사회에서 여자가 대학을 가는 일도 드물었지만, 대학에 진학한 경우라 해도 개인의 취향이나 능력에 맞게 전공을 택하는 경우는 더욱 드물었다. 일반적으로 여자 대학생이면 영문학과나 유아교육학과 같은 전공을 선택하여 잠시 좋은 회사나 학교, 유치원 등에 취직해 있다가 걸맞은 배필을 찾아 결혼해서 누구의 아내로, 자식을 잘 길러 누구의 어머니로 살아가는 것이 당시 한국 사회의 보편적인 문화였기 때문이다.

여자가 신학을 전공한다고 하면 "여자가 무슨 신학이냐!"고 핀잔을 하거나 심지어는 "'어디 여자가 감히 제사장되는 공부를 하려고 해!"라면서 격분하는 어른도 있었다. 신학은 남자가 해서 목사가 되고, 여자는 기독교교육과나 아동학과 공부를 하여 남자를 보필하는 것이 적절하다는 등 이처럼 사회가 정한 남녀 역할 기준에 따라 여성에게 적합한 공부를 하고 살아가도록 강요한다. 마르다는 그 기준에 적절한 행동을 한 사람이다. 여자로서 손님을 대접하려고 음식 장만하는 일에 분주했다. 그것도 한두 가지 정도 음식을 대접하면 대접이 소홀하다고 핀잔을 받는다. 마르다는 사회 통념에 충실한 모습을 보여준다. 그러나 사회 통념에 걸맞은 착한 언니가 되려다가 화가 났다. 능력에 부쳐 힘이 들었고, 그 화살이 예수를 향했던 것이다.

마리아는 통념에서 벗어난 행동을 하였다. 손님이 집에 와도 음식을 장만하는 일에는 관심이 없고 자신의 관심에 충실하다. 즉, 손님으로 오신 예수님의 말씀에 집중한다. 남들은 마리아 같은 사람에게 자기 좋은 것만 한다고 핀잔을 줄지 모른다. 그러나 예수는 그가 자신의 내면이 요구하는 것에 충실하다는 걸 알고 있다. 그는 음식을 장만하는 언니를 도우라고 말해도 듣지 않을 것이다. 그는 예수의 말씀에 깊이 빠져 있다. 절대로 그 기회를 놓치지 않을 것임을 예수는 알고 있다.

필자는 남들이 일반적으로 가는 길을 가지 않고 성서 연구라는 길을 선택하면서 오늘날까지도 늘 내면의 소리를 듣는다. 왜냐하면 우리나라는 기독교 국가가 아닐뿐더러, 현재도 교회에서조차 (학문적) 성서 연구라면 그다지 달갑게 여기지도 않기 때문이다. 이러한 현실에서 진정한 하나님의 음성을 듣고 싶고, 하나님의 올바른 뜻을 찾고 싶어하는 필자는 마리아가 가졌던 내면의 욕구와 같은 것이 깊숙이 숨겨져 있음을 느낀다. 성서를 연구하는 이 순간이 기쁘냐, 이 일을 빼앗기지 않고 싶으냐고 누군가 묻는다면, 나는 항상 "예"라는 답을 하게 된다. 어떤 일을 선택하되 절대로 빼앗기고 싶지 않은 일을 하는 것, 이러한 삶의 자세는 종교계뿐만 아니라 모든 분야에서 권할 만하다.

간혹 남자들에겐 이러한 메시지가 그리 낯설지 않다. 남자의 경우는 간혹 이렇게 독특한 사람들이 있다. 가령 지금은 유명을 달리했지만, 2007년과 2009년 두 번이나 포츈지에서 최고 CEO로 선정한 스티브 잡스의 경우 자신이 좋아하는 일을 했다고 고백한다. 그 누구도, 삶의 어떠한 상황도 그가 하고 싶은 일을 방해하지 못했다고 한다. 이처럼 남자들 중에는 자기가 하고 싶은 일을 선택하는 사람들이 종종 있다. 그러나 여성들은 가족을 위해 희생을 강요당하는 것이 일상다반사였다. 아버지나 오빠 혹은 남동생을 위해 자신이 원하는 일을 접도록 강요받고, 그러한 여성들의 희생은 종종 미화되었다. 가령 아버지를 눈 뜨게 하기 위해 목숨을 바친 심청이가 죽은 것이 아니라 용궁의 왕에게 발탁되어 왕비가 되었다는 아름다운 이야기도 결국은 딸의 희생을 원하는 가부장 문화가 반영되어 있다. 네가 원하는 것이 아니라 네 아버지가 원하는 것을 행할 때 더 큰 상급이 기다리고 있다는 메시지이다. 또한 1970년대 구로공단에서 저임금의 여성 노동자들은 오빠나 남동생의 학비를 대기 위해 자신은 학교 가는 일을 포기하고 공단에서 일하고 있었던 일이다.

이러한 문화에서 예수의 마리아가 자신이 원하는 일을 하고 있다고, 절대로 그 일을 빼앗기지 않을 것이라고 두둔해 주는 예수의 말씀과 행동은 모름지기 여성도 엄연한 인격체로 자신이 원하는 삶을 살 수 있다는 강력한 페미니스트의 발언이며, 동시에 끊임없이 자기가 원하는 것을 포기하고 살아야만 했던 여성들을 향한 용감한 격려라고 볼 수 있다. "여성들이여, 빼앗길 수 없는 기쁨을 붙잡으라!"

제 3 부

예수와 그의 시대 사람들

일반적으로 시대정신이라는 것이 있다. 같은 시대 같은 장소에 살면 대다수의 사람이 생각하는 것에 일치하는 것이 있다는 말이다. 예수 시대정신 중 많은 사람이 공유한 것은 하나님이 직접 임하실 때가 다가왔다는 종말 의식이다. 세례 요한이 전한 '회개의 세례'라 하는 것도 임박한 종말 심판 앞에서 구원의 길을 예비하도록 하는 것이다. 예수도 이러한 종말 의식에는 동의하였다. 그러나 세례 요한의 메시지와 사상을 반복하는 것이 아니라 그 시대정신을 탁월하게 뛰어넘어 예수만의 독창적인 사상을 전개한다. 그것은 하나님 나라의 도래라는 표현으로 나타난다.

예수께서 지상 생활하던 당시 유대 사회에서는 유대인의 선민의식으로 인해 유대인과 타 종족의 피가 섞인 사마리아인을 무시했다. 그뿐만 아니라 병든 자, 가난한 자, 억울한 일을 당한 자 등 기존의 가치관에 따라 사회적으로 낮은 지위나 소외된 사람들을 돕기보다는 하나님의 저주를 받은 자로 여기고 더욱 거리를 두었다. 자신의 부유함을 하나님의 축복으로 여기며 사회적 격차를 두었다.

이에 대해 예수는 모든 소외된 자를 축복하며 하나님 나라의 백성으로 선언한다. 이러한 태도야말로 그 사회의 일반적 가치를 뛰어넘어 진정한 하나님의 뜻을 깨달은 천재만이 할 수 있는 일이다. 제3부에서는 세례 요한과 예수를 비교하여 예수의 천재성을 부각시키고, 사마리아인에 대한 예수의 태도와 당시 유대인들의 태도를 비교한다. 마지막으로 예수에게 가난한 사람들은 어떤 의미가 있는지 예수의 말씀을 중심으로 살펴본다.

7장
예수와 세례 요한

1. 들어가는 말

예수에 대한 믿음을 가지고, 예수에 관한 이야기를 '복음'이란 이름
으로 처음 기록했던 마가복음은 "예수 그리스도의 복음의 시작"이라
는 타이틀을 내세우면서(막 1:1), 곧바로 예수에 관한 이야기를 시작하
는 것이 아니라 세례 요한에 관해 먼저 보도한다(막 1:2-8).

세례 요한은 과연 어떤 인물이었고, 예수와 어떤 관계가 있었기에
예수에 관한 이야기를 기록하는 복음서 기자가 예수보다 세례 요한의
이야기를 선두에 놓아야 했을까? 예수와 세례 요한은 만난 적이 있었
고, 서로에게 관심이 있었다. 둘은 과연 어떤 관계였을까? 복음서 기
자들이 소개하듯이 세례 요한은 예수의 길을 개척한 길잡이였을까? 아
니면 현대의 여러 학자가 말하듯이 세례 요한은 예수의 스승일까?[1]

---

[1] 세례 요한을 예수의 스승으로 보는 견해는 타이센과 메르츠가 대변한다. G. Theißen ·
A. Merz, *Der historische Jesus. Ein Lehrbuch* (Göttingen: Vandenhoech und Ruprecht,
1997), 타이센 & 메르츠/손성현 역,『역사적 예수』(서울: 다산글방, 2001), 292-316.

동시대를 살면서 같은 문화를 공유하고 있던 세례 요한과 예수, 이
들의 공유점은 무엇이고 차이점은 무엇인가? 이 글에서는 이들의 활
동과 메시지 그리고 자기이해 및 서로에 대한 평가 등을 중심으로 살
펴 비교해 보고자 한다.

2. 본말

1) 세례 요한

(1) 세례 요한의 활동의 중심(예언자, 세례자)

　　마가복음은 세례 요한의 활동을 다음과 같이 한마디로 요약했다:
"죄사함을 위한 회개의 세례를 선포하였다"(막 1:4). 세례 요한의 활동
의 중심이 세례라는 것은 그의 이름 요한에 '세례자'라는 별명이 붙어
다닌다는 사실에서도 알 수 있다. 유대 역사에서 세례가 등장한 것은
세례 요한에게서 처음으로 있는, 매우 특유한 것이다. 세례 요한 이전
에 쿰란 공동체의 침수 예식이라는 유사한 현상이 있었지만, 다음과
같은 차이점들 때문에 쿰란 공동체의 침수 예식과 세례 요한의 세례는
매우 다르다고 평가한다. 슈테게만의 연구에 따르면 둘의 차이점은 다
음과 같다.[2]

---

2 김판임, "쿰란 공동체와 세례 요한," 「쿰란문헌과 성서해석」, 감신대 성서학연구소 제24
　회 학술세미나 자료집 (서울: 감리교신학대학교, 2003), 83-84. 이 논문은 필자의 저서
　『쿰란공동체와 초기 그리스도교』(서울: 비블리카아카데미아, 2008), 234-257, 자세한
　것은 H. Stegemann, *Die Essener, Qumran, Johannes der Täufer und Jesus* (Freiburg:
　Herder, 1993), 306-307 참조. 다른 견해로는 송창현, "세례자 요한과 쿰란 공동체," 「가
　톨릭신학」 제3호(2003 겨울호), 135-172 참조.

① 세례 요한의 세례는 세례 주는 자가 있고, 세례자의 권위가 중요하다. 반면 쿰란 공동체의 침수 예식에는 세례 주는 자가 따로 있는 것이 아니라 각자 물에 들어가 씻고 나온다. ② 세례 요한의 세례는 종말 심판 때의 죄 사함과 관련이 있지만, 쿰란 공동체의 침수 예식은 단순한 정결례이다. ③ 세례 요한의 세례는 특정한 장소인 요르단 강가에서 이루어진다. 반면 쿰란 공동체는 어느 곳이든 그들의 거주지에서 이루어진다. ④ 세례 요한의 세례는 일생에 단 한 번 받는다. 반면 쿰란 공동체의 정결 예식은 식사 전에 항상 한다. 하루에 두 번을 한다고 할 수 있다. ⑤ 세례 요한의 세례는 대기 기간 없이 원하는 자의 참회 여부로 결정한다. 반면 쿰란 공동체는 정결 예식의 참여를 위해 일년 동안 대기 기간을 갖는다.[3] ⑥ 공통점이 있다면 '흐르는 물'에 몸을 씻는다는 점이다.

세례 요한의 세례에서 특징적인 점을 다음 두 가지로 말할 수 있을 것이다.

• 회개의 세례: 무엇보다도 그의 세례는 '회개의 세례'라는 점이 특징이다. 회개란 과거의 삶으로부터 돌아섬을 의미한다. 이방인의 경우는 종교의 개종을 의미하기도 한다(살전 1:9 참조). 그러나 유대인의 경우라면 섬기던 하나님을 바꾸지는 않을 것이므로 이전까지의 삶의 자세나 가치관을 바꾸는 것을 의미한다. 이스라엘 역사에서 회개를 선포한 사람들은 종종 있었다. 예언자들이다. 그들은 이스라엘 민족이 하나님의 뜻을 따르지 않고 어긋난 삶을 살아갈 때 등장하여 회개할 것을 촉구하였다.

---

3 이에 관해 김판임, "쿰란공동체와 초기 그리스도교 공동체 비교: 입회과정과 자격조건을 중심으로," 「신약논단」 제11집 제4권(2004 겨울), 837-870, 특히 839-842.

세례 요한의 세례를 받기 위해 필수적인 것이 참된 회개라는 것은 Q자료인 마태복음 3장 7-8절과 누가복음 3장 7-9절에서도 알 수 있다. 이 본문은 세례 요한의 메시지를 듣고 세례 받으러 나오는 사람들 모두에게 세례 요한이 다 세례를 베푸는 것이 아니라 선별해서 한다는 것을 알 수 있게 해 준다. 그리고 그 선별 기준이 회개이다. 세례를 받으러 요한에게 다가왔으나 거절당하고 욕만 먹은 사람들은 마태복음에서 사두개인과 바리새인으로 대표되고, 누가복음에서는 무리로 표현되는데, 참된 회개는 하지 않고 단지 종말 심판 때에 죄 사함을 받기 위해 요식 행위를 했다는 것이 그 이유이다.

세례 요한이 아무에게나 세례를 준 것이 아니라 참으로 회개한 자에게만 세례를 베풀었다는 사실 그리고 참되게 회개한 자와 그렇지 못한 자를 구별할 수 있는 능력이 있다는 점은 그에게 권위를 부여해 준다. 따라서 세례 요한의 세례에서 가장 중요한 요소는 세례를 베푸는 자, 요한 자신이었다는 것은 두말할 나위가 없다.

• 죄사함을 위한 세례: 세례의 전제 조건으로 회개를 촉구하는 세례 요한이 다른 예언자들과 다른 것은 그 회개가 죄 사함을 위한 것이라는 점이다. 세례 요한이 선포하는바, 세례의 궁극적 목적인 죄 사함이 유대교에서 성전 제의의 하나인 속죄일이란 연중행사를 대신하는 것을 의미하는 것일까? 이에 대해서는 이미 슈테파니 폰 도벨러가 다음과 같은 다섯 가지 점에서 부정적인 결론을 이끌어 냈다.[4] 첫째, 성전 제의와 관련된 속죄일 행사의 구성 요소인 '피 흘림'이 세례 요한에

---

4 St. von Dobbeler, *Das Gericht und das Erbarmen Gottes. Die Botschaft Johannes des Täufers und ihre Rezeption bei den Johannesjüngern im Rahmen der Theologie und Geschichte der Frühjudentums*, Bonner Biblische Beiträge 33 (Frankfurt, 1988), 179-184.

는 결여되어 있다. 둘째, 피 흘림과 관련된 '대속'이란 개념이 세례 요한에게서는 아무 역할을 하지 않는다. 셋째, 속죄 의식의 주된 목적인 제의 가능성의 회복이라는 모티브가 세례 요한에게서는 아무런 역할을 하지 않는다. 넷째, 마가복음 1장 4절에 쓰인 '용서'라는 의미의 헬라어 아페시스(αφησις)가 히브리어의 속죄(키푸르 כפר) 개념의 번역어로 쓰이지 않는다.5 다섯째, 속죄일 행사는 해마다 시행되지만 세례 요한의 세례는 일생에 단 한 번 시행된다. 한 가지 사실을 덧붙이면 속죄일 행사를 주관하는 일은 일반 제사장의 임무가 아니라 대제사장의 임무라는 점이다. 세례 요한의 부모가 제사장 가문이라는 것은 복음서 전승에 소개되고 있긴 하지만 그가 대제사장이라는 것은 어디에서도 찾아볼 수 없다.

그렇다면 세례 요한이 선포하는 세례의 목적이 죄의 용서라는 것은 어떤 의미에서 이해해야 할까? 죄 사함이란 유대교에서는 종말 심판과 관련된 개념이다.6 그것은 하나님만 하실 수 있는 일이다(막 2:7 참조).7 그러므로 인간인 세례 요한이 세례를 주면서 "네 죄가 사하여졌

---

5 St. von Dobbeler, *Das Gericht und das Erbarmen Gottes*, 179. 구약성서의 속죄 개념과 용법에 관해서는 B. Jannowski, *Sühne als Heilsgeschehen. Studien zur Sühnetheologie der Priesterschrift und zur Wurzel כפר im Alten Orient und im Alten Testament* (Neukirchen-Vluyn: Neukirchenerverlag, 1982).

6 J. Gnilka, *Das Evangelium nach Markus*, EKK II/1 (Zürich/Neukirchen-Vluyn: Neukirchenerverlag, 1978), 45. 그닐카는 마가복음에서 죄 사함이란 주제가 종말 심판과 관련된 것임을 분명하게 파악하고 있다. 죄 사함과 종말 심판의 연결은 마가복음뿐만 아니라 유대교 내에서 오랫동안 정착된 사상이다. 필자의 학위 논문 Panim Kim, *Heilsgegenwart bei Paulus. Eine religionsgeschichtlich-theologische Untersuchung zu Sündenvergebung und Geistgabe in den Qumrantexten sowie bei Johannes dem Täufer, Jesus und Paulus* (diss. Göttingen, 1996) 참조.

7 구약성서의 이해에 따르면 하나님은 사람들의 죄를 현재와 종말에 용서하신다(출 34:7; 사 43:25, 44:22, 55:7; 시 103, 130:4; 솔로몬의 시편 9:6-7). 유대교에서 혹시 구약성

다"고 선언할 수는 없다. 후기 유대 문헌에 따르면 "마지막 때 하나님은 세상의 모든 악과 죄를 섬멸하시리라. 그때 용서받고 살아남은 자들에겐 구원의 은사가 기다리고 있다"는 종말 기대가 만연되어 있다.[8] 모든 죄인은 종말 심판에서 피할 길이 없지만, 하나님이 죄를 용서하시면 구원을 얻을 수 있다. 그러므로 세례 요한이 죄 사함을 위한 회개의 세례를 선포하였을 때 그가 하나님을 대신해서 죄를 용서하여 주었다고는 볼 수 없다.

그러므로 다음과 같이 세례 요한의 메시지를 재구성해볼 수 있을 것이다. "하나님의 마지막 심판 때가 다가왔습니다. 누구든지 죄 사함받기를 원하는 사람은 회개를 하시오! 지금처럼 살아서는 구원받을 수 없습니다. 돌아서야만 합니다. 참으로 회개하고 내게 오시오. 그러면 내가 그 표시로 세례를 주겠소." 이런 식의 종말론적 선포를 하였을 것으로 추정할 수 있다.

세례와 관련된 그의 활동을 고려해볼 때 그를 '범민족 회개 운동가'라고 명명할 수 있을 것이다. 그는 자신의 조직이나 학파 형성을 위해 사람들을 모집한 것이 아니다. 누가가 표현한 대로 그의 백성들을 하

서의 이러한 이해를 넘어 하나님 외에 죄를 사하는 메시아에 대한 이해가 있었는지 여부에 관해서는 성종현 교수의 박사 학위 논문, Ch. H. Sung, *Vergebung der Sünden. Jesu Praxis der Sündenvergebung nach den Synoptikern und ihre Voraussetzungen im Alten Testament und frühen Judentum* (Tübingen: J.C.B. Mohr, 1993), 139-146에서 검토되었다. 그는 종말론적 존재인 메시아, 인자, 대제사장을 중심으로 살펴본 결과, 유대 문헌들에서도 하나님 외에는 어느 누구도 죄를 사할 수 없다는 것을 확실히 하였다. 쿰란 문헌에서도 하나님이 죄 용서의 주체로 이해되고 있다(11QMelch; CD XIV 참조).

8 유대교의 종말 기대에 관해서는 P. Volz, *Die Eschatologie der jüdischen Gemeinde im neutestamentlichen Zeitalter: Nach den Quellen der rabbinischen, apokalyptischen und apokryphen Literatur*, 2. Aufl. (Tübingen: J. C. B. Mohr, 1934/Hildesheim: Buchgesellschaft, 1966) 참조.

나님께 돌아오게 하려는(눅 1:16) 의도를 가졌을 것으로 보인다. 마가복음 1장 5절에 따르면 그의 메시지와 세례 활동은 전 유대 지역에서 영향력을 발휘했다: "유대 전 지역과 예루살렘의 모든 사람들이 그에게 나아와 세례를 받았다." 누가복음도 요한의 영향력에 대해 다음과 같이 진술한다: "모든 백성과 심지어는 세리들까지도 요한의 설교를 듣고, 그의 세례를 받았다"(눅 7:29). 예수도 종말 심판이 다가왔고 준비를 해야 한다는 세례 요한의 메시지에 동의하고 세례를 받았다고 할 수 있다(막 1:9-11; 마 3:13-17; 눅 3:21-22). 그러나 세례 받았다는 사실만으로 예수를 세례 요한의 제자라고 단정할 수 있을까? 그렇게 볼 수 없는 이유는 세례 요한이 제자 형성이나 새로운 단체 조직을 위해 세례를 준 것이 아니라 범민족 회개 운동의 차원에서 활동하였기 때문이다.

세례 요한이 유대 백성에게 지대한 영향을 미쳤다는 사실은 요세푸스의 보도를 통해서도 알 수 있다.

"그러나 일부 유대인들은 헤롯 군대의 패배를 하나님의 복수처럼 생각하였는데, 이것은 세례자라는 별명이 붙은 요한을 처리한 것에 대한 하나님의 정의로운 복수였다고 생각한 것이다. 왜냐하면 그는 좋은 사람이었고 유대인들에게 의롭게 살도록 권면하였으며, 사람들에게 정의를 실천하고 하나님을 향해 신실하도록 가르쳤으며, 그렇게 살면서 세례를 받게 했지만, 헤롯은 그를 처형하였기 때문이다. 그는 세례가 하나님께 열납될 수 있기 위해서는 이처럼 변화된 생활이 반드시 필요한 예비 과정이라고 믿었다. 즉, 사람들은 자신들이 저지른 죄를 용서받기 위해서가 아니라 몸을 성별하는 것으로서 세례를 받도록 하였는데, 이것은 올바른 행동을 위해 영혼은 이미 깨끗하게 되었음을 뜻한다. 사람들이 그의 설교를 통해 최고조로 각성되었기 때문에 사람들이 그의 주변에 몰려들자 헤롯은 겁을 먹게 되었다. 그의 달변이 사람들에게 큰 영향을 미쳐 그들을 선동하지 않을까 겁을 먹게 된 것인데, 그 이유는 사람들이 모든 일을 요한의 지시에 따르는 것처럼 보였기 때문이다. 그래서 헤롯은 요한의 무리가 반란을 일으키는 것을 기다려 어려운 상황에 빠지는 잘못을 저지르기보다는 먼저 그를 쳐서 없애는 것이 상책이라고 결정했다. 헤롯의 의심 때문에 그는 체포되어 마케루스로 호송되어 그곳에서 처형되었다. 그렇지만 유대인들은 헤롯의 군대가 패배한 것이 하나님이 요한의 한을 풀어준 것이라고 판단했다. 왜냐하면 하나님은 헤롯에게 그러한 타격을 입힐 필요가 있었기 때문이다"(『유대고대사』 18, 116-119).[9]

요세푸스의 보도에 따르면 헤롯 안티파스가 전쟁에 진 것은 바로 백성들이 좋게 생각하는 세례 요한을 죽인 것에 대한 하나님의 징벌이라고 백성들이 생각했다는 것이다. 그만큼 세례 요한의 영향력이 큰 것으로 요세푸스는 파악했다.

(2) 세례 요한의 메시지의 핵심(종말론적 예언자)

세례 요한의 메시지가 종말론적인 것이라는 것은 마가복음 1장 7-8절(마 3:11/눅 3:16)에서 알 수 있다.

"그가 전파하여 이르되 나보다 능력 많으신 이가 내 뒤에 오시나니 나는 굽혀 그의 신발끈을 풀기도 감당하지 못하겠노라 나는 너희에게

---

9 이상의 자료는 D. Lührmann, *Das Makusevangelium*, HNT 3 (Tübingen: J. C. B. Mohr, 1987), 272-273 참조.

물로 세례를 베풀었거니와 그는 너희에게 성령으로 세례를 베푸시리
라"(막 1:7-8).

이 구절에는 세례 요한이 베푼 예언의 내용이 직접적으로 소개되고
있다.

① 세례 요한은 "능력이 많으신 이의 도래"에 관해 예언한다. "능력
이 많으신 이"라는 표현은 유대 어법상 하나님을 가리킴에 의심이 없
다. 유대인들은 하나님을 부를 때 이름보다는 "크신 분, 위대하신 분,
자비하신 분, 전능하신 분" 등 형용사를 사용하는 경우가 많다.[10]

② 세례 요한은 하나님의 종말론적 성령 심판을 예언한다. 세례 요
한은 물로 세례를 주는 반면 "그(능하신 분)는 성령으로 너희에게 세례
를 주시리라." 종말 시에 '하나님'이 의인들에게 성령을 부어주시리라
는 예언은 이미 예언서 요엘 3장 1-5절, 에스겔 36장 25-29절, 이사
야 32장 15-18절에 언급되어 있다. 쿰란 문헌 1QS IV,18-23[11]에 따
르면 하나님이 그의 영으로 종말 심판을 수행하신다.

③ 세례 요한이 예언하는 성령 세례가 종말론적 심판을 의미한다는
것을 분명히 하기 위해 마태와 누가(Q)는 불 모티브를 첨가했다: "성
령과 불로 너희에게 세례를 주실 것이요"(마 3:11; 눅 3:16). 불에 의한
심판의 말은 마태복음 3장 10절과 12절(눅 3:9, 17)에 잘 표현되어 있
다. 그 외에 "도끼가 나무뿌리에 놓임", "타작마당", "알곡과 죽정이" 등

---

10 가령 신 10:17; 수 4:24; 렘 39:18 등. Ph. Vielhauer, "Johannes," RGG, 3. Aufl., 805.
　 그는 "나보다 강한 자"를 하나님에 대한 표현으로 이해하고 이 존재를 "초월적인 심판자"
　 로 명명한다. 그는 다윗 가문의 메시아나 인자일 수는 없다는 것이다.
11 이에 관해서는 김판임, "쿰란문헌에 나타난 종말심판과 새창조," 한국신약학회 편,『밀레니엄
　 과 신약성서의 종말론』(서울: 한들, 1999), 65-80; 김판임, "쿰란문헌의 성령이해," 조경철
　 편,『성서와 성령』, 박창건교수 은퇴기념논문집 (서울: 대한기독교서회, 2000), 273-292.

의 표현에도 종말 심판의 임박성이 분명하게 드러난다.[12]

④ 임박한 종말을 앞두고 사람들이 행할 일에 대해 세례 요한은 매우 윤리적인 규범을 제시를 한다. 누가 특수 자료에 속하는 누가복음 3장 10-14절에 따르면 "옷 두 벌 있는 사람은 옷 없는 사람에게 나누어줄 것이요, 먹을 것이 있는 자도 그렇게 할 것이니라." 세리에게는 "정한 세 외에는 더 받지 말라." 군인에게는 "아무에게도 협박하여 억지로 빼앗거나 거짓 고소를 하여 빼앗거나 속여서 빼앗지 말고, 너희의 봉급으로 만족하게 여겨라." 물론 무리-세리-군인의 질문과 이에 대한 대답은 도식적인 면이 없지 않지만, 요한의 메시지가 아니라고 할 만한 근거는 없다.

(3) 세례 요한의 자기이해와 현재 이해(막 1:6): 하나님의 종말 심판을 예비하는 엘리야

세례 요한이 과연 어떤 자의식을 지니고 있었기에 그리고 현재에 대해 어떤 이해를 지니고 있었기에 사람들에게 세례를 베풀며, 종말 심판 때에 구원 얻을 자와 그렇지 못할 자를 구별하는 권세를 발휘할 수 있었을까?

그가 그의 현재를 임박한 종말 심판 앞에 놓여 있다고 이해한 것은 그의 모든 예언을 통해 알 수 있다. ① 종말 심판은 도끼가 나무뿌리에 놓인 것처럼 임박해 있다(마 3:10/눅 3:9). ② 하나님과 언약을 체결한 아브라함의 자손이라는 것도 이제는 더 이상 구원의 보증이 되지 못한다(마 3:9/눅 3:8). ③ 현재는 임박한 하나님의 심판을 준비해야 하는 시기이다. 요한은 그 준비로 회개를 촉구하고, 참되게 회개하며 세례

---

12 St. von Dobbeler, *Das Gericht und das Erbarmen Gottes*, 75-76, 132-150.

받기를 원하는 자에게 세례를 베풀었다. ④ 백성들에게 윤리적인 삶을 제시하였다.

세례 요한의 메시지를 듣고 많은 유대인이 그에게 나아와 세례를 받으려 했다는 사실은 임박한 종말에 대한 그의 메시지와 세례 행위에 권위가 있었기 때문일 것이다. 그의 권위는 어디서 오는 것일까? 무엇보다도 먼저 생각할 수 있는 것은 그가 전하는 종말론적 메시지에 동의할 수 있는 사회적 기반이 마련되었기 때문일 것이다. 마지막 때가 그리 멀지 않았다는 의식은 오랫동안 유대 사회에 만연해 있던 것이었다. 유대인들은 종말 심판을 준비할 것에 대한 세례 요한의 촉구에 동의할 수 있었다. 끝으로 세례 요한의 메시지와 그의 삶의 태도가 일치하였다는 사실을 그가 그의 민족에게서 얻었던 권위로 이해할 수 있을 것이다.

이스라엘 역사에서 이스라엘 백성들에게 행한 그의 소명 내지 자의식은 요한의 유별난 의복과 음식에서 추정해 볼 수 있다. 복음서는 세례 요한의 복장과 음식에 대해 소개하고 있다(막 1:6; 마 3:4). 약대털을 입고 허리에 가죽 띠를 띤 요한의 의복은 엘리야의 모습과 유사하고(왕하 1:8), 허리의 가죽 띠는 권위를 상징한다.13

세례 요한의 음식으로 소개되는 메뚜기와 석청(막 1:6)은 Q자료에 나오는 다음과 같은 예수의 말에 근거하여 금식하는 자의 양식, 다시 말하면 정상적인 음식을 들지 않는 자의 모습으로 이해되곤 하였다: "요한이 와서 먹지도 않고 마시지도 아니하매, 저희가 말하기를 귀신이 들렸다 하더니, 인자는 와서 먹고 마시니 저희가 말하기를 보라 먹

---

13 Ph. Vielhauer, "Tracht und Speise Johannes des Täufer," *Aufsätze zum Neuen Testament* (München: Kaiserverlag, 1965), 47-54.

기를 탐하고 포도주를 즐기는 사람이요 세리와 죄인의 친구로다 하니"(마 11:18-19/눅 7:33-34).

그러나 메뚜기와 석청은 요한이 금식하는 모습이라기보다는 그의 광야 생활을 가리키는 것이다. 메뚜기는 고급 단백질을, 석청은 야생 꿀로 미네랄과 비타민, 탄수화물을 풍부하게 함유한 고급 음식이라고 할 수 있다. 이 복장과 음식은 광야에서 하나님의 길을 예비하는 엘리야로서 요한의 자의식을 보여준다.[14]

마가복음 1장 2절에서 세례 요한의 자리매김을 위한 구약성서 인용이 말라기 3장 1절로 시작되는 것은 의미심장하다: "보아라, 내가 내 심부름꾼을 너보다 앞서 보낸다." 말라기 3장은 돌아온 엘리야의 과제와 임무에 대한 언급들이 주된 내용이다. 엘리야는 메시아의 길을 준비하는 자가 아니라 하나님보다 먼저 와서 하나님의 종말 심판을 쉽게 수행하시도록 준비하는 자이다.[15]

(4) 세례 요한에 대한 예수의 평가(마 11:7-10/눅 7:24-27): 종말론적 예언자/ 엘리야

복음서 전승에 따르면 이스라엘의 많은 사람이 요한을 참된 예언자로 여겼다(막 11:32 참조). 그리고 예수도 그를 예언자로 보고 있다: "예

---

14 Ph. Vielhauer, "Tracht und Speise Johannes des Täufer"; H. Stegemann, Die Essener, *Qumran, Johannes der Täufer und Jesus*, 300-301. 슈테게만은 세례 요한의 의복이 열왕기하 2장 1-18절의 엘리야의 모습을 연상시킨다는 것, 그뿐만 아니라 마가복음 1장 2-3절에 나오는 말라기 3장의 인용문 등이 세례 요한의 엘리야로서의 자의식을 반영한다고 본다. 세례 요한의 복장과 음식이 세례 요한의 자의식과 관계없는 일반적인 광야의 삶을 표시하는 것이라는 타이센의 주장은 설득력이 없다. G. Theißen & A. Merz, *Der historische Jesus*, 310.

15 St. von Dobbeler, *Das Gericht und das Erbarmen Gottes*, 169-171.

수께서 무리에게 요한을 두고 말씀하셨다. 너희는 무엇을 보려고 광야에 나갔더냐? 바람에 흔들리는 갈대냐? 아니면 무엇을 보러 나갔더냐? 화려한 옷을 입은 사람이냐? 화려한 옷을 입은 사람은 왕궁에 있다. 아니면 무엇을 보러 나갔더냐? 예언자를 보러 나갔더냐? 그렇다. 내가 너희에게 말한다. 그는 예언자보다 더 훌륭한 사람이다"(마 11:7-10/눅 7:24-27).

세례 요한을 예언자로 평가하는 것은 매우 정당하다. 회개를 촉구하는 것이 예언자 전통에 속할 뿐만 아니라 그가 미래에 관련된 것을 전하기 때문이다. 예수가 세례 요한을 일반 예언자보다 "더 큰"(위대한)자라고 평가한 것은 요한의 메시지가 특히 종말 심판과 관련된 것이기 때문일 것이다.

마가복음에 따르면 예수도 역시 세례 요한을 엘리야로 생각하였다: "엘리야가 먼저 와서 모든 것을 회복하였거니와… 그러나 내가 너희에게 말하노니 엘리야가 왔으되 기록된 바와 같이 사람들이 임의로 대우하였느니라 하시니라"(막 9:12-13).

여호와의 날은 그가 임하시기 전에 오리라 하던 엘리야가 바로 이 요한이라는 것은 특이한 복장으로 표출한 세례 요한의 자의식과 예수의 평가에서 동일하게 인정되고 있다.

2) 예수

(1) 예수의 활동의 중심(치유자, 위로자=선생)

마가복음은 예수의 활동 요약적인 내용으로 치유와 귀신 축출을 전한다: "예수께서 각색 병든 많은 사람들을 고치시며, 많은 귀신을 내어 쫓으셨다"(막 1:34). 그리고 많은 치유 이야기와 귀신 축출 기적 이야기를 전한다.16 역사적 예수 연구를 위해 공관복음서를 매우 비판적으로 연구해온 불트만도 치유나 기적 행위들이 예수에게 소급될 수 있다고 여겼다.

> "조심스럽게 예수의 활동에 관해 다음과 같은 특징을 말할 수 있을 것이다. 즉, 귀신을 내쫓고, 안식일 계명을 깨뜨리고, 정결에 관한 규례를 범하고, 유대의 율법성에 항거하고, 세리와 창기 등 소외된 인물들과 교제하며 여인들과 아이들에게 호의를 가졌던 것 등이다. 또 예수는 세례 요한처럼 금욕주의자가 아니라 즐겨 먹고 마셨으며, 아마도 자기를 따르도록 부르고 따르는 작은 무리를 자기 주변에 모았으리라는 것을 덧붙여 말할 수 있다."17

예수의 지상 활동에 관한 불트만의 이러한 언급은 매우 엄격한 역사비판학적 연구인 "공관복음 전승사" 이후에 나온 것이기 때문에 많은 학자가 그의 견해를 신뢰한다. 예수가 지상 활동 기간에 귀신을 쫓고 병든 자들을 치유했다는 것은 그 당시 사람들도 인정했던 것 같다. 그것은 바알세불 논쟁(막 3:22-27/마 12:22-28/눅 11:14-20)이 이를 입증한다고 할 수 있다.18 예수의 적대자들도 예수에게서 귀신 축출이나

---

16 마가복음은 예수 활동의 중심적인 내용으로 18개의 기적 이야기를 전한다. 그중 3개가 귀신 축출에 관한 것이고, 11개가 치유 기적 이야기, 4개가 자연 기적 이야기이다. 마태와 누가는 더 많은 기적 이야기와 예수의 어록 자료를 수집하여, 마가복음의 기적 이야기 중 중복되는 것처럼 보이는 것은 일부 삭제하기도 했다.

17 R. 불트만/허혁 역, "그리스도 선포와 역사적 예수," 『학문과 실존(제1권)』(서울: 성광문화사, 1980), 334.

18 김판임, "신약성서의 구원이해: 예수와 바울을 중심으로," 「신약논단」 제11집, 3권(2004 가을호), 533-575, 특히 544-546.

치유와 같은 일들이 일어난다는 것을 부인할 수 없었다. 문제로 삼은 것은 치유와 귀신 축출이라는 현상 자체가 아니라 그러한 현상의 배후에 있는 힘의 근원에 관한 것이었다.

그럼에도 복음서와 그리스도교 역사에서 예수를 의사나 마법사 혹은 주술사로 부르지 않는다는 것은 매우 의미 있는 일이다.[19] 오히려 그의 활동은 하나님 나라가 왔다는 그의 메시지에 포함되어 예수가 전하는 메시지의 증거로 제시된다.

(2) 예수의 메시지의 핵심(하나님 나라의 도래)

세례 요한의 활동과 메시지를 "죄를 용서받게 하는 회개의 세례를 선포하였다"(막 1:4)고 요약한 마가는 예수의 활동과 메시지에 대해서는 "요한이 잡힌 뒤에, 예수께서 갈릴리에 오셔서 하나님의 복음을 선포하셨다. 때가 찼다. 하나님 나라가 가까이 왔다. 회개하여라. 복음을 믿어라"(막 1:15)고 요약하였다. 회개라는 개념이 세례 요한과 예수에게 공통적으로 쓰인 반면 하나님 나라 개념은 예수에게서 새롭게 등장한다. 대부분의 학자가 하나님 나라 개념을 예수의 창조적인 표현으로 여긴다. 구약성서나 유대 문헌에서 하나님이 왕으로 묘사되는 것은 있어도 '하나님 나라'라는 개념이 사용되는 것은 없기 때문이다.[20]

---

19 1978년 『마술사 예수』라는 책으로 알려진 M. Smith, *Jesus the Magician* (New York: Harper and Row, 1978)이 예수를 마술사로 표시한 이래 크로산도 이 표현을 즐겨 쓴다. J. D. Crossan, *The historical Jesus. The Life of a Mediterranean Jewish Peasant* (New York: Harper SanFrancisco, 1991), 크로산/김준우 역, 『역사적 예수』(서울: 한국기독교연구소, 2000), 487 이하. 그러나 예수의 귀신 축출 행위와 마술사들의 기적은 질적으로 다르다고 말한다. J. A. Bühner, "Jesus und die antike Magie. Bemerkungen zu M. Smith, Jesus the Magier," EvTh 43(1983), 156-175.

20 Odo Camponovo, *Königtum, Königsherrschaft und Reich Gottes in den frühjüdischen Schriften* (Freiburg-Schweiz: Universitätsverlag, 1984).

아마도 예수가 자신의 치유 활동에서 하나님이 직접 생명을 구원하시기 위해 행하신다는 경험을 하고 하나님 나라의 도래에 대한 확신을 했을 것으로 볼 수 있다: "내가 만일 하나님의 손을 힘입어 귀신을 쫓아내는 것이면, 하나님 나라가 이미 너희에게 임하였느니라"(눅 11:20). "바리새인들이 '하나님 나라가 어느 때에 임하니이까?' 묻거늘, 예수께서 대답하여 가라사대, '하나님의 나라는 볼 수 있게 임하는 것이 아니요, 또 보라, 여기 있다 저기 있다고도 못 하리니 하나님의 나라는 너희 안에 있느니라'"(눅 17:20-21). 도마복음에도 이와 유사한 예수의 가르침이 소개된다.

> 그의 제자들이 그에게 물었다. "그 나라는 언제 옵니까?"
> (예수께서 말씀하셨다.) "그 나라는 기다린다고 오는 것이 아니다.
> 그 나라가 '여기 있다' 혹은 '저기 있다'고 말할 문제가 아니다.
> 아버지의 나라는 땅 위에 퍼져 있지만,
> 사람들이 그것을 보지 못한다"(도마복음 113).[21]

예수가 전하는 많은 비유도 예수가 하나님 나라의 도래를 확신했다는 것을 보여준다. 가령 밭에 감추인 보물의 비유와 값진 진주의 비유(마 13:44-46), 씨 뿌리는 자의 비유(막 4:1-9/마 13:1-9/눅 8:4-8)에서 예수의 확신을 알 수 있다.

• 보물의 비유와 값진 진주의 비유(마 13:44-46): 소작인이 땅을 파다가 발견한 보물도, 좋은 진주를 알아보는 진주 장사가 만난 진주도

---

21 D. J. Crossan, *The historical Jesus*, 376에서 재인용.

그 사람이 만든 것이 아니듯이 하나님 나라도 인간이 만들 수 있는 것이 아니다. 그 귀한 것은 오직 발견될 뿐이다. 쌍으로 전하는 이 비유들은 바로 하나님 나라가 인간이 만드는 것이 아니라 발견되는 것임을 말해 준다. 이 비유의 초점은 발견자의 행위에 있는 것이 아니다. "가진 것을 다 팔아 그 보물이 묻혀 있는 땅/그 진주를 산다"는 것은 하나님 나라를 얻기 위한 인간의 희생을 강요하는 내용이 아니다.[22] 많은 학자가 주장하고는 있지만 하나님 나라는 인간이 지닌 것을 희생할 때 오는 것이 아니다.[23] 아마도 소작인도, 진주 장사도 그가 가진 것을 다

---

[22] 하나님 나라는 인간의 희생을 필요로 한다는 불트만의 해석(불트만/허혁 역, 『예수』, 삼성판 세계사상전집 46(서울: 삼성출판사, 1986), 59)에 대해서는 이미 융엘이 적절한 비판을 가했다. E. Jüngel, *Paulus und Jesus* (Tübingen: J. C. B. Mohr, 1962), 융엘/허혁 역, 『바울과 예수』 (서울: 이화여자대학교출판부, 1980): "발견한 사람은 결단을 필요로 하지 않는다. 발견과 함께 이미 결단은 내려졌다." 예레미아스도 이 비유를 불트만과 같이 '희생의 요구'를 말하는 것으로 이해한다: "하나님 나라의 돌연한 시작에 관한 기쁜 소식은 압도하고 큰 기쁨을 주며 하나님의 공동체의 완성을 위해 삶 전체를 바치게 하고 가장 정열적인 희생을 감행하게 한다." J. Jeremias, *Die Gleichnisse Jesu* (Göttingen: Vandenhoeck und Ruprecht, 1967), 요아킴 예레미아스/허혁 옮김, 『예수의 비유』 (왜관: 분도출판사, 1974), 194. 그리고 이 비유 해석에서의 희생 모티브를 선한 사마리아인의 비유(눅 10:30-37)와 연결해 희생적인 삶이 예수를 따르는 삶이며, 그 삶에서 가장 중요한 특징이 사랑이라는 주장으로 이끌어 가고 있다. 『예수의 비유』, 195 참조. 이 비유들을 희생을 촉구하는 것으로 이해하는 학자들은 비유의 초점이 발견의 기쁨보다는 발견한 자의 행위, 즉 가지고 있는 것을 다 팔았다는 데에 초점을 두고 있다고 볼 수 있다.

[23] 이 비유를 희생이란 모티브로 아름답게 해석한 사람은 사회주의 신학자 라가츠이다. L. Ragarz, *Die Gleichnisse Jesu: seine soziale Botschaft* (Gütersloh: Gütersloherverlag, 1991), 라가츠/류장현 역, 『예수의 비유: 하나님 나라의 본질과 도래』 (서울: 다산글방, 2001), 152-153: "하나님 나라는 희생을 필요로 한다. 우리는 반드시 그것을 찾아야 한다. … 하나님 나라를 붙잡으려면 이제까지 큰 관심을 가져온 많은 것들(세상적 명성과 모든 영향력, 돈과 재물)을 그것을 위해 포기하는 각오를 해야 한다. … 우리는 아름다운 진주를 모두 가지고 있으면서 또 다른 좋은 진주를 가질 수 없다. 우리는 가능한 모든 것을 얻으려 노력하면서 여가 시간에 부수적으로 하나님 나라까지 얻으려고 노력할 수 없다. … 너희는 먼저 하나님의 나라와 그 의를 구하여라. 그리하면 이 모든 것을

판다 해도 그것을 살 수 있을 개연성은 현실적으로 매우 낮다. 하나님 나라는 인간의 그 어떤 희생을 통해 오는 것이 아니다. 이 비유들에서 발견자가 땅을 파는 행위는 그 귀한 것을 발견했을 때의 극적인 기쁨을 묘사하는 것이다.

김득중이 두 비유의 공통점으로 ① 값진 물건의 발견과 ② 그것을 획득하기 위해 소유를 다 팔아버린다는 점을 지적한 것은 옳다. 그러나 그는 두 번째 공통점에 착안하여 "하나님 나라를 획득하기 위한 인간의 희생적 행위"로 보는 불트만, 예레미아스, 라가츠와 동일한 결론에 도달하고 말았다.[24] 성종현은 이 비유를 바실레이아의 성격과 의미를 잘 나타내 주는 비유로 보고, 비유의 중심점이 "천국을 발견한 기쁨"에 있다고 여긴다.[25] 물론 성종현이 비유의 핵심이 기쁨에 있다는 것을 포착한 것은 옳다. 그러나 하나님 나라의 성격이 기쁨이라고 보기는 조금 부적절한 감이 있다. 오히려 이 비유의 핵심이 발견의 기쁨에 있다면, 기쁨은 하나님 나라의 성격이라기보다는 하나님 나라의 도래를 보고, 즉 "이미 도래한 하나님 나라를 발견한 자의 기쁨"을 핵심으로 하는 비유라고 보는 것이 더 적절할 것이다. 즉, 하나님 나라에 관한 이 쌍 비유에서 다음과 같은 것을 확정할 수 있을 것이다.

a) 하나님 나라는 소작인이 발견한 보물이나 진주 장사가 만난 최고

더하여 주실 것이다." 한 편의 멋진 설교이다. 20세기 중엽의 사람들은 가장 귀한 것을 얻기 위해 희생해야만 했다. 희생 없이 가장 소중한 가치를 얻을 수는 없다는 가치관을 지니고 있었던 것이다. 그러나 하나님의 나라를 인간의 희생으로 얻을 수 있다면, 그 나라의 도래가 인간의 희생 여하에 달려 있다는 결론에 도달하고, 이는 하나님 나라가 인간에게 종속되는 것이라는 잘못된 결론에 도달하게 된다.

24 김득중, 『복음서의 비유들』(서울: 컨콜디아사, 1988), 184-185.
25 성종현, 『신약총론』(서울: 장로회신학대학출판부, 1991), 400-401.

급 진주처럼 인간이 만드는 것이 아니다.

b) 하나님 나라는 소작인이 발견한 보물이나 진주 장사가 만난 최고
급 진주처럼 최고의 것으로 이미 세상에 있다.

c) 하나님 나라가 오지 않았다고 하는 사람은 다만 그 나라를 보지 못
했을 뿐이다.

d) 하나님 나라의 도래를 보는 사람은 보물을 발견한 소작인처럼, 최
고급 진주를 만난 진주 장사와 같이 최고의 기쁨을 경험한다. 자
기가 가진 것에 애착이나 미련을 전혀 가질 필요가 없을 만큼.

• 씨 뿌리는 자의 비유: 밭에 감추인 보물의 비유와 진주 비유가
마태의 특수 자료에 속하는 것이라면, "씨 뿌리는 자의 비유"는 세 복
음서에 모두 나온다(막 4:3-9; 마 13:3-9; 눅 8:4-9). 씨 뿌리는 자의 비
유는 예레미아스가 팔레스타인의 농작법에 대해 설명하기[26] 전까지
이해하기 매우 난해한 비유로 취급되었다. 씨를 뿌리기 전에 땅을 갈
고 밭을 정리하는 서구 사회에서 길가나 돌밭, 가시떨기 위 등 아무데
나 씨를 뿌린다는 것은 상식적으로 이해되지 않았기 때문이다. 이 비
유는 서구 신학자들에만이 아니라 복음서 기자들에게도 이해하기 어
려운 비유에 속했던 것으로 보인다. 그뿐만 아니라 이 비유에는 다른
비유와는 달리 해석이 곁들여 있기 때문이다(막 4:13-20: 마 13:18-23;
눅 8: 11-15). 비유의 해석은 분명 선교에 관심을 둔 교회 상황을 반영
한다. 씨를 말씀으로, 길가, 돌밭, 가시떨기, 좋은 밭을 각각 선교 대상
들의 태도로 보고 알레고리적으로 해석함으로써 다양한 선교 상황을
설명하고, 선교에 실패하는 일이 말씀을 전하는 자에게 책임이 있는

---

26 J. Jeremias, *Die Gleichnisse Jesu*, 9-10.

것이 아니라고 해석함으로써 어려운 선교 상황에서 활동하는 사람들을 위로하는 것이 되었다고 할 수 있다.

그러나 예수께서 이 비유를 말씀하실 때 그러한 선교 상황을 염두에 두지 않았다는 것은 분명하다. 이 비유를 예수의 주제인 하나님 나라와 관련해서 이해하여야 한다. 이 비유를 이해하기 어려웠던 이유는 비유가 나오게 된 배경을 고려하지 않았기 때문이다. 예수는 병자들에 대한 치유와 귀신 축출을 경험하면서 '하나님 나라의 도래'에 관해 선포하였다. 이에 대해 예수의 견해에 동의하며 감격하는 사람들도 있었지만, 많은 사람이 다음과 같은 이유로 예수의 견해에 반대하였을 것이다. "한두 명 치유했다고 하나님 나라가 왔다고? 웃기지 마라. 아직도 병든 사람은 많이 있다. 한두 명 귀신으로부터 해방시켜주었다고 하나님 나라가 왔다고 말할 수 있느냐? 악의 세력은 아직도 여전히 강하다."

이 비유는 이와 같이 하나님 나라의 도래에 대해 의심하고 부인하는 자들을 향한 것이다. 뿌려진 씨의 네 가지 경우가 이 비유의 구성 요소이다. 첫 번째도 두 번째도 세 번째도 실패한 경우들이다. 거듭거듭 실패의 예를 말하면서 예수가 하나님 나라의 도래에 관한 자신의 메시지에 대립적인 의견을 가진 사람들을 포용하는 것처럼 보인다. "그래 맞다. 아직도 구원이라고 할 수 없는 많은 비구원적 현상이 세상에는 널려 있다. 그러나 한구석에는 구원의 역사가 일어나고 있다. 마치 뿌려진 씨들이 경우에 따라 길가, 돌밭, 가시떨기 등에 떨어져 제대로 싹트지 못한 것이 있지만, 좋은 땅에 뿌려져 많은 결실을 맺는 씨가 있는 것처럼." 세상에는 아직도 굶주리고 병들고 귀신에 시달리는 사람이 있지만, 그러나 병에서 낫고 귀신의 속박에서 풀려나 참 생명의 맛을 보는 사람이 있지 않느냐! 그렇다면 하나님 나라가 왔다는 것을 부인할 수 없는 사실이다! 이와 같이 하나님 나라 도래의 확신[27]이 담긴 비유라고 할 수 있다.

(3) 예수의 자기이해와 현재 이해

예수의 자기이해를 묻는 질문은 이미 1901년 브레데의 메시아 비밀론[28]이 발표된 이후 신약학에서 무수히 이루어져 왔다. 특별히 20세기 중엽에는 불트만이 "역사적 예수와 케리그마의 그리스도"라는 주제를 신약학의 중심 주제로 다루었고, 그 연속성과 단절을 찾는 연구가 중점적으로 수행되었다. 이것은 '예수 그리스도'라는 그리스도교 초기에 결합된 이름에 대한 분리냐 결합이냐를 놓고 경합을 하듯이 이루어졌다. 따라서 지상에서 살던 예수가 과연 자기 자신에 대해 어떠한 자기이해를 지니고 있었는지에 대한 역사적인 관심보다는 그가 과연 자기 자신을 메시아(그리스도)로 이해했느냐 하는 데에만 집중되었다. 연구 결과는 매우 부정적이다. 그리고 불트만은 더 나아가 역사적 예수는 그리스도교 신앙의 전제가 될 뿐이며, 그 신앙을 위해 아무런 역할도 하지 못한다고 주장한다.[29]

---

27 씨 뿌리는 자의 비유가 하나님 나라의 도래를 가르치는 비유임을 어렴풋하게나마 파악한 학자는 최갑종이다. 최갑종, 『예수님의 비유』(서울: 이레서원, 2001), 61-86: "앞으로 이루어질 미래를 말하고 있는 것이 아니라 이미 일어난 현재를 말하고 있다. … 미래의 변화에 대한 예고가 아니라 이미 변화가 일어났다는 것이다"(81쪽). 그러나 그는 하나님 나라의 도래가 "메시아적 인격으로서의 예수의 인격과 사역을 통해 그 천국이 이미 현림하였다고 선언한다"(81쪽)고 예수의 인격과 하나님의 도래를 연결시킨다. 그러나 메시아가 하나님 나라를 오게 하는 것은 아니다. 그의 해석은 '씨 뿌리는 자'를 '예수'라고 알레고리적 해석을 함으로써 이러한 오류에 빠지게 된다.

28 W. Wrede, *Das Messiasgeheimnis in den Evangelien. Zugleich ein Beitrag zum Verhältnis des Markusevangeliums* (Göttingen: V&R, 1901).

29 R. Bultmann, *Theologie des Neuen Testament* (Tübingen: J. C. B. Mohr, 1967), 불트만/허혁 역, 『신약성서신학』(서울: 성광문화사, 1976), 1.

이러한 연구는 그 이후 예수의 칭호 연구로 이어졌다. 신약성서에 나오는 다양한 칭호가 그의 자의식을 설명할 수 있느냐는 문제로 이어졌다.[30] 결국 칭호 연구도 역사적 예수 자신에게로 소급되기 어렵다는 결론에 도달했다. 왜냐하면 칭호들은 대개 예수 사후 초기 그리스도교 공동체에서 예수를 기리는 의미에서 붙여진 것이기 때문이다.

예수의 자기이해는 팔레스틴 땅에서 하나님과 자신의 역사 속에서 사유하는 성숙한 종교인이라는 전제하에 가장 가능성 있는 것에서 출발해야 한다.

• 하나님의 아들: 사람들이 고백하듯이 예수도 자기 자신을 하나님의 아들로 이해했는가? 당시 하나님의 아들이란 표현은 누가 즐겨 쓰던 말인가?

예레미아스는 예수의 말 중에 하나님을 "아빠"(Abba)라고 칭했을 가능성이 매우 높다고 여겼고,[31] 많은 학자가 그의 의견을 따르고 있다. 예수가 하나님을 아빠라고 부르면서 그는 하나님의 아들이라는 자의식을 지녔을까? 유감스럽게도 그리스도인들이 그를 하나님의 아들이라고 칭하는 것과 그의 하나님 호칭과는 무관하다. 로마서 1장 3-4절에 따르면 예수가 하나님의 아들로 인정된 것은 예수가 지상 활동 중에 하나님을 아버지로 불렀기 때문이 아니라 부활 이후의 일이다: "그의 아들에 관하여 말하면 육신으로는 다윗의 혈통에서 나셨고 성

---

30 F. Hahn, *Christologische Hoheitstitel. Ihre Geschichte im frühen Christentums*, FRLANT 83 (Göttingen: V&R, 1966(3)).

31 J. Jeremias, *Abba* (Göttingen: Vandenhoeck Ruprecht, 1967); J. Jeremias, *Neutestamentliche Theologie, Erster Teil. Verkündigung Jesu* (Gütersloh: Gütersloherverlag, 1971), 예레미아스/김경희 역, 『예수의 선포』(외관: 분도출판사, 1999), 97-105.

결의 영으로는 죽은 자들 가운데서 부활하사 능력으로 하나님의 아들로 선포되셨으니 곧 우리 주 예수 그리스도시니라"(롬 1:3-4).

복음서 중에 가장 오래된 마가복음은 복음서를 시작하는 첫 문장에서 "하나님의 아들 예수 그리스도의 복음의 시작"이라고 표제어를 붙였지만, 복음서에서 예수가 하나님을 아버지로 부른 것은 잡히시기 전 마지막 날 고통에서 벗어나려고 겟세마네에서 기도할 때 처음 나온다. 그 이전에도 그 이후에도 하나님을 아버지로 부른 기록은 없다.

마태복음과 누가복음에서는 주기도문에 하나님을 부르는 말로 '아버지'를 사용한다. 그리고 누가복음에서는 어린 예수가 예루살렘 성전을 "내 아버지의 집"이라고 표현하는데(눅 2:49), 이 본문의 전설적인 성격에 대해서는 이미 많은 학자가 증명하였다.32 마가복음 10장 17절에서 한 사람이 달려와 예수에게 "선한 선생"이라고 불렀을 때, 예수는 "어찌하여 너는 나를 선하다 하느냐? 하나님 한 분밖에는 선한 분이 없다"(막 10:18)라고 하나님과 예수 자신에 대해 엄격히 선을 긋는 발언이 나온다.

예수가 하나님의 아들로서의 자의식을 지녔다고 볼 만한 이야기는 예수의 세례 이야기이다(막 1:9-11). 마가의 보도처럼 예수의 세례 후 하늘에서 나는 소리 "너는 내 사랑하는 아들이라, 내가 너를 기뻐하노라" 하는 하나님의 음성을 예수가 실제로 들었다면 그렇게 볼 수도 있을 것이다. 그러나 예수의 세례 이야기에서 하나님의 음성은 그가 혼자 들은 것으로 서술되어 있고, 증인이 아무도 없다. 그뿐만 아니라 예수의 세례 이야기는 예수 자신의 증언에 따른 것이 아니라 예수를 하

---

32 H. Marshall, *The Gospel of Luke: A Commentary on the Greek Text* (Exeter: The Paternoster Press, 1978), 마샬/강요섭 역, 『누가복음(I)』, 국제성서주석 31/1 (서울: 한국신학연구소, 1983), 39-44, 155-162.

나님의 아들로 고백하는 그리스도교 공동체에서 형성된 것이다.[33]

최근에 쿰란 문서 중에서 "하나님의 아들"이란 표현이 나오는 문서 조각(4Q246)에 대한 연구가 활발했다. "하나님의 아들"이란 표현이 그 이전엔 헬레니즘 문화권에서 주로 이해되던 개념으로 보았다면, 이 문서를 통해 유대인들도 하나님의 아들 사상을 지니고 있다는 것으로 볼 수 있는 근거가 되기 때문에 열렬히 연구되었다. 그러나 유감스럽게도 쿰란 문서는 "하나님의 아들"이란 개념이 유대적 문화권에서는 매우 부정적인 의미로 사용된다는 것을 입증해 주었다. 4Q246에 나오는 "하나님의 아들"이란 표현은 아마도 의의 선생을 붙잡아 죽이려고 애쓰는 악한 제사장 요나단을 의미하는 것으로 해석된다.[34]

• 메시아(그리스도): 메시아(מָשִׁיחַ)란 원래 '기름 부음을 받은 자'라는 뜻이다. 고대 이스라엘에서는 왕이나 대제사장이 관직에 오를 때 기름 부음을 받았다. 왕이라면 정치적 지도자, 대제사장이라면 종교적 지도자라고 할 수 있을 것이다. 메시아는 하나님을 가리키는 것이 아니라 구체적인 인물로서 정치 지도자 혹은 종교 지도자에게 붙이는 칭호라고 할 수 있을 것이다.[35] 포로기 이후 예언자 스가랴는 대제사장직에 오른 여호수아와 페르시아의 총독 스룹바벨을 하나님의 "두 메시아"로 표시하였다(슥 4:14). 예외적으로 페르시아의 왕도 메시아로

---

33 타이센은 예수의 세례 이야기는 부활 이후 예수에 대한 신앙이 예수의 삶에 거꾸로 반영된 것으로 보고, 예수의 소명 의식은 세례 때가 아니라 귀신 축출 체험을 통해 얻어진 것이라고 말한다. G. Theißen & A. Merz, G. *Der historische Jesus*, 313.

34 송창현, "쿰란공동체와 메시아," 임마누엘토브 외/임미역 역, 『사해사본과 그리스도교의 기원』(서울: 쿰란출판사, 2008), 22-24.

35 G. Theißen & A. Merz, *Der historische Jesus*, 753-766; H. Stegemann, *Die Essener, Qumran, Johannes der Täufer und Jesus*, 285-286.

일컬어졌는데(사 45:1), 이는 포로기 이후 성전을 재건하는 과정에서 성전 건축을 고레스왕이 적극 지원했기 때문이다. 이처럼 이스라엘의 발전을 위해 혁혁한 공로가 있는 사람들을 메시아라 부르기도 하였다.

종말론적 존재로서 메시아에 대한 기대는 쿰란 문헌에서 비로소 나타난다.[36] 쿰란 공동체의 공동체 규율집으로 알려진 1QS IX,11에 따르면 이 규율집에 있는 규정들이 "예언자, 아론과 이스라엘의 메시아들이 올 때까지" 유효한 것으로 소개한다. 즉, 그들은 미래 메시아들의 등장을 기대하고 있었음을 알 수 있다. 아론의 메시아는 대제사장의 역할을, 이스라엘의 메시아는 왕의 역할을 하는 것을 알 수 있다.[37]

쿰란 문서는 유대인들의 메시아 이해가 한 가지가 아니라 두 종류

---

36 20세기 중엽 쿰란 문서의 메시아에 대한 연구서들이 쏟아져 나왔다. 그중 몇몇 대표적인 작품들을 소개하자면, M. G. Abegg, "The Messiah at Qumran: Are We still Seeing Double?," DSD 2 (1995), 125-144; J. J. Collins, *The Scepter and the Star: The Messiahs of the Dead Sea Scrolls and other Ancient Literature* (New York: Doubleday, 1995); C. A. Evans, "Messiahs," *Encyclopedia of the Dead Sea Scrolls I* (Oxford: Oxford University Press, 2000), 537-542; M. A. Knibb, "Eschatology and Messianism in the Dead Sea Scrolls," P. W. Flint/J. C. VanderKam(eds.), *The Dead Sea Scrolls after fifty Years* (Brill: Leiden, 1999), 379-402; F. Garcia Martinez, "Messianic Hopes in the Qumran Writings," F. Garcia Martinez/J. Tribolle Barrera(eds.), *The People of the Dead Sea Scrolls: Their Writings, Beliefs and Practices* (Leiden: Brill, 1995), 159-189; E. Puech, "Messianism, Resurrection, and Eschatology at Qumran and in the New Testament," E. Urlich/J. VanderKam(Hg.), *The Community of the Renewed Covenant. The Notre Dame Symposium on the Dead Sea Scrolls* (Notre Dame 1994), 235-256; E. Puech, "Messianisme, eschatologie et resurrection dans les manuscrits de la mer Morte," *RdQ* 18(1997), 255-298; H. Stegemann, "Some Remarks to 1QSa, to 1QSb, and to Qumran Messianism," *RdQ* 17 (1996), 479-505; VanderKam, J., "Messianism in the Scrolls," E. Urlich/J. VanderKam(Hg.), *The Community of the Renewed Covenan*, 211-234; J. Zimmermann, *Messianische Texte aus Qumran* (Tübingen: J. C. B. Mohr, 1998).

37 Panim Kim, *Heilsgegenwart bei Paulus*, 24-26; H. Stegemann, *Die Essener, Qumran, Johannes der Täufer und Jesus*, 284-290.

가 있다는 것을 알려주는 귀한 문서이다. 쿰란 문서가 발견되기 전에 메시아에 대한 이해의 근거가 되는 것은 솔로몬의 시편 17편이다. 이 텍스트에 따르면 메시아는 철저히 정치적인 지도자이다. 이스라엘을 외세로부터 해방시키고 독립을 쟁취한 정치적 지도자로 소개된다.[38]

이와 같은 구약성서와 유대 문헌을 기초로 할 때 역사적 예수에게서 메시아로서의 행위나 지위를 인정할 만한 것은 찾아보기 어렵다. 다시 말하면 그가 왕이나 대제사장의 자의식을 지녔느냐의 문제이다. 예수 당시에 유대 왕은 헤롯 안티파스였고, 대제사장은 가야바로 알려져 있다. 그뿐 아니라 메시아 호칭이 예수의 입을 통해 나오는 경우는 거의 없다.[39]

예수가 메시아라는 것을 입증해주는 것은 예수의 지상 생활보다는 오히려 그의 죽음이다. 십자가 처형이 주로 정치범들에게 부과되던 형벌이라는 사실이야말로 예수가 정치적 지도자임을 확인해 주는 구체적인 역사인 것이다. 실제로 예수 사후에 형성된 것으로 인정받고 있는 예수의 죽음에 관한 고정된 신앙고백문들이 예수의 죽음과 그리스도 칭호가 밀접한 관계에 있다는 사실을 말해 준다.[40] 헬라어 '그리스도'는 히브리어 '메시아'의 번역어이다. 신약성서 전체에서 '예수 그리스도'라는 이름이 예수와 그리스도를 뗄 수 없을 만큼 붙어 다니지만,

---

38 이에 관해 김창선, 『쿰란문서와 유대교』(서울: 한국성서학연구소, 2002), 157-159; G. Theißen &A. Merz, *Der historische Jesus*, 798-799.

39 G. Theißen & A. Merz, *Der historische Jesus*, 761. 이렇게 확정한 타이센과 메르츠는 그럼에도 예수가 메시아라고는 생각지 않았으나 메시아적인 자의식은 지니고 있었다고 애매모호하게 설명한다.

40 Kim, Kyung Hee, *Die Bezeichnung Jesu als (O) Christos. Ihre Herkunft und ursprüngliche Bedeutung* (Diss. Marburg, 1981), 83-110; 김판임, "바울의 신앙고백과 선교," 「말씀과 교회」(2000 가을호), 221-235; K. Wengst, *Christologische Formeln und Lieder des Urchristentums* (Gütersloh: Gütersloherverlag, 1972), 78-86.

바울 서신에 나타난 바울 이전의 전승들을 살펴보면 예수 그리스도가 함께 있는 경우와 예수 따로 그리스도 따로인 경우가 있다. 특별히 그리스도가 홀로 주어 역할을 하는 경우 대개 예수의 죽음과 관련된 내용이라는 점이다.

이러한 사실은 예수가 살아생전에 메시아로서 자의식을 지녔다고 볼 수 없는 증거가 된다. 예수가 메시아(그리스도)인 것은 그의 죽음 이후 초기 그리스도교에서 인정된 것이라고 할 수 있다.

• 다윗의 자손: 예수가 다윗의 자손이라는 것은 예수가 메시아라는 고백에서 유래한 것으로 보는 게 옳을 것이다.[41] 민수기 24장 17절(한 별이 야곱에게서 나오며 한 홀이 이스라엘에게서 일어나며)에 의거하여 "한 별"과 "한 홀"을 이스라엘의 정치적 지도자로 이해하고, 사무엘하 7장 8-16절에 나오는 다윗 왕조에 대한 나단의 예언에 상응하여 정치적 메시아에 대한 이해가 형성되었기 때문이다. 솔로몬의 시편 17편도 이러한 이해에 기초를 두고 있다. 그러므로 종말에 나타날 이스라엘의 정치적 지도자인 메시아는 다윗의 자손이라는 이해가 형성되었다. 예수가 메시아라면 다윗의 자손이어야 하는 당위성이 생겼고, 그에 따라 예수에 대한 이해도 따라갔다고 할 수 있다.

마태는 예수의 족보(마 1:1-17)에서 예수의 아버지 요셉이 다윗 가문에 속한다고 함으로써 예수가 "다윗의 자손"이라는 것을 입증하려고 했으나 그다음에 다시 예수가 하나님의 아들이라는 것을 입증하기 위해 예수의 어머니 마리아가 요셉과는 관계없이 성령으로 임신하였

---

41 Kim, Kyung Hee, *Die Bezeichnung Jesu als (O) Christos*, 209-219. 김경희의 분석에 따르면 예수를 다윗의 자손으로 여기는 본문들은 예수가 그리스도라는 것을 전제한다.

다고 말함으로써 다윗의 자손이라는 주장은 엉망이 되고 말았다. 경우에 따라서는 예수 그리스도가 다윗의 자손이라는 주장과 대결하기도 한다(막 12:35-37; 마 22:41-46; 눅 20:41-44 참조).

• 예언자/선생: 예수의 칭호를 중심으로 살펴본 결과 예수에게 붙여진 칭호에서 그의 자기이해를 이끌어 내기는 어렵다. 오히려 예수의 자기이해는 그의 메시지와 활동에서 찾아보는 것이 더욱 확실할 것이다. 그의 메시지의 핵심은 하나님 나라이고, 그 주제를 그와 그의 주변에서 일어나는 치유와 귀신 축출의 역사에서 찾았다면, 예수 자신은 하나님의 역사하심을 보는 자, 즉 예언자 정도의 자의식을 지니지 않았을까?[42] 예수가 자기 자신을 예언자 계열로 이해했다는 성서적 증거는 다음과 같은 표현에서 찾아볼 수 있다: "예언자는 자기 고향과 자기 친척과 자기 집 외에서는 존경을 받지 않음이 없다"(막 6:4/마 13:57/눅 4:24). 예수 입을 통해 발언된 것으로 전해지는 이 이야기는 예수의 고향에서 그의 놀라운 가르침을 받은 사람들이 이에 놀라서 "도대체 이 사람이 어디서 이런 지혜와 놀라운 능력을 얻었을까?" 의심하는 사람들에 대해 하신 말씀으로 전해진다.

세례 요한을 종말론적 예언자로 평가한 예수가 자기 자신에 대해서도 예언자라는 의식을 지녔다면, 세례 요한과는 어떤 차별성이 있었을까? 그것은 오직 그들의 메시지에서 찾아볼 수밖에 없을 것이다. 즉,

---

42 예수를 예언자로 보는 견해는 이미 프리드리히(G. Friedrich, "προφητης," ThW IV, 829 이하)와 한(F. Hahn, *Christologische Hoheitstitel. Ihre Geschichte im frühen Christentums*, 351-404)이 지적하였으며, 최근 한국어로 번역된 N. T. Wright, *Jesus and the Victory of God* (London: Holy Trinity Church, 1996), 라이트/박문재 역, 『예수와 하나님의 승리』(파주: 크리스챤다이제스트, 2004)의 기조를 이룬다.

세례 요한이 하나님의 종말 심판 앞에 이스라엘 백성들을 회개하라고 몰아세웠다면, 예수는 하나님이 지금 우리의 구원을 위해 활동하신다는 메시지로 백성들을 위로하고 함께 슬픔을 나누며 구원하시는 하나님을 바라보며 즐거워할 수 있는 비전을 제시하였다. 그러므로 예수가 경험하고 바라보는 현재는 하나님의 종말 심판 앞에서 준비하고 두려워하는 시간이 아니라 하나님의 구원을 경험하고 기뻐하고 즐거워하며, 기쁨을 함께 나누는 구원의 시간인 것이다. 그래서 예수는 금식이 아니라 사람들과 함께 먹고 마시기를 즐겨했다(막 2:13-19; 마 9:10-15; 눅 5:27-35 참조). 그것도 특별히 유대 사회에서 부정한 사람들로 취급되는 세리와 죄인들과 함께 식사하셨다(막 2:15-17/마 9:9-10/눅 5:29-30).

그런데 예수는 식사를 베푸시는 이가 자기 자신이 아니라 창조주 하나님이라고 가르친다(마 6:25-34/눅 12:22-31). 예수는 하나님이 베푸시는 만찬의 참여자일 뿐이다. 하나님이 지금 그의 피조물들을 먹이시고 입히신다. 예수의 먹고 마심 그리고 죄인들과의 공동식사는 단순한 현상으로서가 아니라 그 신학적 의미를 함께 고려해야 예수의 현재 이해를 알 수 있다. 사람들과 함께 먹고 마시는 예수의 행동에는 그의 신학이 배어 있다. 즉, 그가 병자들을 치유하고 귀신들을 축출하는 과정에서 하나님의 구원 활동을 보고 그것을 "하나님 나라가 왔다"는 메시지로 전했다면, 그의 먹고 마심은 그의 메시지에 기초를 둔 생활인 것이다. 하나님이 지금 인간을 구원하기 위해 활동을 하신다고 예수가 가르쳤다면, 메시아가 온다거나 자기 자신을 메시아로 이해했다는 것은 적절하지 않다. 지금 하나님의 구원 활동이 이루어지고 있다면, 지금이 구원의 때이다.[43] 구원의 시대에 하나님의 죄의 용서는 이루어지

---

43 김판임, "신약성서의 구원 이해: 예수와 바울을 중심으로," 「신약논단」 제11집 제3권

고 있으며, 용서받은 하나님의 백성이 온 세상에 널려 있다면 속죄일에 담당해야 할 대제사장의 기능은 더 이상 필요가 없고, 하나님의 길을 예비할 메시아도 있을 필요가 없다.

(4) 예수에 대한 세례 요한의 평가

일반적으로 그리스도인들은 세례 요한이 예수에 대해 "나보다 더 능력이 있으신 분, 나는 몸을 굽혀 그의 신발끈을 풀 자격조차 없는" 사람이라고 말했다고 생각한다. 이는 마가복음 1장 7절과 이를 인용한 마태복음과 누가복음 그리고 요한복음에까지 언급된다(마 3:11/눅 16/요 1:27). 앞서 마가복음의 분석 결과가 보여주듯이 세례 요한이 예언한 "능력이 있으신 이의 도래"에 이어 도래하는 자와 자신과의 관계를 언급한 것이고, 능력 있으신 이는 세례 요한의 입장에서는 예수라기보다는 하나님 자신이다.

3. 나오는 말: 세례 요한과 예수의 관계 및 비교

예수가 세례 요한에게 세례를 받았다는 것은 의심의 여지가 없는 역사적 사실이다. 이러한 사실로 예수가 세례 요한의 제자라고 단정할 수 있을까? 예수가 세례 요한의 제자라고 주장하는 학자들은 그 근거로 다음과 같은 세 가지 사실을 든다.

1) 예수는 세례 요한의 세례를 받았다.

(2004 가을호), 544-547.

2) 예수는 세례 요한이 잡힌 후 활동을 개시했다.

3) 예수와 세례 요한의 메시지가 같다.

　　필자는 다음과 같은 몇 가지 질문으로 세례 요한과 예수를 사제지간으로 보려는 시도에 대해 반론을 제기하고자 한다.

　　1) 세례 요한의 세례를 받은 사람은 모두 다 그의 제자인가? 복음서에서 전하는 내용을 보면, 세례 요한의 회개의 세례 선포는 제자 형성을 위한 것이 아니라 범민족 회개 운동이라고 말할 수 있다. 바리새파나 에세네파의 입회 과정과 유사한 성격은 세례 요한에게서 찾아볼 수 없다.

　　2) 그러나 적어도 몇몇 사람은 요한의 세례를 받은 후 요한파를 형성하고자 했는가? 그리고 실제로 요한을 선생으로 혹은 지도자로 모시는 그룹이 형성되었는가? 긍정적인 답변을 줄 수 있는 암시들이 신약성서에서 발견된다. 가령 마가복음 2장 18절과 마태복음 9장 14절, 누가복음 5장 22절에 따르면 요한의 제자들은 금식을 하는데, 예수의 제자들은 먹고 마신다고 두 그룹의 서로 다른 행동 방식으로 인한 문제가 제기된다. 그리고 Q자료(마 11:2-19/눅 7:18-23)에 따르면 "요한의 제자"들이 예수에게 와서 예수가 오실 그분인지 묻는다. 그렇다면 예수가 이들처럼 제자 그룹에 소속되어 있었던 적이 있었나? 이에 대해 아무런 대답도 찾을 길이 없다.

　　3) 세례 요한의 뒤를 잇는 제자들의 주요 활동이란 세례 요한이 선포하던 종말론적 메시지와 윤리적인 가르침 그리고 세례 베풂일 것이다. 세례와 관련해서 한 가지 문제점이 제기된다. 왜냐하면 세례 요한이 지니는 세례자로서 권위는 그가 아무에게나 세례를 주지 않고 참으로 회개한 자를 선별해서 세례를 주는 것이었다고 볼 수 있는데, 그의

사망 이후 누가 과연 그러한 권위를 가질 수 있었겠느냐 하는 점이다. 또한 실제로 예수가 그의 지상 활동 중에 세례를 베풀었다는 이야기는 전혀 나오지 않는다.

4) 세례 요한과 예수의 메시지가 같다는 것은 오직 마태복음에서만 찾아볼 수 있다(마 3:2, 4:17). 마가복음만 해도 세례 요한의 메시지와 예수의 메시지는 다르다. 마태복음은 시대의 전환이 이미 세례 요한의 준비 작업에서 시작된 것으로 보고, 세례 요한이 예비하는 자로서 이미 예수와 동일선상에 놓여 있다고 봄으로써 두 사람의 메시지를 동일하게 만들어놓은 것이다. 이것은 마태의 신학으로 인한 것이지[44] 실제의 역사를 반영하는 것은 아니다.

예수가 세례 요한에게서 세례를 받고, 그가 죽은 이후에 공적 활동을 시도했다고 하더라고 위와 같은 점들을 고려해볼 때 예수가 그의 제자였다고 말할 수는 없다. 신학적으로 그들의 입장은 너무나 확연히 다르기 때문이다.

무엇보다도 그 둘을 결정적으로 구별하는 것은 "하나님 나라의 도래"에 관한 예수의 메시지이다. 세례 요한과 예수는 동시대 사람이다. 그 시대의 만연된 분위기는 종말 혹은 하나님의 종말 심판이 매우 가까이 다가와 있다는 의식일 것이다. 세례 요한이 '죄 사함을 위한 회개의 세례'를 선포했을 당시만 해도 예수는 종말 심판이 다가왔다는 그의 메시지에 동의할 수 있었고, 그렇기 때문에 그가 베푸는 세례에 임할 수 있었던 것으로 보인다.

임박한 종말 심판을 앞두고 세례 요한은 매우 금욕주의적인 삶의

---

44 마태의 신학에 대해서는 G. Strecker, *Der Weg der Gerechtigkeit Untersuchung zur Theologie des Matthäus*, FRLANT 82 (Göttingen: Vandenhoeck und Ruprecht, 1966) 참조.

형태를 취하고, 율법에 합당한 삶을 살도록 백성들을 촉구했으며, 그렇지 못한 삶에 대해 비판했다. 참된 회개를 하지 않고 요식 행위로 종말 심판을 모면해 보고자 하는 사람들을 향해 주저 없이 욕설을 퍼부었고, 법에 어긋나는 혼인을 감행한 헤롯 안티파스에 대해서도 비판을 함으로써 결국 죽임을 당하게 된다. 그가 이러한 일을 하는 데에는 마지막 때에 와서 하나님의 길을 예비하는 종말론적 예언자 엘리야로서의 자의식이 그 배경에 있다고 할 수 있을 것이다.

반면 예수는 하나님의 종말 심판보다는 병과 악한 세력으로부터 인간을 구하시는 하나님의 구원 활동을 보는 자였다. 그는 사탄이 하늘에서 떨어지는 것을 보았다(눅 10:18). 그래서 그는 금욕주의적인 삶의 형태보다는 하나님의 구원 활동에 대해 기뻐하며 가난한 자들을 축복하고 그들과 함께 식사하며 마시고 즐겼다. 세례 요한이 하나님의 종말 심판 앞에 회개를 촉구하며 금식하는 종교적인 삶을 영위했다면, 예수는 하나님이 이루시는 구원 활동에 동참하며 구원의 기쁨을 많은 사람들과 함께 나누기를 원하여 가르치고 몸소 실천하는 삶을 살았다고 할 수 있을 것이다.

이렇듯 세례 요한과 예수는 동시대를 살면서 하나님이 예정하신 마지막 때가 왔다는 것을 인지하였지만, 백성들에게 전하는 메시지는 매우 달랐다. 세례 요한이 종말 심판에 앞서 구원받기 위해 준비하라며 세례를 베풀었다면, 예수는 종말에 이루실 하나님의 구원이 지금 시작되고 있으니 기뻐하라고 전했다.

8장
예수와 사마리아인

1. 들어가는 말

20세기 말에서 21세기로 전환되는 시기, 한국의 현실은 다문화 사회에 진입했다. 2007년 한국에서 결혼한 부부의 10%가 외국인과 결혼해 다문화 가정을 이루고 있다. 그뿐만 아니라 외국인 노동자가 많이 유입되어 민족적, 언어적, 종교적, 문화적으로 다양한 사람들이 공존하는 현실에 봉착했다.

이러한 다문화 사회의 건전한 존립을 위해 성서적 준거를 찾아보고자 하는 것이 이 글의 목적이다. 필자는 예수와 사마리아인의 관계에서 다문화 사회의 건전한 정착 가능성을 본다. 다문화 사회란 20세기 말에 처음 등장한 것이 아니다. 인류 역사에서 큰 힘을 가진 제국이 등장할 때면 의도적으로 만들어졌던 것이고, 그로 인해 순수 민족의 정통성을 주장하던 유대 역사에서는 오랜 갈등을 일으켰던 주제이기도 하다.

예수 시대에 유대인과 사마리아인 사이에 갈등이 벌어졌다는 사실은 잘 알려져 있었다. 누가복음 9장 51-56절에 나오는바, 사마리아 사람들이 예루살렘을 향해 가는 예수의 일행을 받아들이지 않는다는 이야기와 요한복음 4장에서 사마리아 여인과 예수의 대화 속에서도 분명히 나타난다. 사마리아인들은 누구이며 그들과 유대인이 갈등하게 된 이유는 무엇인가?[1] 유대인과 사마리아인의 갈등 구조 속에서 예수의 태도는 어떠했는가? 이러한 질문으로 다문화 사회를 위한 성서적 해결점을 모색해 보고자 한다.

2. 본말

1) 사마리아인의 기원에 대하여

예수 시대 사마리아는 유대나 이두매와 마찬가지로 팔레스타인의 한 지역 이름이다. 그러므로 사마리아인이란 유대인이나 이두매인처럼 사마리아 지역에 사는 사람 혹은 사마리아 지역 출신의 사람을 가리키는 말이다. 우리나라에서 전라도 사람, 경상도 사람이라 부르듯 사마리아인이란 사마리아 지역민 혹은 사마리아 출신인을 가리킨다. 그런데 사마리아인에 관해 구약성서에서는 열왕기하 17장 24절에 유일하게 나타난다. 이 본문의 문맥을 고려하면, 사마리아인의 기원은

---

1 사마리아인에 관한 가장 신뢰할 만한 정보로는 F. Dixinger, "Samaritane," *TRE* 29, 752-756; R. Anderson, "Samaritans," *The Anchor Bible Dictionary*, Vol. 5 (New York: Doubleday, 1992), 940-947을 추천할 만하다. 최근 한국에서 사마리아인에 대한 연구는 초기 기독교의 선교라는 관점에서 이루어졌다. 가령 임진수, "복음서들의 사마리아 이해와 선교," 「신약논단」 9/2(2002 여름), 383-408; 박정수, "유대교의 사마리아 통합의 갈등과 초기 기독교의 선교," 「신약논단」 14/1(2007 봄), 197-239.

아시리아 왕의 식민 이주 정책으로 인해 타지역에서 유입된 이방인들로 보인다.

> "앗수르 왕이 바벨론과 구다와 아와와 하맛과 스발와임에서 사람을
> 옮겨다가 이스라엘 자손을 대신하여 사마리아 여러 성읍에 두매 그들
> 이 사마리아를 차지하고 그 여러 성읍에 거하니라."

사마리아인의 기원이 이방인에게 있다는 견해는 요세푸스에 의해서도 대변되고 있다. 그는 『유대고대사』에서 구다인들이 사마리아로 이주해 왔음을 언급함으로써 사마리아인의 기원이 이방인에게 있다는 설을 구체화하였다(Ant IX, 277-291 참조).

그러나 열왕기하 17장의 문맥과 요세푸스의 역사 서술에 대해 이의를 제기하는 학자가 많다. 가장 설득력 있는 주장으로 알베르츠의 견해를 참고할 만하다. 그는 열왕기하 17장 34-40절에 기초하여 사마리아인들도 이스라엘의 옛 경험에 기초한 신명기적 야훼 신앙을 준수할 것을 요구받고 있는 것으로 보아 사마리아인이 이방인일 수는 없다는 논리를 편다. 그러므로 사마리아인은 이방인이 아니라 이스라엘의 남은 자들이라고 주장한다.[2] 알베르츠가 이러한 주장을 처음 제기한 것이 아니라 1907년 몽고메리가 이미 제기했고 여러 학자가 지지한다.[3] 이들의 주장에 따르면 이스라엘의 남은 자들이 아시리아의 이

---

2 알베르츠/강성열 역, 『이스라엘 종교사 II』(서울: 크리스찬다이제스트, 2004), 310-330.
3 James A. Mongomery, *The Samaritans, The Earliest Jewish Sect* (New York: KTAV Publishing House, 1907); R. J. Coggins, *Samaritans and Jews: The Origins of Samaritanism Reconstructed* (Oxford: Basil Blackwell, 1975), 156-161; R. Dixinger, "Samaritaner," 752-756; 장춘식, "열왕기하 17:29의 사마리아 사람들은 누구였는가?," 「신학논단」 21(1993), 234 등 많은 학자가 동일한 의견을 내고 있다. 사마리아인의 기원

민 정책으로 인해 순수한 유대 혈통을 지키지 못하고 이방인과 혼합 민족을 이루었을 가능성이 높다.

그런데 열왕기하 17장 24절에는 이스라엘의 남은 자들에 대한 언급은 없고 이방인의 이주에 관한 언급이 나올 뿐이다. 그 이유는 무엇일까? 그것은 포로기 이후 귀환한 유대인들이 민족을 통합하는 데에 실패하자 추방되지 않고 남아 있던 사람들을 우상 숭배자나 이방인으로 배제하기 위한 의도일 가능성이 있다. 그렇다면 사마리아인이란 말은 순수한 유대 혈통을 유지한 사람들의 입장에서 볼 때 타민족과 결혼하여 형성된 혼합 민족을 의미하는 전문 용어라고 할 수 있다.

2) 유대인과 사마리아인의 갈등과 대립의 역사

예수 시대 유대인과 사마리아인이 융합되지 않고 서로 배타적인 관계에 있었다는 사실에 대한 성서적 전거는 어렵지 않게 찾아볼 수 있다. 가령 예수 일행이 예루살렘을 향해 가는 도중 사마리아 마을에서 배척을 당한 이야기(눅 9:51-53)와 요한복음에서 예수와 대화를 나누는 여인의 발언을 지적할 수 있다: "사마리아 여자가 이르되 당신은 유대인으로서 어찌하여 사마리아 여자인 나에게 물을 달라 하나니까 하니 이는 유대인이 사마리아인과 상종하지 아니함이러라"(요 4:9).

예수의 제자 파송에 대한 언급이 나오는 마태복음 10장 5-6절에 따르면 예수도 당대의 견해를 공유했을 것으로 추측할 수 있다: "예수께서 열둘을 내어 보내시며 명하여 이르시되 이방인의 길로도 가지 말

에 관한 연구사는 Choon Shik Chang, *A New Examination of Samaritans Origins* (Diss. UniSydney, 1990), 1-20 참조.

고 사마리아인의 도시에도 들어가지 말고 오히려 이스라엘 집의 잃어버린 양에게로 가라." 언제부터, 무슨 이유로 유대인과 사마리아인은 이처럼 배타적인 관계에 놓이게 되었는가? 갈등의 역사는 상당한 시간을 고려해야 할 듯하다.[4]

알베르츠는 포로기 이후 초기 역사와 연관해 이해하고자 한다. 그는 사마리아인과 유대인의 갈등을 포로기 이후 유대 공동체가 사마리아의 남은 자들을 흡수 통합하려 하면서 일어난 정치적 갈등이라고 추정한다. 바빌론 포로기가 끝나고 유대 지도자들은 고향으로 귀환하여 에스라와 느헤미야를 중심으로 페르시아 제국하에서 예루살렘 성전을 재건하는 일을 추진한다. 이 과정에서 에스라와 느헤미야의 성전 재건 운동에 대해 사마리아와 암몬의 지방행정관들(산발랏, 도비아)의 반대가 있었음을 짐작하게 한다(느 2:10, 19; 6:1-2; 13:4-9, 28). 동시대 예언자 학개와 스가랴는 성전 재건을 중심으로 사회 통합을 역설했으나 에스라 느헤미야 시대 유대 공동체는 결국 현실적으로 사마리아를 배제하고 말았다. 그리고 배제하는 이유로 "이방 여자와 결혼하여 하나님께 죄를 범하였다"고 반복적으로 지적한다(스 9:1-2, 10:10; 느 13:23-31). 이는 유대 중심의 통합이 가져온 결과로, 에스라와 느헤미야의 사회 통합 정책의 실패를 합법화하려는 시도로 여겨진다.

에스라와 느헤미야 시기 이후 사마리아 사람들이 어떻게 살았는지 전해지는 것은 없다. 그러나 알렉산드로스의 사마리아 정복 이후 세겜

---

4 유대인과 사마리아인의 갈등의 역사에 관해서는 박정수, "유대교의 사마리아 통합의 갈등과 초기 기독교의 선교," 「신약논단」 14/1(2007 봄), 200-212; J. Zangenberg, "Between Jerusalem and the Galilee: Samaria in the Time of Jesus," J. H. Charlesworth(ed.), *Jesus and the Archaeology* (Grand Rapid/Cambridge: Eerdmans, 2006), 393-432 참조.

을 중심으로 도시를 재건하는 일이 일어난다.5 이때 도시 재건의 주체들이 스스로 야훼 신앙의 계승자임을 자처하고, 그리심 성전을 짓고 예루살렘과 구별된 제의 장소를 이루었으며, 그들 자신의 신앙의 근간인 토라를 예루살렘 전통과는 달리 '사마리아 오경'으로 편집하여 예루살렘과 차별화를 이루었다.6

요세푸스에 따르면 기원전 150년경 이집트로 망명한 예루살렘의 대사제 오니아스 4세가 이집트의 왕에게 알렉산드리아의 유대인들을 위해 레오토폴리스 지역에 예루살렘 성전과 같은 성전을 짓자고 건의했을 때 사마리아인들이 이에 맞서 세겜의 그리심 성전과 같은 것을 제안했다가 거절당했다는 이야기도 전해진다(Ant XIII, 74-79). 이처럼 유대인과 사마리아인은 그들 종교 생활의 가장 기본적인 성서와 성전을 두고 분리되어 있었다.

알렉산드로스의 동방 원정 이후 밀려오는 헬레니즘 문화의 세계화7라는 틀에서 볼 때 사마리아가 이를 수용하는 자세로 나갔던 반면 유대 지역은 갈등 구조를 이루었다. 유대교 내부에서의 갈등은 시리아의 왕 안티오쿠스 4세 때에 격렬하게 나타났고, 결국 헬레니즘의 세계화에 반대하는 사람들의 저항 운동이 정치적인 성공을 가져왔다.8

---

5 R. J. Coggins, *Samaritans and Jews*, 101-115; G. E. Wright, "The Samaritans at Shechem," *HTR* 55(1962), 357-366.

6 James D. Purvis, "Samaritans and Judaism," G. W. E. Nickelsberg(ed.), *Early Judaism and Its Modern Interpreters* (Georgia: Scholars Press, 1996), 81-98.

7 이 시대 팔레스타인의 정치적·문화적 상황을 세계화라는 차원에서 적절히 보고자 한 박정수의 다음 논문 참조. "헬레니즘 시대의 유대교: 세계화의 도전과 응전,"「성서마당」14/3 (2007), 104-118.

8 이 시대의 정치사에 관해 보 라이케/한국신학연구소 역,『신약성서 시대사』(서울: 한국신학연구소, 1986), 46-75; 로제/박창건 역,『신약성서 배경사』(서울: 대한기독교출판사, 1995), 24-37 참조.

예루살렘 성전 건축으로 제우스가 아니라 야훼를 위한 제사를 다시 드릴 수 있게 되었고, 조세도 면제받고 독자적인 연호를 사용할 수 있게 되었다. 이와 같은 일들을 마카비 가문이 이루었다고 해서 이를 마카비 혁명이라고 부른다(Ant XIII, 254-258; Bell Judaism II, 62-63).[9] 이 혁명의 결과로 하스몬 왕조가 세워졌는데, 이는 기원전 587년 남유다의 멸망으로 유대왕의 통치가 사라진 지 400여 년 만에 다시 유대 국가를 이룬 것이다. 하스몬 왕가의 히르카누스 1세는 유대 국가의 통합을 수행하는 목적으로 사마리아의 전통 도시 세겜에 있는 그리심 성전을 파괴하였다.[10]

이런 상황에서 사마리아는 유대인들에 의해 완전히 다른 모습으로 변화되어 사마리아 대부분은 유대 땅으로 흡수되었다. 히르카누스 1세는 북쪽 갈멜 산지로부터 남쪽 이두매 지역까지 거대한 유대 국가를 건설하였다. 그는 이와 같이 사마리아인들과 이두매인들을 정치적으로 정복하였을 뿐만 아니라 유대교의 율법과 할례를 준수케 하여 종교적 일치까지 꾀하려 하였다. 그러나 이러한 조치는 사마리아인들에게 다시금 회복할 수 없는 깊은 상처를 안겨 주었고, 유대인과 사마리아인의 갈등과 반목을 더욱 깊게 만들었다.

로마가 시리아를 정복하고 유대와 예루살렘까지 점령하면서 사마리아와 유대 지역의 적대감은 새로운 국면에 접어든다. 시리아의 총통 가비니우스(기원전 57-55년)가 시리아-팔레스타인을 재조직하여 사마

---

9 마카비 혁명의 원인과 결과에 대해서는 천사무엘, 『사해사본과 쿰란공동체』(서울: 대한기독교서회, 2004), 92-98 참조.

10 히르카누스 1세가 그리심 성전을 파괴한 시기를 전통적으로는 기원전 129년으로 보았던 반면 딕싱거는 기원전 111년으로 새롭게 보고 있다. 전통적 견해는 예레미아스/한국신학연구소번역실 역, 『예수 시대의 예루살렘』(서울: 한국신학연구소, 1986), 14-120 참조.

리아를 헬레니즘화된 도시로 만들었다. 이렇게 이루어진 유대와 사마리아의 조정 국면은 헤롯이 로마 원로원의 신임을 받아 유대 지역의 통치자로 파견되면서 본격화되었다. 헤롯은 자신의 출신지인 이두매는 물론 갈릴리와 사마리아와 유대 지역을 포괄하는 팔레스타인 전역의 지배자가 된다.

이두매 출신인 헤롯은 이두매 정벌을 나설 때 자기의 가족과 친척들을 사마리아에 이주시켜 대피시키고, 사마리아를 자신의 전진기지로 사용한다. 그뿐만 아니라 사마리아 여인 말타케와 정략결혼을 하여 지역주의를 넘어서는 노력을 한다. 로마에서 로마 건축물에 대해 깊은 인상을 받았던 헤롯은 그가 통치하는 지역에 로마식 건축물을 세우고 도시를 재건하여 건축물과 도시의 이름에 자신이 은혜를 입은 사람들, 특히 황제와 그의 가족의 이름을 헌정했다. 가이사랴와 세바스테, 빌립비 등이 그것이다. 그는 사마리아의 수도로 세바스테를 매우 화려하게 건설하여 퇴역 군인 6,000명을 정책적으로 이주시켰다. 그리고 해안 도시 가이사랴와 항구 도시 욥바를 건설하여 사마리아의 무역 통로를 개척하여 사마리아 경제 발전에 기초를 마련하였다.

헤롯은 이두매 출신이라는 이유로 유대인들에게 정통성을 의심받았는데, 유대 지역 사람들을 위해 예루살렘 성전의 재건을 꾀하였다. 예루살렘 성전 재건은 헤롯이 통치하는 기간 내내 이루어졌고, 호화로운 성전 덕분에 세계에 거주하는 디아스포라 유대인들의 순례지로 애용되었으며, 그들이 내는 성전세와 순례비, 바치는 제의물로 예루살렘과 정전 중심의 경제 활동이 활성화되었다. 헤롯의 이러한 노력의 성과인지 헤롯 통치 기간에는 사마리아와 유대의 갈등이나 분쟁에 관한 기록은 찾아보기 어렵다.

사마리아인들과 유대인들 사이의 갈등은 헤롯이 죽은 뒤에 심각하게 불거졌다. 요세푸스는 로마 총독 코포니우스가 유대 총독으로 있을 때(기원후 6~8년) 사마리아인들이 예루살렘 성전 안뜰까지 들어가 사람 뼛가루를 성전 전체에 뿌리는 일을 벌였고, 이 일로 사마리아인과 유대인 사이의 갈등은 다시 첨예화되었다. 빌라도 재위 기간에 사마리아인들이 종교적인 이유로 봉기하자 빌라도는 그들을 살해하고 징벌하였다.

이와 같이 예수가 활동하던 시기는 헤롯 대왕 사후 유대인과 사마리아인 사이에 갈등이 심각하게 벌어진 때였다. 그 후 잠시 동안 헤롯의 손자 아그립바가 로마의 신임을 얻어 유대와 사마리아 지역의 왕으로 임명되었다. 그는 헤롯 대왕과는 달리 유대 지역 주민들에게 호감을 얻었다. 하지만 그가 죽자 가이사랴와 세바스테의 주민들은 냉소적인 반응을 보였다. 결국 기원전 6세기 바빌론 포로 귀환 이후부터 로마가 사마리아와 유대 지역을 무차별적으로 파괴할 때까지 사마리아인과 유대인의 갈등은 지속되었다. 포로기 이후 유대인의 순수한 혈통이니, 타민족과 혼합 결혼으로 순수성을 잃었느니 하면서 생겨난 갈등은 한 하나님을 섬기고 모세 오경을 숭상하는 점은 공유하면서도, 수백 년 동안 서로 배척하는 양상으로 나타났다.

3) 예수와 사마리아인

(1) 사마리아인에 대해 배타적인 예수의 태도

"예수께서 이 열둘을 내보내시며 명하여 이르시되 이방인의 길로도 가지 말고 사마리아인의 도시에도 들어가지 말고 오히려 이스라엘의 잃어버린 양에게로 가라"(마 10:5-6).

"예수께서 대답하여 이르시되 나는 이스라엘 집의 잃어버린 양 외에
는 다른 데로 보내심을 받지 아니하였노라"(마 15:24).

마태복음에 나오는 이 두 구절이 예수의 배타적인 태도를 대변하고
있다. 마태복음 10장 5-6절의 말씀은 예수께서 열두 제자를 파송하면
서 언급한 선교 활동 영역에 대한 내용이다. 이에 따르면 사람들을 세
가지 범주로 나눈다. 하나님의 선택을 받은 민족인 이스라엘인, 이스
라엘인과 이방인이 혼인하여 이루어진 혼합 민족인 사마리아인 그리
고 이스라엘과 전혀 상관이 없는 이방인. 이 세 가지 범주는 '민족' 혹
은 혈통을 중심으로 분류한 것이다. 하나님 나라 선포를 위해 제자들
을 파송하면서 이방인과 사마리아인은 배제하고 오직 이스라엘인만
을 고려한다는 점에서 예수가 매우 편협한 민족주의자로 보인다. 이러
한 예수상은 세계 선교를 꿈꾸고 있는 복음서 기자들에게 걸림돌이 아
닐 수 없었다. 그래서인지 제자 파송과 관련한 병행 구절인 마가복음
6장 7-13절과 누가복음 9장 1-6절에는 선교 활동 영역에 대한 언급
이 삭제되어 있다.

예수를 배타적이고 편협한 민족주의자로 보이게 하는 이 구절들은
복음서 기자들뿐만 아니라 현대 주석가들에게도 걸림돌이다. 루츠는
이 구절에 나오는 사마리아인들에 대한 부정적인 표현은 마태와 그의
공동체가 유대계 기독교 공동체였기 때문이라고 설명함으로써[11] 이 구
절이 역사적 예수와 거리가 있음을 암시한다. 그러나 과연 이 말이 역
사적 예수가 하지 않은 말인데, 마태 공동체의 배타성을 표현하기 위

---

11 U. Luz, *Das Evangelium nach Matthäus*, EKK I/2 (Neukirchen: Neukircher Verlag,
   1986), 89; J. Gnilka, *Das Matthäusevangelium*, HThK I/1 (Freiburg: Herder,
   1986), 361-363.

해 기록한 것일까? 마태복음 28장 19절에 나오는 "모든 민족을 제자로 삼으라"는 부활 예수의 명령이야말로 마태 공동체의 선교 비전을 표현하고 있다는 사실을 어떻게 설명할 수 있을까? 루츠는 예수가 부활하신 시간에는 마태 공동체 안에 있던 유대인과 이방인 간의 인종적인 대립이 완화되고 있음을 시사한다고 주장한다. 하지만 필자가 보기에 루츠의 관찰에는 문제가 있다. 왜냐하면 마태 공동체의 형성 자체가 예수 부활 이후이기 때문이다. 즉, 마태 공동체에는 예수 부활 이전이나 이후의 시간적 차이가 있을 수 없는 것이다.

필자가 보기에 마태와 마가와 누가, 세 복음서 기자는 모두 세계 선교를 지향했다. 따라서 제자들을 파송하면서 이스라엘로 선교 활동을 제한하는 예수의 명령은 마가와 누가뿐만 아니라 마태에게도 걸림돌이었다. 마가와 누가가 예수의 이 말을 삭제함으로써 걸림돌을 제거하려고 했다면, 마태는 생략하지 않고 그대로 두되 부활하신 예수의 새로운 명령으로 극복하는 방식을 택한 것으로 보인다. 즉, 마태는 예수의 부활을 세계적 비전을 가지게 하는 모티브로 인식하게 만들었다.

역사적 예수가 당시 사회에 통용되었던 사마리아인과 유대인 사이의 대립 국면을 공유하고 있었다는 사실, 아니 좀 더 정확하게 말하자면 하나님 나라 선포와 관련하여 하나님의 선택된 민족인 이스라엘 외에는 관심이 없었다는 사실은 제자 파송 이야기에서뿐만 아니라 딸의 치유를 간청하는 이방 여자를 거절하는 이야기에서도 찾아볼 수 있다. 마태복음 15장 21-28절에서는 가나안 여자로, 마가복음 7장 24-30절에서는 수로보니게 여인으로 소개되는데, 이야기 내용에서 예수의 태도는 초지일관한다.

여인은 귀신 들린 딸을 치유해 달라고 예수께 간청한다. 간청하는 이방 여인에 대한 예수의 거절은 냉혹하리만큼 단호하다. 마태복음에서는 가나안 여인의 간청에 대해 예수는 한마디 대꾸도 하지 않는 냉담한 자세를 보였다. 그러자 제자들이 예수께 다시 청하는 방식으로 이야기가 전개된다. 그러자 예수가 그 이방 여자에게 말하는 것이 아니라 제자들에게 말씀하신다: "나는 이스라엘 집의 잃어버린 양 외에는 다른 데로 보내심을 받지 아니하였노라"(마 15:24).

예수의 활동을 이스라엘에 한정하는 이 말은 마가복음에는 없고 마태복음에만 나온다. 이방 여인은 그 말을 듣고도 예수께 다가와 "주여 저를 도우소서"(마 15:25)라는 말로 도움을 요청한다. 이에 예수는 간청하는 여인을 향해 가혹한 말로 거절의 뜻을 분명히 한다: "자녀의 떡을 취하여 개들에게 던짐이 마땅하지 아니하니라"(마 15:26/막 7:27). 자녀와 개라는 은유적 표현으로 이스라엘인과 이방인을 철저히 구별하고, 하나님의 구원의 은혜를 떡으로 표현한 것이다. 하나님의 구원 역사는 하나님이 선택하신 민족인 이스라엘인들에게만 해당한다는 민족주의적 관점을 예수가 대변하고 있는 것이다.

이방 여인의 간청을 거절하는 예수의 말은 마태복음과 마가복음에서 다소 다르지만, 하나님의 구원 영역이 이스라엘에 한정된다는 견해는 대동소이하다. 세계 선교를 지향하는 마태의 상황에서 볼 때 이처럼 극도로 배타적인 예수의 말이 걸림돌이 될 것이 분명한데도 삭제하지 않은 이유는 무엇일까? 그것은 마태 공동체가 유대 기독교 공동체이기 때문이라기보다는 전승에 대한 권위에 도전하지 않고도 부활하신 예수의 새로운 명령으로 복음서의 마지막을 장식하여, 세계 선교를 위한 새로운 비전을 제시할 수 있을 것으로 기대했기 때문이 아닌가 짐작할 수 있다. 그러므로 공생애 초기에 예수는 동시대인들이 지니고 있던 구원에 대한 민족주의적인 이해를 공유하고 있었다고 볼 수 있겠다. 그리하여 이방인도, 사마리아인도 하나님의 구원 영역에서 배제되었다.

(2) 사마리아인에 대해 포용적인 예수의 태도

마태복음 10장 5-6절이나 15장 24절에 나오는 지극히 민족주의적인 발언에서 볼 수 있듯이 마태복음에서 예수는 이방인이나 사마리아인에 대한 관심이나 배려가 전혀 없는 배타적인 태도를 보인다. 그런가 하면 누가복음에서 예수는 다른 행동을 보여준다. 사마리아인에 대해 비교적 호의적인, 호의적이라고 말하기 어렵다면 적어도 배타적이거나 폄하하는 것이 아니라 오히려 사마리아인을 포용하는 예수의 모습이 누가복음에서 여러 번 포착된다.

누가복음 9장 51-56절에는 예수 당시 유대인과 사마리아인의 갈등 관계가 잘 반영되어 있다. 예루살렘으로 가던 도중 예수께서 그의 제자들을 사마리아 마을에 보내어 그곳에서 예루살렘 순례길을 준비하려고 했다고 이야기는 전한다. 사마리아인들이 이들의 통행을 거부하였는데, 그 이유는 예수께서 예루살렘을 향하여 가시기 때문이라는 것이다.[12] 예수와 그의 제자들에게 사마리아는 금지된 땅이었고, 마태와 누가도 이를 인지하고 있었다.

마태복음에서 사마리아인들과 유대인들의 대립적인 관계가 치유와 귀신 축출을 동반한 하나님 나라의 도래에 관한 선포 영역을 이스라엘인에게 한정하는 방식으로 표현되었다면, 누가복음에서는 사마리아인들이 예루살렘을 향해 가는 유대인들을 거부하는 방식으로 표현되었다. 거부당한 갈릴리 출신의 예수 제자들이 협력해 주지 않는 사마리아인들에 대해 저주의 말을 발설한다: "주여 우리가 불을 명하

---

12 이 점에 근거하여 예거는 사마리아인과 유대인의 대립을 그리심 산 성전 제의와 예루살렘 성전 제의의 대립으로 이해하였다. 매우 개연성이 높은 해석으로 평가된다. R. Egger, *Josephus und die Samaritaner. Eine Untersuchung zur Identitätsklärung der Samaritaner*, NTOA 4(1986), 194.

여 하늘로부터 내려 저들을 멸하라 하기를 원하시나이까?"(눅 9:54). 예수의 제자들이 발설한 이 저주의 말은 열왕기하 1장 10절에 나오는 바, 하늘의 불이 50명을 불사르는 엘리야 사건을 떠오르게 한다. 저들을 불바다로 만들었으면 좋겠다는 의미의 말이라고 할 수 있다. 사마리아인들과 유대인들의 대립을 감정적으로 잘 표현했다고 볼 수 있다. 그러나 이에 대해 예수는 제자들의 말에 동조하지 않고 오히려 제자들을 꾸짖으신다.[13] 그리고 예루살렘을 향해 다른 길을 선택하신다.

이 본문에서 사마리아인들의 거부와 이에 대한 예수 제자들의 적개심 표시는 예수 당시 사마리아인들과 유대인들 사이의 대립적 현실을 반영하며, 예수의 태도는 당시 사회적 양상을 뛰어넘고 있다. 누가복음에 나타난 예수의 이러한 태도는 마태복음에 나타난 예수의 태도에 대해 역설적인 것인가? 아니면 당시 유대인들과 사마리아인들 사이의 대립적인 관계에 대해 누가복음에서도 여전히 예수가 동의할지라도 불바다를 만들어버린다는 식의 폭력적인 대응에 대해서는 찬동하지 않는 예수의 평화적인 태도를 말해 주고 있는지 분명치 않다. 다시 말하면 예수가 이 일화에서도 여전히 사마리아인을 이스라엘의 원수로 여기고 있으나 다만 원수를 사랑하라고 가르치는 뜻에서 사마리아인들이 원수일지라도 불바다를 만들어버리는 일은 있어서는 안 된다고 꾸짖으신 것이지, 그 꾸짖음의 내용은 성서 본문으로는 정확히 알 도리가 없다.

사마리아인들에 대한 예수의 호의적인 태도는 누가복음 10장 30-

---

13 다른 사본에는 꾸짖으셨다는 표현에 이어 다음과 같은 예수의 말이 전해지기도 한다: "이르시되 너희는 무슨 정신으로 말하는지 모르겠구나. 인자는 사람의 생명을 멸망시키려고 온 것이 아니요 구원하러 왔노라." 이러한 내용은 예수께서 이 세상에 오신 의미를 전하는 교회의 가르침에 가까울 수 있다.

35절에 전해지는 비유 이야기에서도 나타난다.[14] 비유는 예수의 문학적 창작물이다. 사마리아인의 비유가 누가의 특수 자료에 속하지만, 예수의 진정한 비유임을 의심하는 학자는 없다.[15] 우리 주제와 관련해 볼 때 이 비유에서 눈에 띄는 것은 유대 종교의 대표적 지도자라고 할 수 있는 제사장과 레위인 외에 유대인이 얕보는 사마리아인이 등장하는데, 이들이 서로 대조적인 행동을 보여준다는 점이다.

　노상에서 강도들을 만나 가진 것을 다 빼앗겼을 뿐만 아니라 얻어맞아 피 흘리고 쓰러져 있는 행인을 보고 제사장도 그냥 지나가고 레위인도 그냥 지나간다. 세 번째로 등장한 사마리아인이 그를 보고 살아갈 수 있도록 보살펴 준다. 이 비유가 단지 유대 종교 지도자를 비판하려는 의도였다면,[16] 제사장과 레위인 다음에 일반 이스라엘인을 등장시켰어도 충분했을 것이다. 그러나 유대 혈통을 순수하게 지키지 않았기 때문에 구원받을 수 없다고 생각하고 상종하지도 않는 사마리아인을 오히려 생명을 살리는 하나님의 뜻을 실천하는 예화의 주인공으로 등장시킨 예수는 그의 청중들에게 놀라움과 신선한 자극을 주었을

---

14 이 비유에 관한 가장 최근 연구로는 김판임, "선한 사마리아인의 비유(눅 10:30-35) 연구,"「신약논단」14/4(2007 겨울), 1015-1052 참조. 이 연구는 역사적 예수의 비유에 초점을 맞추어 누가의 편집 작업을 구분해내고, 지상의 예수가 이 비유로써 말하고자 한 핵심을 스토리텔링 기법을 분석하면서 추적하였다.

15 스캇/김기석 역,『예수의 비유 새로 듣기』(파주: 한국기독교연구소, 2006), 32. 스캇은 북미에서 이루어졌던 역사적 예수 연구의 결과를 예수의 비유에 한하여 소개한다. R. W. Funk & B. B. Scott & J. R. Butts, *The Parables of Jesus. Red letter Edition* (Sonoma: Poebridge, 1988), 26.

16 R. Bultmann, *Die Geschichte der synoptischen Tradition* (Göttingen: Vandenhoeck und Ruprecht, 1976); 불트만/허혁 역,『공관복음전승사』(서울: 대한기독교서회, 1981 (6)), 227. 불트만이 이 이야기의 핵심을 "자비하지 못한 유대인과 자비한 사마리아 사람 사이의 상반성"에 있다고 지적한 이후에 많은 학자가 그의 견해에서 벗어나지 못한다. 가령 김득중,『복음서의 비유들』(서울: 컨콜디아사, 1987), 230-233.

것이다.[17] 또한 이는 예수에게 사마리아인에 대한 편견이나 거부감이 사라지고 없다는 것을 보여준다.

끝으로 누가복음에서 사마리아인에 대한 예수의 열린 태도는 17장에 나타난다. 11-19절에 예수의 치유 이야기가 전해진다. 사마리아와 갈릴리 사이 어느 마을에서 나병환자 열 명이 예수께 치유를 간청한다. 이 간청을 예수가 들어 주심으로 모두 치유를 받았다. 그런데 그 열 명 중에 유일하게 한 사람만이 예수께 돌아와 감사를 드렸다. 바로 그 한 사람이 유대인이 아니라 사마리아인이라는 이야기이다. 이 이야기에서 예수는 감사하는 사마리아인을 칭찬한다. 이로써 예수가 사마리아인에 대한 편견을 가지고 있다거나 그들을 배격하고 있다는 인상은 전혀 찾아볼 수 없고, 오히려 유대인보다 사마리아인을 더 낫게 여기고 있음을 알 수 있다.

이 본문에서 사마리아인은 "이방인"(알로게네스 αλλογενης)이라고 표기되었는데, 이 말은 신약성서에서 유일하게 나오는 어휘이고, 혈통과 출신이 다르다는 것을 의미한다.[18] 이 표현이 사마리아인에게 쓰인다는 것은 좀 기이한 현상이다. 왜냐하면 마태복음 10장 5-6절과 사도행전 1장 8절에서 알 수 있듯이 유대인들은 혈통의 순수성에 따라 유대인, 사마리아인, 이방인, 이 셋으로 분류하는 것이 일반적이기 때문이다. 반면 이방인 선교에 헌신했던 바울의 편지에서는 인류를 민족적 범주로 나눌 때 "유대인(Ιουδαιος)과 헬라인(Ελληνος)"으로 분류하였다(롬 1:16, 3:9; 고전 1:24, 12:13; 갈 3:28 등). 물론 바울도 이방인이라는 표현을 자주 사용한다. 바울이 복음을 전하여 선교

---

17 선한 사마리아인의 비유에서 청중들이 느꼈을 놀라움을 잘 강조한 학자는 최갑종이다. 최갑종, 『예수님의 비유』 (서울: 이레서원, 2001), 107-134.

18 W. Bauer, *Wörterbuch zum Neuen Testament* (New York/Berlin: de Gluyer, 1988), 77.

의 결실을 맺은 데에는 소수의 유대인도 있었지만 대체로 비유대인이 더 많았던 것으로 보인다. 그래서 고린도서의 경우 믿는 자들의 과거를 가리키는 말로 "이방인"이라는 표현을 자주 사용한다: "너희가 이방인(εθνη)으로 있을 때에 말 못하는 우상에게로 끄는 그대로 끌려갔느니라"(고전 12:2). 그뿐 아니라 믿는 자들의 민족적 출신을 나타내는 말로도 사용한다: "내가 이방인인 너희에게 말하노라. 내가 이방인의 사도(ἐθνων ἀπόστολος)인 만큼 내 직분을 영광스럽게 여기노라"(롬 11:13).

이처럼 바울도 민족적으로 유대인이 아닌 사람들을 "이방인"이라고 표기하지만, 누가복음에서 "이방인"을 표기하기 위해 사용된 어휘인 "알로게네스"(αλλογενης)와는 다른 용어를 쓴다. 이 용어가 누가에게 귀속되며, 사마리아인을 이방인과 같이 여기려는 누가의 경향을 드러낸다고 말하는 학자들이 많다.[19]

사마리아인에 대한 예수의 말과 태도를 살피고자 다루었던 누가복음에 나오는 세 가지 이야기에 대해 대부분의 학자는 이 이야기들이 역사적 예수의 견해를 말하는 것으로 보지 않는다. 오히려 누가복음 저자의 관심에서 이루어진 것으로 평가한다. 세 이야기 모두 누가 특수 자료에 속한다는 점 그리고 누가복음 편집 구성상 여행 보도(9:51-19:28) 안에 있다는 점을 근거로 하여 초기 기독교의 사마리아

---

19 J. A. Fitzmyer, *The Gospel According to Luke(X-XXIV)*, AB 28A(New York/London, 1985), 1155 이하; J. Bowman, *The Samaritan Problems: Studies in the Relationship of Samaritanism, Judaism and Early Christianity* (Pittsburgh: Pickwick Press, 1975), 58, 70. 반대 의견으로는 예르벨을 들 수 있다. 그에 따르면 누가복음은 아직 사마리아인들을 이방인으로 여기지 않는다. 왜냐하면 이방인들에 대한 선교는 사도행전 10장에서야 비로소 시작되기 때문이라는 것이다. J. Jervell, *Luke and the People of God* (Minneapolis: Augsburg Pub. House, 1972), 117 이하.

선교에 대한 누가복음의 신학적 견해를 대변하고 있다는 것이다. 누가복음서는 '예수의 길'이라는 모티브로 서술되고 있는데, 이 길에 나오는 사마리아인과 관련된 이야기들은 예수가 사마리아를 지나갔다는 역사적 보도라기보다는 초기 교회에서 지향했던 선교적 태도라는 것이다.[20]

3. 나오는 말

유대인들이 하나님의 구원 영역에서 배제되었다고 차별하였던 사마리아들에 대한 예수의 견해를 살펴보았다. 마태복음에서 예수는 당시 유대인이 생각하는 대로 사마리아인에 대한 배타적 태도를 담지하고 있으며, 누가복음에서 예수는 이러한 견해를 극복하여 포용적인 자세를 보여준다. 학계에서는 대개 마태복음에 나타난 예수의 견해는 마태 공동체의 입장으로, 누가복음에 나타난 예수의 견해는 누가 공동체의 입장을 반영하는 것으로 평가하고 있지만, 필자에게는 서로 상이하고 모순되어 보이는 두 가지 견해가 모두 역사적 예수에게서 기원할 수 있는 것으로 보인다.

제자들을 파송할 때 "이방인이나 사마리아인의 마을로 가지 말고 오직 이스라엘의 잃어버린 양에게로 가라"는 배타적인 태도는 마태 공동체의 상황을 반영할 뿐만 아니라 역사적 예수의 견해일 수도 있다. 아마 예수의 공생애 초기 입장으로 보인다. 즉, 예수도 처음에 당

---

20 J. P Meier, "The historical Jesus and the Historical Samaritans: What can be Said," Biblica 81(2000), 202-232.

시 문화에 만연되어 있는바, '이스라엘만'이라는 유대주의에 합류했을 것으로 여겨진다.

사마리아인들의 거부를 경험한 후 표출된 제자들의 사마리아인들에 대한 저주의 말을 나무라시고, 생명을 지키시려는 하나님의 뜻을 실천하는 예화의 주인공으로 사마리아인을 언급하며, 예수의 구원 행위를 경험하고 감사할 줄 아는 유일한 인물로 사마리아인을 칭찬하는 등 누가복음에 나타난 예수의 태도 역시 세계 선교를 지향하는 누가 신학에 부합할 뿐만 아니라 역사적 예수의 견해이기도 하다.

예수도 공생애를 시작할 무렵은 일반 유대인들이 생각하고 있는 것과 다름없이 하나님의 구원 영역이 이스라엘에 국한되었다고 여겼던 것 같다. 마태와 마가와 누가 모두 세계 선교를 지향하고 있는 상황에서 하나님의 구원 영역을 이스라엘에 국한하는 예수의 말은 걸림돌이 됨에도 불구하고 삭제하지 못한 사실이 이를 입증해 준다.

예수가 처음 가졌던 견해를 바꾼 것은 분명하다. 바꾸게 된 계기가 분명치 않으나 필자의 생각으로는 수로보니게 여인과의 대화(막 7:24-30)에서 변화의 모티브를 얻은 듯하다.[21] 딸의 치유를 간청하는 헬라 여인은 자녀와 개라는 은유로써 청을 거절하는 예수에게 지지 않고, "상 아래 개들도 아이들이 먹던 부스러기는 먹나이다"라고 대답함으로써 결국 치유를 받았다. 간곡한 여인의 말을 듣고 예수의 심경에 새로운 변화가 왔을 것으로 짐작할 수 있다.

오랜 세월 동안 주변 강대국에 둘러싸여 힘없이 지내야 했던 이스라엘은 아브라함과 이삭과 야곱으로 이어지는 하나님의 약속에 근거해서 "하나님은 오직 이스라엘의 하나님"이라는 민족주의적 이데올로

---

21 김판임, "마가복음에 나타난 회개의 모습들,"「말씀과 교회」22(1999 여름·가을), 92-107.

기로 민족 전체를 하나로 웅집시켜왔다. 반면 예수는 이제 이스라엘의 하나님은 하늘과 땅, 사람과 동물, 식물을 만드신 창조주 하나님이라는 인식의 전환이 일어난 것이다. 구원의 하나님이 이스라엘 민족에게만 작용하실 일이 무엇이란 말인가? 하나님이 만드신 모든 피조 세계에 그의 구원의 힘이 미쳐야 할 것이 아닌가? 그렇다면 이스라엘만이 아니라 모든 이방인 그리고 사마리아인들에 이르기까지 하나님의 구원 활동 영역에서 제외될 사람은 없는 것이다. 구원이란 주제와 관련하여 예수의 새로운 인식은 이처럼 창조 사상에 근거하여 확고하게 자리를 잡은 것으로 보인다.

이상에서 살펴본 바와 같이 고대 이스라엘에서 그랬던 것처럼 민족이란 이데올로기로 타민족과의 차별성을 분명히 하고, 한 민족이 구심점을 이루며 단결해야 할 때가 있다. 그러나 그런 경우, 타민족, 타문화권 출신의 사람과 결혼을 해서 이중 문화를 이룰 경우 이런 사람들은 철저히 소외되고 만다.

바빌론 포로기 이후 민족의 정체성을 회복하고 하나로 뭉치기 위한 통합 과정에서의 실패를 혼합 결혼이라는 죄목을 사마리아인들에게 부과하여 소외시킨 이스라엘의 결과는 갈등과 대립이었다. 이것은 해방 이후 한국 사회에서 미군과 결혼한 한국 여자들 그리고 그의 자녀들이 그러한 괄시를 당하며 소외 계층으로 설움을 당해야 했던 것과 같은 것이라 하겠다.

21세기 한국 사회는 급변하고 있다. 요즘은 미국인이나 캐나다인 등 백인계와 결혼하여 이중 문화를 이루고 있는 가정의 경우는 오히려 부러움의 대상이 되고, 베트남, 캄보디아 등 동남아 사람과 결혼하여 이룬 이중 문화 가정의 자녀들은 업신여김을 당하는 경향이 보이기도 한다.[22]

다문화 사회가 세계화 경향에 따라 불가피하게 일어나는 결과 중 하나이고, 이러한 흐름이 피할 길 없는 것이라면, 사회학적으로나 신학적으로나 윤리적으로 그 근거를 마련해 주는 것이 마땅하다.

오랫동안 단일 민족으로서의 자부심에 대해 교육받은 한국인의 경우 다문화 사회로의 전환 시기에 적응하는 게 쉽지 않을 것이다. 포로기 이후 수백 년 동안 유대 역사에서 유대인들과 사마리아인들의 통합이 이루어지지 않고, 끊임없이 갈등을 벌였던 팔레스타인 땅에서 오직 순수한 유대인에게만 구원의 가능성이 있다고 교육받은 유대인들은 같은 한 하나님을 섬기고 있던 사마리아인들과 하나가 될 수 없었다. 예수 자신도 공생애 초기에는 여느 유대인과 마찬가지로 하나님의 구원 소식을 알리는 자신의 활동 영역을 이스라엘에 국한하였다. 제자 파송도 이스라엘에 국한하였다. 그러나 차츰 이방인과 사마리아인도 하나님의 구원 통치하에 놓일 수 있음을 인식하였다. 이러한 인식은 하나님에 대한 이해의 변화에서 이루어졌다는 것도 살펴보았다. 이스라엘을 택하신 하나님은 바로 이 세상과 모든 생명을 창조하고 배려하시는 하나님이다. 그런 하나님이 어찌 구원 활동을 이스라엘 민족에게만 한정할 수 있을까? 기존에 품고 있던 견고한 인식에 질문을 던져야만 사고의 전환이 가능하다. 하나님은 세계에 존재하는 모든 사람의 하나님이다. 깊은 창조 신앙에서 새로운 인식이 가능했다.

역사적 예수가 그러했던 것처럼 민족주의적 가치관에 길들여져 있는 우리도 처음에는 다문화 사회를 쉽게 받아들이기 어려울 것이다. 그러나 특정 민족의 신적 선택이라는 민족주의적 인식에서 탈피

---

22 2018년 7월 30일자 13면 「서울신문」에 현직 교사 중에 다문화 가정 출신의 학생을 "야, 다문화"라고 부른다는 기사가 있었다(글제목: "야, 다문화" 담임쌤은 내 친구를 이렇게 불러요).

하여 이 세계 모든 민족과 생명이 하나님에게서 온다는 것을 인식한다면, 즉 하나님이 세계 모든 만물을 만들었다는 창조신학을 확고하게 붙잡고 나아간다면, '우리 민족'만이라는 민족주의적 이기주의에서 탈피하여 범세계적인 가치관으로 진일보하는 게 불가능하지 않을 것이다.

9장

예수와 가난한 사람들

— 예수의 선포에 나타난 하나님 나라 백성의 특권과 의무에 관한 소고

1. 들어가는 말

이 글은 지상의 예수가 선포한 하나님 나라와 관련하여 그 나라 백성의 특권과 의무에 관한 연구이다. '하나님 나라' 개념이 예수에게서 유래한 것임에도 한국에서는 예수가 선포한 하나님 나라와 너무나 다르게 하나님 나라를 이해하고 있는 상황이다. 최근 한국교회를 염려하는 선각자들은 한국교회가 진정 예수의 메시지에 귀를 기울여야 한다고 촉구한다.[1] 이 글에서는 예수의 선포에 나타난 하나님 나라 개념에

---

1 2009년 4월 25일 연세대학교 신학관에서 한국신약학회 100회 기념 학술대회가 열렸다. 이때 주제가 "나사렛 예수와 한국교회"였다. 이때 기조 강연을 맡았던 박익수 교수는 그의 논문 "역사적 예수와 한국교회," 「신학과 세계」 65(2009 여름), 28-60에서 한국교회가 역사적 예수의 가르침에서 벗어나 성장주의와 기복주의, 맹목적 믿음을 강요하고, 죄 용서와 영혼 구원을 하는 예수만 강조했다는 점을 지적하고, 하나님 나라의 영성을 회복해야 한다고 강조했다. 이와 유사한 문제의식과 요청은 2009년 송기득, "나의 마지막 강의. 역사의 예수: 그는 누구이며, 우리에게 무엇인가?," 「신학비평」 32권(2009 봄), 100-

관한 논의보다는 그 나라 백성에 대해 논할 것이다. 왜 예수는 가난한 사람이 하나님 나라 백성이라고 하는지 그리고 그 나라 백성으로 가난한 사람이 누릴 특권과 행해야 할 의무가 무엇이라고 하는지 그의 선포 안에서 살펴보고자 한다.

2. 하나님 나라에 대한 오해와 진실

하나님 나라. 그 나라는 어떤 곳일까? 그 나라는 어디 있을까? 그 나라에는 누가 들어갈까? 한국의 많은 크리스천은 하나님 나라가 이 지구상에는 없고 죽어서 가는 곳으로 생각하는 것 같다.[2] 지상에 사는 동안, 즉 차안에는 하나님 나라는 없지만, 예수 잘 믿는 신실한 사람은 복을 받아 성공하여 부자가 되고, 건강하게 장수하다가 죽은 뒤 피안의 세계에서는 하나님과 예수, 아브라함과 이삭과 야곱 그리고 믿음의 조상들이 살고 있는 하나님 나라에 들어가고, 예수 믿지 않는 사람은 차안의 생애가 가난하고 고달프며 실패하고 고난이 많고, 피안의 세계

125에서도 지적되었으며, 2002년 「신학사상」의 특집 주제도 역시 "역사적 예수와 한국 교회의 나아갈 길"이었음을 보면 지속적으로 이어져 왔음을 알 수 있다. 그뿐만 아니라 한국대학선교학회의 학술지인 「대학과 선교」 제3호(2001 겨울)의 특집 주제가 "예수 그리스도와 선교"였고, 제7호(2004 겨울)의 특집 주제가 "예수 믿기 예수 살기"였다. 이처럼 역사적 예수에 관한 올바른 이해에 대한 요청은 한국 기독교 사회에 지속되고 있는 중요한 쟁점이라고 할 수 있다. 한인철, "최근의 역사적 예수 연구와 대학선교," 「대학과 선교」 제3호(2001 겨울), 41-78과 장윤재, "역사적 예수와 하나님의 나라," 「대학과 선교」 제7호(2004 겨울), 9-55는 이와 관련된 주제에서 탁월한 논문으로 권장할 만하다.

2 이러한 이해는 한국 크리스천뿐만 아니라 다른 나라 크리스천 사이에서도 찾아볼 수 있다. N. T. Wright, *Jesus and the Victory of God. Christian Origins and the Question of God, II* (London: SPCK, 1996), 202.

에서는 지옥에 떨어져 각종 고통을 받을 거라고 생각하는 듯하다. 이러한 주장에 따르면 예수를 믿으면 살아서 좋고 죽어도 좋은, 기독교라는 종교를 믿으면 살든지 죽든지 좋기만 한 종교이다.

그런데 과연 '하나님 나라'란 죽어서 가는 곳인가? 이 개념은 원래 지상의 예수를 특징짓는 말이다. 유대교와 구약성서에서 하나님을 왕으로 표현한 곳은 있지만 '하나님 나라' 개념이 예수 이전에 사용된 적은 없었다.3 그것은 예수에게서 처음 사용된 독창적인 개념이다. 그러므로 우리가 하나님 나라를 이해하고자 하면, 우리가 임의로 생각하는 하나님 나라가 아니라 지상의 예수께서 말씀하셨을 때의 의미를 파악하는 것이 중요하다.

그러나 그것은 그리 쉽게 이해할 수 있는 개념이 아니었던 것 같다. 80년경 기록된 것으로 알려진 마태복음조차 하나님 나라(η βασιλεια του θεου) 개념을 "하늘나라"(η βασιλεια των ουρανων)로 대체했다는 사실에서도 미루어 짐작할 수 있다. 마태는 지상의 예수가 사용한 하나님 나라라는 개념으로는 그의 독자들을 이해시키기 어렵다고 판단했기 때문에 하늘나라라는 용어를 사용했을 것이다.4 한국의 크리스천

---

3 Odo Camponovo, *Königtum, Königsherrschaft und Reich Gottes in den frühjüdischen Schriften* (Freiburg-Schweiz: Universitätsverlag, 1984).

4 양용의는 최근 그의 저서 『하나님 나라, 어떻게 이해할 것인가』 (서울: 성서유니온선교회, 2005), 26에서 마태와 그의 독자들이 유대계 그리스도인이어서 하나님이란 호칭을 꺼려 하나님 대신 완곡한 표현으로 하늘을 사용했다고 설명하는데, 별로 설득력이 없다. 예수가 유대인으로서 하나님 나라 개념을 사용하여 말했을 때 그의 청중들과 의사소통이 되었을 것이 분명하다. 마태가 예수의 용어를 임의로 바꾸었을 때에는 그의 독자들에게 도저히 이해되지 않는 개념이었기 때문일 것이다. 그렇다면 그의 독자들이 유대인보다는 이방인이 더 많았을 가능성이 높다. 그뿐만 아니라 하나님을 뜻하는 '테오스'는 하나님의 이름이나 호칭이 아니라 일반적인 명사이다. 예수가 하나님 나라를 말할 때 헬라어로 테오스를 말했을지 혹은 아람어나 히브리어로 어떻게 표현했을지 확실하게 주장하는 학자가 의외로 드물다.

들이 하나님 나라가 지상에 없고 하늘에 있다고, 그래서 죽어서 가는 곳이라고 생각하는 것은 어쩌면 마태복음의 영향일지도 모르겠다. 그러나 마태가 사용한 하늘나라(천국) 개념도 죽어서 가는 곳으로 설정한 것이 아니다. 그것은 유대인들이 기존에 품고 있던 '하나님의 백성 이스라엘'이라는 혈통적 관계에 대해 대립적인 개념으로 예수의 제자들을 포함하여 마태 공동체 구성원들에게 하늘 백성의 정체성을 제공하기 위한 상징적인 세계이다.5

이 외에 마태의 영향을 하나 더 든다면, 마태가 하늘나라 개념을 예수 이전에 세례 요한도 사용한 것으로 기록함으로써 하나님 나라 개념이 예수의 독창적인 개념이 아니라 세례 요한에게서 이미 시작된 것으로 보이게 한 점이다. 그것은 세례 요한과 예수를 일직선상에서 이해하려는 마태의 고안에 따른 것이다.6 실제로 '하나님 나라' 개념은 예수의 독창적인 개념이고, 그의 독창성은 동시대 사람들은 보지 못하는 그의 '현재 이해'에서 유래한다.7

예수 시대 대부분의 유대인은 정치적·경제적으로 많은 고난을 당

---

5 이에 관한 최근 국내 학자들의 연구들을 추천할 만하다. 김학철, "마태복음의 '하늘나라'를 다시 살핌," 「신약논단」 14/1(2007 봄), 1-37; 차정식, "마태복음의 '하늘나라'와 신학적 상상력," 「한국기독교신학논총」 46(2006), 57-88.

6 마가복음과 누가복음에 따르면, 세례 요한의 선포는 "죄 사함을 위한 회개의 세례"(막 1:4; 눅 3:3)에 한정되어 있다. 예수만이 "하나님 나라가 가까웠다"라고 선포하는 반면 마태복음은 "회개하라, 천국이 가까웠다"라는 예수의 선포를 세례 요한에게도 동일하게 부가한다(마 3:1, 4:17). 정양모, 『마태오복음서』(왜관: 분도출판사, 1990), 44.

7 예수의 현재 이해에 관해서는 김판임, "신약성서의 구원이해: 예수와 바울을 중심으로," 「신약논단」 11/3(2004 가을), 533-575, 특히 544-548; 김판임, "예수와 세례요한," 「말씀과 교회」 39(2005 여름), 125-155 특히 143-152. 세례 요한의 메시지가 종말 심판에 집중된다면 예수의 메시지는 구원에 관한 것으로, 이 점에서 세례 요한과 예수는 결정적으로 대조를 이룬다고 할 수 있다. H. Merklein, *Jesu Botschaft von der Gottesherrschaft*, SBS 111 (Stuttgart: Katholisches Bibelwerk Verlag, 1983).

하고 있었다.8 그 고난이 크면 클수록 그들은 미래에 희망을 두었다. 미래에 대한 희망은 유대인들에게 오랜 전통에 속한 일이었다. 그들은 어려운 시대마다 하나님이 예언자를 세워서 하나님의 뜻을 전하던 것을 경험하곤 하였다. 그러나 마지막 예언자 말라기 이후에는 예언자의 음성을 더 이상 들을 수 없게 되자 그들은 하나님의 인내가 이제 한도에 달하여 이스라엘을 사탄의 세력하에 붙이셨다고 생각했다.9 그러나 그것이 영원하리라고 여기지는 않았다. 대예언자 이사야가 전하는 바, '그날'에 하나님은 다시 인간 역사에 직접 개입하실 것이다. 하나님이 인간 역사에 개입하시면, 그때까지 그들을 지배하고 있던 사탄의 세력은 약화되고 왕으로서 하나님의 통치가 이루어질 것이다. 이러한 종말론적 기대 속에서 현재의 어려움을 인내하는 것이 당대의 경건한 유대인들의 삶의 자세였다.

지상의 예수는 자신을 통해 사람을 괴롭히던 더러운 귀신이 물러가고, 병든 자가 치유 받는 것을 보았다. 그리고 이와 함께 오랫동안 인간

---

8 예수 시대 유대인의 생활에 관해서는 다음의 자료들을 참조할 것. 예레미아스/한국신학연구소번역실 역,『예수 시대의 예루살렘』(서울: 한국신학연구소, 1988); 뷜리발트 뵈젠/황현숙 역,『예수 시대의 갈릴래아: 예수의 생활공간과 활동 영역으로서의 갈릴래아에 관한 시대사적, 신학적 연구』(천안: 한국신학연구소, 1998); 조태연, "갈릴리 경제학: 예수운동의 해석학을 위한 사회계층론적 이해,"『신약성서의 경제윤리』,「신약논단」제4권(서울: 한들, 1998), 62-88; 리처드 A. 호슬리/박경미 역,『갈릴리: 예수와 랍비들의 사회적 맥락』(서울: 이화여자대학교출판부, 2006); 에케하르트 슈테게만·볼프강 슈테게만/손성현·김판임(공역),『초기 그리스도교의 사회사: 고대 지중해 세계의 유대교와 그리스도교』(서울: 동연, 2008).

9 P. Schaefer, *Die Vorstellung vom heiligen Geist in der rabbinischen Literatur* (Muenchen, 1972), 89-111, 143-146; P. Schaefer, "Geist/Hl. Geist/Geistgaben II. Judentum," TRE 12 (Berlin/New York: Gruyter, 1984), 173-178. 쉐퍼는 여러 랍비 문헌을 다룸으로써 당시 유대인들이 예언자 부재의 시대는 성령 부재의 시대, 즉 하나님이 그의 활동을 중지하고 있는 때로 이해했다고 요약한다.

세계를 사탄의 세력하에 놓고 침묵하던 하나님께서 인간 세계를 향한 구원 활동을 시작하였다고 이해하였다: "내가 만일 하나님의 손을 힘입어 귀신을 쫓아낸다면 하나님의 나라가 이미 너희에게 임하였느니라"(눅 11:20). 그리하여 예수는 그가 현존하고 있는 이 지상, 바로 현재에 다가와 있는 '하나님 나라'에 관해 비유로 가르치고, 병든 자들을 치유하고 악하고 더러운 귀신들을 축출함으로써 그 나라의 임재를 보여주었다.[10]

예수의 하나님 나라에 대해 우리는 다음과 같이 간단히 정의를 내려 볼 수 있을 것이다.

1) 하나님 나라는 현존하는 세상 나라, 세상 권력과 대립되는 개념이다.
2) 하나님 나라는 병들고 귀신에 시달리는 사람들을 구원하는 하나님의 활동이다(눅 11:20).
3) 하나님 나라는 여기 있다 저기 있다고 말할 수 있는 장소 개념이 아니다(눅 17:21).
4) 하나님 나라의 왕, 통치자는 하나님이다.
5) 하나님 나라는 통치자인 하나님 외에 그의 통치를 받는 백성이 있어야 성립한다.

이 글은 하나님 나라의 백성에 대해 집중할 것이다. 하나님 나라 백성은 누구인가? 그리고 그 백성은 무슨 특권과 의무를 지니는가?

---

10 김판임, "신약성서의 구원이해: 예수와 바울을 중심으로," 「신약논단」 11/3(2004 가을), 533-575.

3. 하나님 나라 백성의 특권과 의무

1) 하나님 나라 백성은 누구인가?

국내에서 2000년에 초판을 발행하여 2005년까지 38쇄를 거듭한 세계사 책이 있다. 일본 홋카이도 교육대학 교수로 봉직하고 있는 미야자키 마사카츠의 한국어 번역서 『하룻밤에 읽는 세계사』가 바로 그 것이다. 이 책에서 저자는 예수의 활동과 메시지를 다음과 같이 올바로 소개한다.

> "예수는 27년경에 요한으로부터 세례를 받아 메시아(구세주) 운동을 일으켜 '천국이 가까웠도다. 회개하라'며 최후의 심판이 가까웠음을 지적하고 신의 절대적인 사랑과 이웃에 대한 사랑을 설파했다. 그러나 계율과 의식을 배제하고 '가난한 자만이 신의 나라에 들어갈 자격이 있다'는 설교로 유대교 사제들의 미움을 사 포교 3년 만에 세인을 현혹하는 반역자로 로마 총독에게 고발당해 36세에 예루살렘 교회의 골고다 언덕에서 십자가에 매달려 처형되었다(30년경)."[11]

가난한 사람만이 하나님 나라에 들어갈 수 있다는 것이 예수의 메시지라고 단호히 말할 수 있는 근거는 다음과 같은 예수의 발언에 있다: "재물이 있는 자는 하나님의 나라에 들어가기가 심히 어렵도다"(막 10:23), "하나님의 나라에 들어가기가 얼마나 어려운지 낙타가 바늘귀로 나가는 것이 부자가 하나님의 나라에 들어가는 것보다 쉬우니라"

---

11 미야자키 마사카츠/이영주 옮김, 『하룻밤에 읽는 세계사』 (서울: 랜덤하우스, 2005), 68.

(막 10:24-25). 낙타와 바늘귀 비유는 부자는 하나님 나라와 거리가 멀다는 것을 분명히 말해 주는 것이다. 부자가 하나님 나라에 들어갈 확률은 0.0000000001%, 사실상 불가능하다는 뜻이다. 그러므로 예수가 하나님 나라의 백성이 될 자들을 "가난한 자들"[12]로 한정했다고 확언한 역사학자의 견해는 정확하다고 할 수 있다.

그러나 많은 크리스천이 부자는 절대 하나님 나라에 들어가지 못한다는 예수의 견해가 너무 가혹하다는 생각을 버리지 못하는 것 같다. 예수의 지상 활동 기간에 예수에게 찾아와 영생을 얻는 길을 물었던 어떤 부자는 재산을 포기하라는 예수의 가르침을 듣고 자신의 재산을 포기하는 것이 아니라 차라리 영생을 포기하는 것으로 이야기가 끝난다(막 10:17-22/마 19:16-20/눅 18:18-30). 요즘 한국의 크리스천들이 생각하듯이 예수를 잘 믿으면 살아 있을 때에는 부자로 살다가 죽어서 천국에 간다는 믿음은 예수의 사상과는 전적으로 다르다는 것이 분명해진다.

현대 사회에서 부유하고 윤택한 삶을 추구하는 많은 크리스천은 하나님 나라의 백성이 되기 위해 부를 포기하기보다는 오히려 부자도 하나님 나라에 들어가는 것이 가능한 것으로 해석하고자 갖가지 노력을 한다.[13] 가령 부자도 부자 나름이라고, 잘못된 방식으로 부를 축적한

---

12 가난한 자에 대한 예수의 이해, 마태와 누가의 상이한 이해에 관해서는 예레미아스/김경희 역, 『예수의 선포』(왜관: 분도출판사, 1999), 159-164 참조.

13 최근 한국에서 출간된 김동호, 『깨끗한 부자』(서울: 규장, 2001); 김영봉, 『바늘귀를 통과한 부자』(서울: 한국기독학생회출판사, 2003)와 오덕호, 『하나님이냐 돈이냐』(천안: 한국신학연구소, 1998), 370 등이 그러한 시도를 한 책들이다. 오덕호는 누가복음 16장 분석을 통해 신자들이 재물을 바르게 사용하면 구원의 가능성이 있다고 전제하고, 부자가 "구원을 위해" 아낌없이 가난해질 정도로 내놓음으로써 "이 세상의 가난한 자들도 구원하고", 결과적으로 부유한 자와 가난한 자들을 모두 구원하는 결과를 초래할 수 있다고 결론을 맺는다. 그의 결론에 따르면 아이러니하게도 부유함 자체를 구원으로 전제하고 있는 것처럼 보인다.

사람은 불가능하지만, 깨끗하게 돈을 번 청부 혹은 많은 재산을 자기 자신을 위해 쌓아두지 않고 가난한 사람을 구제하는 데 사용하는 훌륭한 부자 혹은 부자라도 겸손하고 영성이 풍부하다면, 그런 부자는 하나님 나라 백성이 될 수 있지 않을까 고려하는 식으로 말이다.

현대 학자들뿐만 아니라 이미 성서 저자도 그러한 시도를 했다. "심령이 가난한 자는 복이 있나니, 천국이 저희 것임이요"(마 5:3)라는 마태복음에 나오는 예수의 축복 선언이 바로 그러한 시도의 하나라고 할 수 있다. 많은 성서학자는 누가복음의 평지 설교에 나오는 "가난한 자는 복이 있나니 하나님의 나라가 너희 것임이요"(눅 6:20)라는 축복 선언이 마태복음의 그것보다 지상의 예수에게 가깝다고 여긴다. 예수는 실로 가난한 자가 하나님 나라의 백성이라는 것과 그렇기 때문에 복되다는 것을 말하고 있는 것이다.

마태복음 저자는 "가난한 자" 앞에 "심령이"라는 말을 첨가함으로써 예수가 하나님 나라의 백성으로 언급한 가난한 사람들이 물질적 의미에서의, 즉 경제적 의미에서의 "가난한 사람"이 아니라 종교적 경건을 지닌 자라는 의미를 분명히 했다. 많은 학자가 추측하는 바대로 마태는 그의 공동체에 부유한 사람이 많아서 그들에게 상처를 주지 않고 그들도 하나님 나라의 백성으로 포함하려고 한 깊은 목회적 배려가 있었을 수도 있다. 아니면 마태가 예수를 이해하건대, 예수가 말했던 하나님 나라의 백성인 가난한 자란 물질적인 의미에서만이 아니라 종교적 경건을 지닌 자라는 의미로 사용했다고 해석하고, 예수의 원래의 의도가 오해되지 않고 잘 전달되도록 "심령이"라는 말을 첨가했을 수도 있다. 경건한 유대인들은 그들이 소유한 재산 여하에 상관없이 하나님의 긍휼을 필요로 하는 사람이라는 점에서 스스로를 "가난한 자"라고 표현하는 일이 많았다.[14] "심령이"라는 표현은 예수의 것이 아닌 마태의 첨가라는 것을 대부분의 학자가 동의한다.

마태와는 달리 예수의 말을 가감하지 않고 그대로 단순히 "가난한 자"라고 표시한 누가는 이것이 자신의 신학, 즉 가난하고 어려운 형편에 있는 자에게 관심을 가지고 돌보는 것을 중요한 일로 여기는 누가 자신의 신학에 상응하므로 아무것도 첨가하거나 수정할 필요가 없었을 것이다.

하나님 나라 백성인 가난한 사람은 과연 누구인가? 어느 정도 재산이 있으면 부자인가? 현대 사회에서 가난과 부유의 기준이 어디 있을까? 무일푼이던 사람이 사업자금 3,000만 원을 모았다면 부자가 된 기분이 들까? 수년간 열심히 일하고 절약해서 1억 원을 모았다면 부자가 되었다고 자부할 수 있을까? 1억 원을 모으면 부자가 된 기분이 들까 아니면 10억 원을 가진 자에 비해 상대적 빈곤감을 느끼게 될까? 한국의 어떤 경제학 교수는 부자를 다음과 같이 정의하기도 한다: "한국사회에서 자기가 살고 있는 주택이나 아파트를 제외하고 내일모레까지 20억 원의 재산을 가져올 수 있으면 부자라고 할 수 있다."[15] 가난은 상대적 개념일까 아니면 어떤 기준치를 제시할 수 있는 절대적 개념일까? 아무리 재산이 없어도 마음이 넉넉하면 부유하다고 할 수 있는가?

예수 시대 가난한 사람은 누구인가? 마가복음 10장에서 낙타가 바

---

14 가령 1947~1956년 사이에 사해 근처 동굴들에서 발견된 쿰란 문헌들 중에서 찬양시 모음집인 1QH를 보면, 의의 선생의 찬양시들 중에 찬양자가 자기 스스로를 "가난한 자"라고 칭하는 것을 볼 수 있다(가령 1QH II,32; V,18, 33 등). 호다요트 본문에 나오는 "가난한 자"로 표현되는 히브리어 용어만도 매우 다양하다. 이에 대해 N. Lohfink, *Lobgesänge der Armen. Studien Zum Manifikat, den Hodajot von Qumran und einigen späten Psalmen*, SBS 143 (Stuttgart: Katholischer Bibelwerk Verlag, 1990), 42; 김판임, "경건한 자의 찬양: 1QH II, 31-39를 중심으로," 「Canon & Culture」 제2권 1호 (2008 봄), 149-177 참조.

15 이영권, "당신도 부자가 될 수 있다," 2008년 6월 10일 KBS 1 〈아침마당〉 경제 강의에서.

늘귀를 통과하는 것이 부자가 하나님의 나라에 들어가는 것보다 쉽다고 예수가 이야기했을 때 이에 대한 제자들의 반응은 의외로 모두 놀라며 "그런즉 누가 구원을 얻을 수 있는가?"(막 10:26)라고 이야기할 정도였다면, 그들 자신도 부유하여 구원을 얻기 어려운 존재로 생각하였을까 의심해 볼 수 있겠다. 그러나 일반적으로는 예수를 포함하여 그의 제자들 그리고 일반 유대인들 모두 가난했다고 보고 있다. 예수 시대 이스라엘은 비록 왕이 헤롯이라고는 하나 로마의 통치하에 있던 식민지였다. 36년간 일본의 식민 통치를 받아보았기에 한국인들은 식민 통치하의 생활이 얼마나 비참한지 알고 있다. 기원전 587년에 바빌론에 의해 나라가 망한 후 예수 시대에 이르기까지 바빌론, 페르시아, 마케도니아, 이집트, 시리아와 로마에 이르기까지 수백 년 동안 주변 강대국의 속국으로 살던 이스라엘 백성이란 거의 모두 가난한 사람이라해도 과언이 아닐 것이다.16 일부 왕이나 귀족, 지주, 포도원 주인, 진주 장사처럼 고급 상인 등, 소수 특별 계층을 제외하고 대부분의 백성은 소작인, 일일노동자였을 것이고, 이보다 더 어려운 사람도 있었을 것으로 여겨진다.

예수의 비유에 등장하는 소재들과 인물들17을 중심으로 살펴본다면, 그의 청중이 어떠한 사람들이었는지 짐작할 수 있다. "씨 뿌리는 자의 비유"(막 4:1-9; 마 13:1-9; 눅 8:5-8), "저절로 자라는 씨의 비유"

---

16 이런 의미에서 메르클라인이 산상수훈에서 축복의 대상인 가난한 사람들을 소수의 엘리트 의식을 가진 "경건자들"이 아니라 이스라엘 전체를 의미한다고 지적한 것은 시사하는 바가 매우 크다. H. Merklein, *Jesu Botschaft von der Gottesherrschaft*, 48-49. 메르클라인은 이사야에서 이러한 이해의 근거를 찾았다. 그러나 쿰란 에세네 공동체가 자칭 "가난한 자들의 공동체"(4QpPs 37 II,10; III,10)라고 표현했을 때에는 전체 이스라엘에서 구별된 자로서 자기 이해를 표출한 것을 간과해서는 안 된다.

17 빌리발트 뵈젠/황현숙 역, 『예수 시대의 갈릴래아』, 311-337.

(막 4:26-29), "겨자씨의 비유"(막 4:30-32; 마 13:31-32; 눅 3:18-19) 등은 그의 청중들이 농사꾼들임을 말해 준다. "그물 비유"(마 13:47-48)는 그의 청중 중에 어부들이 있었다는 것을 알게 해준다. 오늘날 우리 사회도 마찬가지지만 예수 당시 농사꾼이나 어부들은 대개 가난한 사람들이다. "밭에 감추인 보화의 비유"(마 13:44)에서는 밭을 갈던 농사꾼이 땅속에서 보물을 발견하고도 발견하자마자 가지지 못하고 자기 모든 것을 팔아 그 땅을 사기까지 땅속에 감추어두는 것으로 보아 자기 땅을 일구는 농사꾼이 아니라 남의 땅을 부쳐 먹고 사는 소작인임을 알 수 있다. 포도원 주인의 비유(마 20:1-16)를 통해 짐작할 수 있는 바와 같이 예수의 청중들 중에는 포도원 주인 같은 사람이나 혹 삭개오 같은 재산가도 있을 수 있지만, 대부분의 사람은 자신의 노동력 외엔 아무것도 가진 것이라고는 없는, 일일노동자와 같은 극빈자들이었다.

누가복음에서 가난한 자가 언급되는 곳에서 가난한 자만이 아니라 몇몇 종류의 사람이 함께 열거되기도 한다. 가령 4장 18절에는 "가난한 자, 포로된 자, 눈먼 자, 눌린 자", 6장 20-21절에는 "가난한 자, 주린 자, 우는 자", 7장 22절에는 "맹인, 앉은뱅이, 나병 환자, 귀 먹은 사람, 죽은 자, 가난한 자", 14장 13절에는 "가난한 자들, 불구자, 저는 자, 맹인", 마지막으로 14장 21절에 "가난한 자, 불구자, 맹인, 저는 자"가 열거된다. 가난한 자와 함께 열거되는 이러한 목록은 이러한 사람들이 가난한 자들로 통칭될 수 있음을 말해 준다. 맹인이나 불구자, 저는 자, 앉은뱅이, 이 모든 사람은 신체장애인들이다. 건강한 사람은 소작일이나 일일노동자로 일하며 겨우 생계를 유지하는 반면 신체장애라도 있는 사람은 그나마 일도 얻을 수 없는 처지이니 생계를 유지할 수 없을 만큼 극도로 가난했을 것이 틀림없다.

그 외에 하나님 나라의 백성으로 생각할 수 있는 존재들은 어린아이들과 여자들이다. 마가복음 10장 13-16절은 어린아이들이 예수에게 다가오는 것을 금하는 제자들의 태도에 대한 예수의 견해를 전한다. 제자들은 유대인들이 상식적으로 생각하던 것처럼 어린아이들과 종교적인 대화를 나누기에는 그들이 아직 어리다고 생각했을 것이다. 유대인들은 남아 13세가 되어야 종교적 능력과 혼인 능력을 가진 존재로 인정한다. 아마도 이 이야기에서 언급되는 어린아이들이란 13세 이하의 어린이들을 의미할 것이다. 예수는 그의 제자들에게 어린아이들이 오는 것을 막지 말라고 할 뿐만 아니라 오히려 그들과 같지 않으면 하나님 나라에 들어갈 수가 없다고 말한다.

하나님 나라의 백성인 가난한 사람의 또 하나의 범주는 여성이다.[18] 가부장적 사회에서 여성은 남편에게 귀속된 자로서 남편의 재산과 사회적 지위 고하에 따라 지위가 정해졌다. 생활이 어려워도 직업을 가지지 못하였으므로 부유한 남편의 아내를 제외하고 대부분의 여성은 가난하였다고 말할 수 있다. 또한 여성은 어린아이와 마찬가지로 종교적 담론의 파트너가 되지 못했다. 예수가 하나님 나라에 관해 이야기할 때 누룩 비유와 같이 여성이 이해하기 쉬운 예를 사용한다든지, 하나님 나라의 임재를 보여주는 병의 치유나 귀신 축출 등의 구원 역사가 남자들에게만 일어나는 것이 아니라 여자들에게도 일어난다는 사실에서 하나님 나라 백성들로 여성이 고려되었다는 것을 알 수 있다.[19]

종합하면 가난한 사람이란 강대국의 식민지 통치하에서 겨우 생계

---

18 예수 당시 유대 가정과 사회, 종교 활동에서 유대 여성들의 지위와 역할에 대해서는 김판임, "유대교에 있어서 여성의 지위와 역할 및 이에 대한 예수의 입장," 「한국기독교신학논총」 제18집(2000), 109-158.

19 김판임, "예수와 여성: 하나님 나라와 관련하여," 『하나님 나라: 그 해석과 실천』, 황성규 교수 정년기념 논문집 (서울: 한국신학연구소, 2000), 115-132; 김판임, 『여성신학의 지평』 (서울: 여성신문사, 2005), 96-102.

를 유지하는 이스라엘 백성 전체라고 말할 수 있으며, 그중에서도 천한 직업의 소유자들이나 직업을 가질 수 없었던 장애인, 어린이, 여성이 가난한 사람을 대표한다고 할 수 있다.

2) 왜 가난한 사람들인가?: 하나님 나라 백성의 특권

예수는 가난한 사람들이 복되다고 축복하며 그 이유를 그들이 하나님 나라의 백성이기 때문이라고 말한다. 김희성은 산상수훈에서 가난한 자들을 축복하는 이유가 그들이 현재의 가난한 상황을 벗어나 부자가 될 것이기 때문이라고 해석한다.[20] 이러한 해석은 부자가 복되다는 세속적인 이해를 벗어나지 못하고 있는 증거이다. 지상의 예수는 물론 마태복음이나 누가복음도 그런 식의 해석을 허용하지 않는다. 가난한 사람이 복된 이유는 그들이 부자가 될 것이기 때문이 아니라 하나님 나라의 백성이기 때문이다.[21]

---

20 김희성, "예수의 하나님 나라," 「기독교신학논총」 41집(2005 가을), 제37회 한국기독교학회 자료집(2005), 34. 김희성은 여기서 셴크(Schenk)를 인용하여 다음과 같이 말한다: 하나님 나라는 "사탄의 역사가 세상에 남겨 놓은 모든 악과 모든 하나님으로부터 멂, 즉, 곤궁, 가난, 억압, 질병, 적개심에서 경험되는 구원받지 못한 상태의 지양이다." 그러므로 "처량한 배고픔과 곤궁이 있는 한 그 나라는 아직 도래하지 않았다"라고 단언한다. L. Schenk, Die Botschaft vom kommenden "Reich Gottes," L. Schenk, *Jesus von Nazaret - Spuren und Konturen* (Stuttgart: Katholischer Bibelwerk Verlag, 2004), 129. 이러한 이해에 따르면 부유함과 유복함이 구원의 상태, 하나님 나라의 모습으로 소개된다. 그리하여 부자는 이미 하나님 나라의 백성이라는 결론에 도달함으로써 예수의 견해와 정반대의 오해를 초래한다.

21 스트레커는 산상수훈 연구에서 가난의 의미를 아주 정확하게 기술했다. 그는 구약성서와 유대 문헌에서 부유함과 가난은 경제적인 의미뿐만 아니라 신학적인 내용을 포함한다는 것을 지적하며, 부유함과 하나님으로부터 멂이 같은 의미이고, 그와 반대로 가난과 하나님께 가까움이 동일한 의미라고 말한다. G. Strecker, *Die Bergpredigt. Ein exegetischer Kommentar* (Göttingen: Vandenhoeck & Ruprecht, 1985), 32-33.

하나님 나라의 백성이 누릴 생명, 영생을 얻기 위해서는 자신이 가진 소유를 모두 팔아 가난한 사람들에게 나누어주고 나를 따르라는 예수의 요청(막 10:21)은 네가 가진 재산으로 가난한 사람을 구제하라는 의미가 아니라 너 자신이 가난한 자가 되라는 뜻이다.[22] 하나님 나라에 들어가는 것, 하나님 나라의 백성은 오직 가난한 자이기 때문이다. 놀랍게도 김경진은 부자가 하나님 나라에 들어가지 못하는 이유를 재산에 집착하기 때문이라고 해석하며, 부자라도 재산에 집착하지 않고 가난한 자를 위해 재산을 사용하면 구원을 받을 수 있는 것처럼 해석한다.[23] 이러한 해석에 따르면 더 큰 부자가 되어 더 많은 가난한 사람을 구제하는 것이 구원을 얻는 길인 것처럼 오해를 불러일으키고, 재산에 대한 탐심을 더욱더 조장할 위험이 높다. 이러한 해석은 가난한 사람에게 줄 것이 있는 부자만이 하나님의 백성인 것으로 오해를 일으킨다. 이는 예수의 의도와 거리가 멀다. 예수의 가르침은 많이 벌어서 가난한 사람을 위해 쓰면 하나님 나라의 백성이 된다는 것이 아니다. 바로 가난한 사람이 하나님의 백성이라는 것이다.

왜 예수는 가난한 사람만이 하나님 나라 백성이라고 하는 것일까? 재산이 있는 사람이라도 하나님만 잘 믿고 성경대로 살면 하나님 나라

---

22 최근 국내에서 나온 여러 연구는 가난한 자가 하나님 나라 백성이라는 것을 결코 가르치려고 하지 않는다. 이는 현재 나타난 일시적인 현상도, 대한민국이란 지역에 한정된 것도 아니다. 최근 손규태는 역사적 예수를 오해하거나 아예 역사적 예수로부터 이탈했던 일들이 기독교 역사에 종종 나타났음을 지적한다. "'역사의 예수를 위한 변론'에 대한 토론," 「신학비평」 33(2009 여름), 52-68.

23 김경진, 『부자를 위한 성서해석』(서울: 프리칭아카데미, 2007), 42-67. 김경진은 이 책에서 누가복음의 신학을 대변한다. 누가복음과 사도행전의 저자는 가난한 자만을 위한 복음이 아니라 부자를 위해서도 기록했다는 것이다. 부자들을 위해서는 재물의 낭비와 집착, 축적이 바로 재물의 그릇된 사용이며 부자라도 재물을 구제와 자선 등으로 올바르게 사용할 것을 제시하고 있음을 강조한다.

백성일 수 있지 않을까? 김경진을 비롯한 많은 학자가 부자들에게 구원받을 가능성을 제시하고자 이러저러한 해석을 시도하지만, 왜 예수는 이러한 가능성을 차단하고 가진 재산을 버리고 가난한 자가 되어야 한다고 말했을까? 왜 하필 가난한 사람인가? 구약성서에 나오는 아브라함이나 욥과 같은 존재들 모두 부자가 아닌가? 천국에 아브라함도 있지 않은가? 이들은 오직 하나님을 믿음으로 구원을 얻은 자가 아닌가 하는 의문을 제기할 수도 있을 것이다. 잠언과 같은 지혜서에 따르면 가난은 게으름의 결과가 아닌가?[24] 어째서 예수는 가난한 자를 하나님 나라의 백성으로 보는 것일까?

예수 당시 유대인들에게서나 오늘날 많은 크리스천 사이에 부유함과 가난함, 부유한 사람과 가난한 사람에 대한 인식은 비슷한 점이 없잖아 있다. 유복한 삶은 축복으로, 가난하고 병들고 불행한 삶은 저주로 보는 것이다. 가난한 부모에게 태어나 가난에 찌들어 고생하고, 불치병이나 중병에 걸려 인간 구실을 못 하고 있는 삶에 대해 그것이 자신의 삶이든 타인의 삶이든 죄의 결과로 여겼던 것이다: "랍비여, 이 사람이 맹인으로 난 것이 누구의 죄로 인함이니이까? 자기니이까 그의 부모니이까?"(요 9:2)

가난이나 질병 혹은 사고나 장애 등 인생에 만날 수 있는 불행을 게으름이나 무지 혹은 죄의 결과로 보는 사회에서 가난한 사람이나 병든 사람, 장애인 당사자는 분명히 알 수는 없지만 무슨 죄의 결과려니 하며 그러한 불행을 감내할 힘을 얻을지도 모르겠다. 그러나 반대로 부자가 가난한 사람을 향해 너는 죄를 지어 가난하고 나는 복을 받아

---

24 가령 잠언 6:6-11, 21:17, 23:21 등에 따르면 가난은 무지와 게으름의 소산으로 경멸된다. 김판임, "경건한 자의 찬양: 1QH II, 31-39를 중심으로"(2008), 166-168.

부자라고 여기는 사회를 상상해보라. 건강한 사람이 병든 사람을 향해 너는 죄를 지어 병들었고 나는 복을 받아 건강하다고 여기는 사회를 상상해보라. 건강한 자, 힘 있는 자, 기득권자의 권익을 내세우고, 그렇지 못한 자를 그렇지 못하다는 이유로 폄하하여 인간 이하로 몰아가는 악한 사회인 것이다.[25]

이러한 사회에서 예수는 일반인들이 납득할 수 없는 것을 주장한다: 부자가 복된 것이 아니라 가난한 자가 복되다, 가난한 자들이 부자가 될 것이기 때문이 아니라 하나님 나라가 그들의 것이기 때문이다(눅 6:20 참조). 하나님 나라의 임재를 본 예수에게는 장애인, 병든 자, 가난한 사람은 무슨 죄의 결과물이 아니라 "하나님의 계획을 실현하기 위한 목표물"이다(요 9:3). 가난한 사람들이 하나님의 백성인 이유는 이들에게 하나님의 생명의 역사인 치유와 위로와 인격적인 대우가 일어날 것이기 때문이다. 예수 이전에는 가난한 자, 병자, 여자 등 약자들이 죄인으로 취급되고 비인격적으로 경멸당하였다면, 자신들이 하나님 나라의 백성이라는 예수의 선언을 듣는 순간부터 자존감 회복과 같은 경이로운 체험을 하였을 것이다. 바로 이것이 가난한 자들이 지닌 특권인 것이다.

3) 하나님 나라 백성의 의무: 하나님의 뜻 수행

하나님 나라는 하나님이 왕으로 활동하시고, 그의 백성인 가난한

---

25 가난한 자에 대한 신학적 담론은 남미의 해방신학에서 진지하게 다루어졌다. 최근 남미 해방신학이 21세기 세계화 시대에 주는 유산을 호의적으로 평가한 논문 장윤재, "'가난한 자들은 항상 너희와 함께 있으리라': 세계화 시대 남미 해방신학의 유산," 「기독교신학논총」 40(2005 여름), 193-221 참조.

자들을 중심으로 그의 구원 활동을 펼치는 영역이다. 모든 나라의 백성이 그렇듯이 하나님 나라의 백성도 백성으로서 의무가 있다.

(1) 하나님 나라 백성은 하나님이 모든 생명을 살리시듯 생명 살림의 의무가 있다.

하나님이 이 세상의 모든 식물과 동물, 인간을 만드신 창조주이고, 그가 만드신 모든 피조물이 살 수 있도록 먹을거리까지 배려하시는 분(창 1:29)이기 때문에 하나님 나라 백성은 하나님이 만드신 생명들이 살아갈 수 있도록 배려해야 할 의무가 있는 것이다. 이는 많은 사람에게 잘 알려진 사마리아인의 비유(눅 10:30-35)[26]를 통해 분명히 전달된다.

비유는 3막으로 구성된 연극처럼 전개된다.[27] 제1막은 예루살렘에서 여리고로 가는 인적이 드문 곳에서 어떤 행인이 강도를 만나 길에 쓰러져 생명을 잃을 위험에 처한 것으로 시작한다. 제2막에서는 거의 죽은 상태로 누군가 곧 조치를 취하지 않으면 죽을 수 있는 행인을 두고 제사장이나 레위인은 그냥 보고 지나가 죽음의 위험에 방치한 반면 사마리아인은 그를 보고 그냥 지나가지 않았다.[28] 그는 가지고 있는

---

26 이 비유의 문학적 기법과 주제 등에 관한 최근 연구로 김판임, "선한 사마리아인의 비유 (눅 10:30-35) 연구," 「신약논단」 14/4(2007 겨울), 1015-1052 참조. 비유 해석의 역사에서 스캇은 예수의 비유를 문서로 읽고 사유함으로써 해석하던 과거의 비유 해석의 문제점을 지적하고 예수의 비유는 예수의 입에서 말로 흘러나와 청자들의 귀에 도달된 것임을 지적해 비유 해석의 전환을 가져오는 혁혁한 공을 세웠다. Bernard Brandon Scott, *Hear Then the Parable* (Minneapolis: Fortress Press, 1989), 7-76; 버나드 브랜든 스캇/김기석 역, 『예수의 비유 새로 듣기』(고양: 한국기독교연구소, 2006), 19-29.

27 B. Young은 이 비유의 연극적 특성을 잘 파악하고 이 비유에 대해 "미니드라마"(mini-drama)라는 표현을 썼다. B. Young, *The Parables. Jewish Tradition and Christian Interpretation* (Peabody: Hendrickson Publishers, 1998), 105.

28 유대 종교의 지도자인 제사장과 레위인 그리고 유대인들이 구원 받을 가능성이 없는 사람들이라고 경멸하고 적대시하였던 사마리아인을 등장시켜 행동에서 대조를 이루었

것, 즉 기름과 포도주로 강도 만난 자에게 응급 처치를 해 줌으로써 일단 생명의 위기를 넘기게 한다. 제3막은 응급 조치를 해 준 행인을 보살펴 줄 수 있는 여관으로 옮겨놓고, 자신이 떠날 때에 여관 주인에게 환자를 돌봐 줄 것을 의뢰하는 내용이다.

사마리아인은 죽어가는 한 생명을 살리기 위한 응급 처치와 후속 조치 등 모든 일을 한 것이다. 사마리아인의 행위는 윤동주가 노래했던 바와 같이 "죽어가는 모든 것을 사랑하는" 행위였던 것이다. 사마리아인의 비유는 하나님이 만드신 생명 하나라도 죽도록 방치하지 않고 살 수 있도록 돌보는 것이 하나님 나라 백성이 마땅히 행해야 할 의무임을 가르쳐 주고 있는 것이다.

(2) 하나님 나라 백성은 하나님에게 받은 그대로 베풀 의무가 있다.

이는 "용서하지 않는 종의 비유"(마 18:23-34)를 통해 알 수 있다. 이 비유는 마태복음에만 나온다. 마태는 자신의 목회적 필요에 따라 이 비유를 예수의 다섯 가지 설교 중 네 번째인 교회에 관한 설교 (18:1-35)의 마지막에 위치 설정을 했다.[29] 그리고 용서라는 주제

다는 점에서 불트만이 이 비유의 핵심이 유대 종교 지도자의 행동과 사마리아인의 행동의 대조에 있다고 파악한 이래로 많은 학자들은 예수가 이 비유로 위선적인 유대 종교 지도자들을 비판한다고 이해한다. 그러나 이는 예수의 비유를 문자로 읽을 때 오는 오류이다. 비유를 글이 아니라 이야기로 들을 때에는 제사장과 레위인의 등장이란 연극 무대를 그림으로 상상할 수 있게 하는 수단인 것이다. 죽어가는 행인을 보고 무자비하게 그냥 보고 지나가는 이들의 행동에서 청중은 이들을 비난하기보다는 도움을 받지 못해 죽음의 기로에서 벗어나지 못하는 행인에 대한 안타까움이 고조될 따름이다. 그러므로 제사장과 레위인, 사마리아인을 등장인물로 나타내 보인 이유는 일종의 역할극(Costume Play)인 것이다.

29 이 비유가 마태의 철저한 편집의 틀 안에 있고 주제조차 마태에게 적절하다는 인상 때문에 예수의 비유가 아니라 마태의 창작이라는 의심을 받아왔다. 김득중, 『복음서의 비유들』(서울: 컨콜디아사, 1988), 188. 김득중은 다음과 같은 이유에서 이 비유가 역사적 예수에게서 유래하는 것이 아니라 마태의 창작일 것에 대한 가능성을 제기하는 학자들

로 비유의 틀을 제공함으로써 비유의 주제를 한정했다. 이러한 점을 감안하더라도 23절에서 시작하는 비유는 예수의 진정한 비유로 손색이 없다.[30]

이 비유도 사마리아인의 비유와 마찬가지로 제3막으로 구성된 연극 대본과 같다. 제1막(마 18:23-27)은 1만 달란트를 빚진 자가 왕 앞에서 문초를 받는 장면이다. 1만 달란트는 가히 상상할 수도 없을 만큼 큰돈이다. 1달란트는 예수 당시 화폐 가치로 볼 때 일일노동자의 하루 품삯인 1데나리온의 6,000배 정도의 금액이다.[31] 헤롯 대왕이 거둬들인 모든 세금이 900달란트 정도였다는 점을 감안하면, 1만 달란트란 일반 시민이 가히 짐작할 수도 없을 만큼 평생 벌어도 도저히 모을 수 없는 돈이다. 빚을 갚으라는 독촉의 표현으로 가진 소유를 다 팔고, 자신과 아내 자식을 모두 팔아 갚으라고 하지만 실제로 이 모든 것을 판다 해도 1만 달란트의 빚을 갚을 수 없을 정도로 비현실적인 금액이다. 왕은 기다려 달라는 빚진 자의 간청을 듣고 불쌍히 여겨 천

을 대변한다. 첫째, 이 비유가 정경이나 외경에 병행 구절을 가지고 있지 않으며, 둘째, 비유대적 요소를 많이 내포하고 있다는 점 그리고 문학적으로 너무나 발전된 형태를 띠며 비유의 서론과 결론 등 마태적인 특징이 매우 많다는 점이다. 그러나 비유를 유발하는 역할을 하는 용서에 관한 담론(21-22절)과 조건부의 협박성 결어(35절)를 제외하고 "천국은 ~와 같으니"에서 비유가 시작한다고 보면 예수의 비유로서 특징이 많다. 물론 마태가 공동체 유지를 위해 서로 용서하라는 메시지를 사용하고 있음을 부인할 수 없다. 그러나 예수의 견해에서 볼 때 이 비유는 하나님 나라 백성은 하나님에게서 받은 대로 베풀라는 주제의 메시지로 예수의 사상에 적합하다.

30 북미 지역에서 있었던 예수 세미나의 투표 결과 이 비유는 분홍색을 얻었다. 예수의 진정한 비유로 거의 의심치 않는 것으로 여겨진 비유들은 누룩 비유, 선한 사마리아인의 비유, 겨자씨 비유, 포도원 일꾼의 비유 등이고, 이 비유도 예수의 진정한 비유로 보는 것에 상당수의 학자가 동의한다. R. W. Funk & B. B Scott & J. B. Butts, *The Parables of Jesus* (California: sonoma, 1988), 26, 102-103; 스캇/김기석 역, 『예수의 비유 새로 듣기』, 32.

31 A. Powell, "Weight and Measures," ABD 6, 907-908.

문학적인 금액을 탕감해 주기로 한다.

제2막(마 18:28-30)은 제1막에서 왕에게 1만 달란트를 탕감 받은 사람이 나가서 자기에게 1백 데나리온의 빚을 진 사람을 만나 빚을 갚으라고 독촉하는 이야기이다. 1막에서 빚의 크기가 비현실적으로 엄청난 액수였다면 1백 데나리온은 당시 일일노동자의 반년간의 근로 소득 액수에 해당하는 매우 현실적인 금액이다. 반년만 일하면 갚을 수 있는 돈인데도 기다려주지 않고 무자비하게 옥에 가두었다.

제3막(마 18:31-34)은 다시금 비현실적인 이야기로 돌아간다. 그리 큰 빚이 아님에도 동료의 빚을 독촉하다 못해 옥에 가두기까지 무자비한 행위를 하는 사람을 보고 동료들이 왕에게 보고한다. 왕은 그 종을 다시 소환하여 이전에 탕감해 주었던 일을 상기시키며 "내가 너를 불쌍히 여김과 같이 너도 네 동료를 불쌍히 여김이 마땅하지 아니하냐?"라고 문책하며 탕감했던 일을 취소하고, 그 종이 동료 종에게 했던 것과 똑같이 그를 옥에 가두었다는 이야기이다. 3막의 이야기도 비현실적이라는 점에서 1막과 성격이 비슷하다. 이미 탕감해 준 것을 다시 갚으라고 하는 것은 일사부재리의 원칙에 어긋나는 것으로 상식적으로 납득되지 않는 일이기 때문이다. 1막에서 비현실적 부채액이 청중들에게 잊지 못할 깊은 인상을 남기는 것처럼 3막에서는 탕감했던 일을 번복하는 비현실적인 처리 방법으로 잊지 못할 인상을 남기는 효과를 일으키고 있다.

이 과장된 비유에서 말하고자 하는 핵심은 바로 이 지점이다: "내가 너를 불쌍히 여긴 것처럼 너도 네 동료를 불쌍히 여김이 마땅하지 아니하냐?"(마 18:33) 이 비유는 하나님 나라 백성은 하나님이 그 백성에게 하는 것처럼 그 백성들이 행할 의무가 있음을 말해 준다. 이 비유에서 주인공은 반면교사이다. 자기가 빚진 것은 탕감 받고, 자기에게 빚진 사람은 탕감해주지 않은 종처럼 살아서는 안 된다는 것이다. 하나님의 백성은 하나님이 베푼 대로 베풀고, 하나님이 행한 대로 행해야 한다.

(3) 하나님 나라 백성은 하나님 나라의 통치자이신 하나님을 본받아야 할 의무가 있다.

마태복음은 이를 다음과 같이 명백히 표현한다: "하늘에 계신 너희 아버지의 온전하심과 같이 너희도 온전하라"(마 5:48). 칼 바르트는 하나님과 인간의 경계를 확고히 짓고, 하나님을 절대타자로 선언하며, 예수를 인간이 본받을 만한 모델로 제시했던 자유주의 신학에 대해 "나인"(nein)을 외치며 20세기 세계적인 신학자로 부상하였다.

물론 예수가 인간의 도덕적인 모델이 될 수는 없을 것이다. 그러나 바르트가 신과 인간을 철저히 구별하고, 신은 신으로 인간은 인간으로 자리매김을 한 것은 올바르다. 그러나 그 폐해는 엉뚱한 것으로 나타나기도 했다. 즉, 예수의 가르침을 예수 같은 신이나 행하지 평범한 인간은 행할 수 없는 것이라고 선을 긋는 일이다.

그러나 하나님 나라를 보여주고 가르친 예수의 견해에서 볼 때 하나님 나라 백성은 하나님은 닮아야 하는 의무가 있다. 하나님이 온전하심 같이 하나님의 백성도 온전하라는 예수의 요청은 인격이나 초월의 능력을 닮으라는 뜻이 아니다. 바르트가 지적한 대로 인간은 인간일 뿐이고 신이 될 수는 없다. 그러나 하나님이 우리에게 베풀고 바라는 일을 행해야 할 의무가 있는 것이다. 즉, 하나님이 우리를 살리고 먹이심 같이 우리도 하나님에게서 받은 대로 이웃을 먹이고 살리는 일에 동참해야 하는 것이다. 이는 모든 생명이 살기를 원하시는 창조주 하나님의 뜻을 수행하는 것 외에 다른 것이 아니다: "나더러 주여 주여 하는 자마다 다 천국에 들어갈 것이 아니요 다만 하늘에 계신 내 아버지의 뜻대로 행하는 자라야 들어가리라"(마 7:21).

4. 나오는 말

예수께서 지상에 살면서 활동하신 모든 일은 하나님 나라와 관련된 것이다. 그는 병자들을 치유하고 사람들을 괴롭혀온 귀신과 같은 악한 세력을 몰아냄으로써 하나님 나라의 현재적 도래를 보여주었다. 그뿐만 아니라 하나님 나라의 특성을 가르쳐 주었다. 하나님 나라는 하나님이 통치하시는 나라이고, 그 나라의 백성은 가난한 사람이라고 선포했다. 그리고 그 나라 백성이 할 일에 대해 비유로 가르쳐 주셨다. 하나님 나라의 백성이 누리는 특권과 의무에 관한 연구 결과는 다음과 같다.

하나님 나라의 백성은 가난한 사람들이다. 가난한 사람들이란 생명을 유지하기 위해 필수적인 것을 가지지 못하고 사는 사람들로 규정할 수 있을 것이다. 아무것도 가진 것이 없기에 어떤 것에도 의지할 수 없고, 어느 누구에게도 의지할 수 없는 사람, 그래서 하나님밖에는 의지할 것이 없는 사람들을 의미한다. 예수가 가난한 사람들을 복되다고 한 이유는 그들이 앞으로 부자가 될 것이기 때문이 아니라 바로 하나님 외에 그 어떤 다른 것이나 다른 존재를 의지할 수 없기 때문인 것이다. 다시 말하면 하나님 나라 백성이기 때문에 복된 것이다.

유대가 바빌론에게 패망한 후 페르시아, 마케도니아, 이집트, 시리아, 로마에 이르기까지 수백 년 동안 주변의 강대국에게 끊임없이 식민 지배를 받아온 이스라엘의 상황을 고려해볼 때 부유한 사람은 왕이나 귀족 계층과 대상인 정도의 소수였을 것이고, 대부분의 사람은 소작인, 일일노동자로 살아가는 가난한 사람들이었을 것이다. 더욱더 빈곤한 사람들이란 고아와 과부, 여성, 병든 자 등 가부장적 사회에서 생업에 종사할 수 없는 사람들이었을 것이다.

예수는 하나님 나라에 관해 가르칠 때에 가난한 소작인들, 어부들,

일일노동자들, 여성들, 어린아이들 등 그의 청중들을 고려하여 그들이 이해하기 쉬운 예를 비유로 이야기했다. 하나님 나라의 백성은 바로 예수의 말을 즐겨 듣기 원하는 이들, 즉 가난한 사람들이다. 권력을 가진 사람들, 건강하고 부유한 사람들은 힘없고 가난하고 병들어 불치병으로 고생하는 사람들을 향해 하나님의 저주를 받았다고, 죗값이라고 손가락질하고 천대하고 경멸하며 소외시키며 배척했다. 그러나 예수는 이들이 하나님 나라의 백성임을 가르치고, 하나님 나라 백성으로서 해야 할 일들을 가르쳤다.

하나님 나라 백성이 할 일은 하나님의 뜻을 수행하는 일 외에 다른 것이 아니다. 예수에 따르면 하나님은 이 세상과 모든 생명을 창조하신 분이다. 그러므로 하나님의 뜻은 생명 살림이다. 이처럼 하나님 나라에 대한 예수의 메시지에는 그의 창조신학이 배경에 깔려 있다. 그러므로 하나님 나라 백성이 해야 할 일은 하나님이 원하시는 일, 하나님이 지금 하고 계신 일을 함께하는 것 외에 다른 일이 아니다.

예수의 하나님 나라는 사람이 죽어서 가는 피안의 세계가 아니다. 그 나라는 현존하고 있는 세계의 잘못된 질서를 바로 잡고, 창조주 하나님이 그의 뜻을 하늘에서처럼 이 땅에서 이루고 있는 곳이다. 남자와 여자, 부자와 빈자, 권력을 가진 자와 권력이 없는 자, 건강한 자와 병든 자, 비장애인과 장애인, 내국인과 외국인이 차별 없이 하나님의 형상으로 그 본연의 모습을 지켜나가는 곳이다. 그 나라의 왕이신 하나님은 그의 백성을 통해 그의 나라를 이루어가기를 원하신다.

제 4 부

천재 교사 예수

2,000년 전 지상에서 활동하던 예수는 사람들을 가르쳤다. 그가 가르쳤다면 우리는 그를 위대한 선생이라고 불러도 좋을 것이다. 이러한 사실이 분명함에도 기독교 전통에서는 예수를 선생보다는 하나님의 아들이나 기적 행위자, 메시아 등으로 고백함으로써 예수의 가르치는 활동이 간과된 경향이 있었다.

그러나 예수의 주된 활동이 가르치는 일이었다는 사실은 성서적으로 볼 때 결코 잘못된 전제가 아니다. 신약성서에 나오는 예수 칭호들 중 많은 관심을 받고 연구되어온 메시아(그리스도), 하나님의 아들, 사람의 아들과 같은 칭호들보다 랍비(ραββί), 선생(διδάσκαλος)이라는 호칭이 예수 생존 기간에 사용되었을 가능성이 훨씬 더 높다(마 8:19, 9:11, 10:24, 12:38, 17:24, 19:16, 22:16, 22:24, 22:36, 26:18; 막 4:38, 5:35, 9:17, 9:38, 10:17, 10:20, 10:51, 12:32, 13:1, 14:14; 눅 2:46, 3:12, 5:5, 7:30, 9:38, 10:25, 11:45, 12:13, 19:39, 20:21, 21:7).

그뿐만 아니라 예수의 활동을 표현하는 데에 "가르치다"(διδάσκω)는 동사가 사용된 경우도 상당히 많다(마 4:23, 5:2, 5:19, 7:28, 7:29, 9:35, 11:1, 13:54, 15:9, 16:21, 21:23, 22:16; 막 1:21, 2:13, 4:1, 4:2, 6:2, 6:6, 6:30, 6:34, 8:31, 9:31, 10:1, 11:27, 12:35, 12:38, 14:49; 눅 4:15, 4:31, 4:32, 5:3, 5:17, 6:6, 11:1, 12:12, 13:10, 13:22, 13:26, 19:47, 20:1, 20:21, 21:37, 23:5).

나는 예수의 가르침이 인류 역사의 그 누구와 비교할 수 없을 만큼 탁월하기에 그를 '천재 교사'라고 불러본다. 교사로서 그는 과연 무엇을 가르쳤을까? 어떤 방법으로 가르쳤을까? 그리고 그가 사람들을 가르친 목적은 무엇인가? 예수보다 500년이나 먼저 세상에 출현했던 고마 싯다르타도 깨달음을 얻은 뒤 사람들을 가르치기 시작한다. 예수는 무슨 깨달음이 왔기에 가르쳤는가?

이미 지상의 예수에게 관심이 많았던 신약학자들은 그가 가르쳤던 가르침의 주제는 하나님과 하나님의 뜻에 관한 것이라고 확인했다. 예수의 표현에 따르면 '하나님 나라'이다.

　　제4부에서는 지상에서 활동하던 예수의 가르침에 대해 살펴보되 그가 사람들에게 가르친 교육 내용, 교육 방법, 교육 목표를 중심으로 정리하고자 한다. 이를 위해 자료가 되는 것은 신약성서의 공관복음서이다. 신학적으로나 문학적으로 마태, 마가, 누가와 다른 관점으로 독특한 요한복음은 자료에서 제외된다.

10장
천재 예수의 교육 내용
: 하나님 나라의 도래

1. 들어가는 말

예수께서 지상에서 활동하실 때 입을 열어 사람들에게 가르치신 것은 무엇인가? 예수의 공적인 활동은 사실 그리 긴 것이 아니다. 짧게는 1년 반, 햇수로 3년 정도로 평가된다. 그가 가르치신 내용에 대해서는 거의 모든 학자의 의견이 일치하고 있다. 한마디로 하면 '하나님 나라'에 관한 것이다. 마가복음 저자는 예수의 메시지를 다음과 같이 요약한다.

"때가 찼다. 하나님 나라가 가까이 왔다. 회개하고 복음을 믿으라"(막 1:15).

20세기 신약성서 학계는 예수가 말하는 '하나님 나라'가 왔는지, 아직 오지 않았는지에 관해 논구했다. 혹자는 아직 오지 않았다고, 혹자는 이미 왔다고,[1] 절충하기를 좋아하는 사람은 '이미와 아직'의 패러독스라고 표현하기도 한다.

예레미아스는 예수의 비유 연구에서 하나님 나라는 "동트고 있다"고 표현했다. 동트고 있다는 것은 왔다는 것인가 아직 오지 않았다는 것인가? 도대체 대낮이어야 왔다고 하는 걸까? 새벽의 여명이어도 하나님의 나라가 이미 도래한 것은 아닌가? 그리고 역설이라며 "이미 왔으나"(schon jetzt) "아직은 아닌"(noch nicht), "이미 현재 시작은 되었으나 아직 완성되지 않았다"고 말하기도 했다. 과연 예수는 하나님의 나라가 "가까이 왔다"고 했을 때 그 가까움은 어느 정도로 가까웠다고 말한 것일까? 이에 대한 정확한 대답을 얻으려면 무엇보다도 먼저 하나님 나라의 속성부터 이해해야 할 것 같다.

2. 예수가 말하는 하나님 나라

1) 하나님 나라란 무엇인가?

하나님의 나라가 어떤 나라인지 많은 학자들이 연구한 결과, 이해하기 어렵다고들 한다.[2] 그러나 필자는 말한다. 어렵게 생각할 필요가

---

1 이미 왔다고 보는 대표적인 학자들은 다드(C. H. Dodd), 불트만(R. Bultmann) 등이다. 사람들은 이들의 견해를 '실현된 종말론'이라 명명했다.
2 예수가 가르친 내용이 하나님 나라라는 것에 대해서 세계 신약학계는 의견이 일치한다. 예수의 하나님 나라 이해하기 어려운 이유는 무엇보다도 먼저 한국의 그리스도인들이 생각하듯이 사람이 죽은 뒤에 가는 천국이란 개념으로 접근하기 때문이다. 학계에서 논의가 어려웠던 이유는 하나님 나라의 장소성과 시간성 문제이다. 즉, 하나님 나라가 예수에게서는 종말론적 개념이면서 동시에 이 지상에서 이루어지는 것으로 보는 반면 많은 사람이 하늘나라(천국)로 생각하면서 접근한다는 점, 예수가 하나님 나라가 이미 이 지상에서 이루어지고 있다고 말하는 반면 많은 사람이 살아생전에는 하나님 나라를 보지 못하고 죽어서 가는 나라로 이해한다는 점에서 어려웠던 것이 아닌가 생각된다. 학자들의 논의에

없다고. 초등학교 사회 시간에 배웠던 나라의 성립 조건을 상기해보도록 하자. 나라가 성립하려면 기본적으로 통치자, 백성, 통치 영역이 있어야 한다. 최고 통치권자를 대통령이라 부르고, 한국 국적을 가진 자들을 국민이라고 하며, 통치 영역은 "한반도와 그 부속도서로 한다"고 헌법에 명시되어 있다. 이와 같은 헌법의 정의에 입각하여 하나님 나라를 이해해본다면 다음과 같이 확정할 수 있을 것이다.3

(1) 하나님 나라의 통치권자는 인간이 아니라 하나님이다. 그러므로 하나님 나라는 인간이 통치하는 세상 나라, 세상 권력과 대립된다. 이 나라에서 통치자 하나님은 병들고 귀신에 시달리는 사람들을 구원하여 온전한 인간의 삶을 영위할 수 있게 해 준다. 예수의 하나님 나라는 그리스 신화에서 이야기하듯 죽은 자들이 가는 하데스의 세계가 아니라 지상에 살아 있는 사람들을 위한 나라이다. 불교에서 말하는 죽어서 염라대왕 앞으로 심판받으러 가는 것과 전혀 다르다. 하나님은 죽은 자의 하나님이 아니라 산 자의 하나님이다.

(2) 하나님 나라의 백성은 누구인가? 백성이 없으면 나라가 아니다. 하나님 나라의 백성은 "하나님의 통치를 갈구하고, 그의 통치를 경험하는 자들"이라고 할 수 있겠다. 예수의 표현으로는 "가난한 사람들"이다(눅 6:20; 마 5:3 참조).4 가난한 자라는 것은 가진 것으로는 자랑할

관해서는 노먼 페린/이훈영 · 조호연 옮김, 『하나님의 나라』 (서울: 솔로몬, 1992), 11-122 참조.

3 필자가 내린 하나님 나라에 대한 이와 같은 정의는 2009년 "예수와 가난한 사람들"이란 논문에서 시도해보았다. 김판임, "예수와 가난한 사람들," 「대학과 선교」 17(2009. 12.), 15. 이 글은 왜 가난한 사람들이 하나님 나라의 백성인지에 관한 신학적 성찰을 담은 글이다.

4 크로산은 "가난한 자들"로 번역된 그리스어 "프토코스"가 거지 수준의 극빈자라고 정의하며, 하나님 나라의 백성이 "극빈자, 불결한 자, 천민들"이라고 정의한다. 그리고 지금 여기에서 슬퍼하는 사람, 우는 사람, 굶주린 사람이 모두 가난한 사람과 동의어라고 본다. D. J. Crossan(1991), *The historical Jesus*, 존 도미닉 크로산/김준우 옮김, 『역사적 예수』

것이 하나도 없는, 오직 하나님의 은혜를 간구하는 자라는 말이다. 이와 같은 의미의 말이라고 '빈민'이라는 사회학적 용어를 사용하면 어감이 사뭇 다르다. 빈민이라면 더럽고 누추하고 혐오스러운 어감을 주지만, '가난한 자'라고 하면 영적인 면을 포함하기 때문이다.

(3) 하나님 나라의 영역은 죽어서 가는 천당이나 지옥이 아니다. 여기 있다거나 저기 있다고 말할 수 있는 장소 개념도 아니다(눅 17:20 참조). 하나님이 통치하시는 나라이기에 그의 구원 역사가 일어나는 곳이면 어디든지 하나님 나라라고 할 수 있다. 하나님이 무소부재하시듯 하나님 나라도 어느 특정한 장소에 국한되지 않고, 어디든 가능하다. 하나님은 성전에 계시다고 여겼던 당시 유대인들과 예수는 입장이 달랐다.

하나님 나라는 하나님이 통치자로서 전적으로 그에 의해 실현된다는 사실은 예수의 비유에서 입증된다. 가령 대표적인 것은 "스스로 자라는 씨의 비유"(막 4:26-29)이다. 융엘에 따르면 씨를 뿌린 농부도 어떻게 그 씨가 어떻게 싹을 터서 자라는지 모르는 것처럼 하나님 "나라를 위해 인간은 아무것도 할 수 없다"는 하나님 나라의 특수성을 말하고 있다.[5] 하나님 나라는 하나님이 만드시고 운영하시는 나라이다. 인간이 만들 수 있는 것이 아니다. 타이센은 이 비유에서 농부가 아무 일도 하지 않은 것은 아니고 최소한 씨는 뿌렸다며 하나님 나라의 성립과 운영에 인간이 함께한다고 주장했다.[6] 그는 이 비유의 초점은 율

(서울: 한국기독교연구소, 2000), 438-447; D. J. Crossan(1994), *Jesus: A Revolutionary Biography*, 존 도미닉 크로산/김기철 옮김, 『예수』(서울: 한국기독교연구소, 2001), 113-116.

5 융엘/허혁 역, 『바울과 예수』(서울: 이화여자대학교출판부, 1983), 224. 융엘은 최근 소천한 학자로서, 베를린에서 박사학위와 Habilitation을 했고, 튀빙엔에서 교수 생활을 하였다. 저서에도 강의에서도 라틴어를 많이 사용하는 것이 특징이다.

리허가 주장하듯 꼭 하나만이 아니라 여기저기 여러 군데에 있을 수 있다며 자의적으로 해석했다. 하나님 나라를 위해 인간이 농부처럼 씨를 뿌리나? 그렇다면 그건 하나님 나라가 아니라 인간 나라이다.

하나님 나라는 인간이 아니라 하나님이 왕/주인으로서 통치한다는 하나님 나라의 속성은 "포도원 주인의 비유"(마 20:1-11)에서 말해진다. 이 비유의 제목을 "포도원 품꾼의 비유"라고 한다면, 이 비유가 말하고자 하는 의도에서 빗나갈 가능성이 높다.[7] 이 비유에서 품꾼들은 주인공이 아니다. 새벽부터 와서 해질 때까지 일을 한 품꾼들의 불만의 말은 이 비유의 핵심이 아니라 주인의 말을 이끌어 내기 위한 보조역할인 것이다.[8] 이 비유의 핵심은 이 비유를 마감하는 주인의 말에 있다: "내가 네게 잘못한 것이 없노라. 네가 나와 한 데나리온의 약속을 하지 아니하였느냐 네 것이나 가지고 가라 나중에 온 이 사람에게

---

6 게르트 타이센·아네테 메르츠/손성현 옮김, 『역사적 예수』(서울: 다산글방, 2001), 471-473.
7 정양모, 『마태오 복음서』, 한국천주교회 200주년 신약성서 1 (왜관: 분도출판사, 1990), 170. 김득중은 이 비유의 이름을 "포도원 일꾼의 비유"로 붙임으로써 이 비유를 불평하는 사람들에 대한 교훈으로 보게 되었다. 김득중, 『복음서의 비유들』(서울: 컨콜디아사, 1987), 192-199, 특히 196. 이 책보다 10여 년 후에 출간된 김득중, 『복음서의 해석과 설교』(서울: 성서연구사, 1999), 173-188에서는 "예수의 비유의 본래 초점은 포도원 일꾼들에게 있는 것이 아니라 포도원 주인에게 있는 셈이다"(179쪽)라고 언급하면서도, 이 비유의 해석에 있어서는 "이웃에 대한 쓸데없는 관심이, 그리고 그 이웃과 자신을 자꾸 비교하는 잘못된 생각이 흔히 우리를 불만과 불평의 생활 속에 빠지게 한다는 것이다"고 지적함으로써 완전 다른 방향으로 나아갔다. 김창락의 경우는 포도원 품꾼의 비유나 포도원 주인의 비유나 중요한 것이 아니라 "하늘나라 비유"라고 보면 된다는 식으로 결론을 내린다. 김창락, 『귀로 보는 비유의 세계』(서울: 한국신학연구소, 1997), 84-88.
8 이 비유의 최근 해석으로는 김판임, "포도원 주인의 비유(마 20:1-15)를 통해서 본 경제 정의에 대한 예수의 이해," 「신학사상」 154집(2011 가을), 143-177; 이승문, "포도원 주인의 비유(마태복음 20:1-16)," 구제홍 외, 『예수의 비유』(서울: 대한기독교서회, 2009), 33-65. 이승문은 제목은 잘 붙였지만, 16절에 나오는 적용어 "먼저 된 자 나중 되고 나중 된 자 먼저 된다"는 말에 연결시킴으로써 예수의 비유로서보다는 마태복음의 맥락에서 이해하는 경향으로 기울고 말았다.

너와 같이 주는 것이 내 뜻이니라. 내 것을 가지고 내 뜻대로 할 것이 아니냐 내가 선하므로 네가 악하게 보느냐"(마 20:13-15).

주인이 하루 일을 마감할 시간이 얼마 남지 않은 시점에서 일꾼들을 불러들인 것은 그들에게 하루 품삯을 주기 위함이었다. 그것은 살리는 행위이다. 일일노동자와 그 가족이 살기 위해서는 최소한 하루 품삯이 있어야 하기 때문이다. 새벽부터 고용되어 일한 사람에게도 계약을 맺고 하루 임금을 주었다. 이 비유에서 포도원 주인은 기준 없이 자기 마음대로 행하는 폭군이 아니라 일꾼들과 체결한 계약대로 행한 합법적인 존재이다. 하루 품삯이 1데나리온이라고 해서 하루 1~2시간 일한 사람에게 1/10데나리온을 줄 수는 없는 것 아닌가! 하나님 나라는 하나님이 주관하시되 사람이 "살아갈 수 있도록" 하신다는 결론을 이 비유에서 얻을 수 있다. 그 나라는 몇몇 사람만을 위한 것이 아니라 그 나라에 들어온 모든 사람이 살 수 있게 운영된다.

하나님 나라는 인간이 만드는 것이 아니라는 것은 밭에 감추어진 보물 비유와 진주 장사 비유(마 13:44-46)에서도 파악된다. 소작인이 땅에서 발견한 값진 보물, 진주 장사가 발견한 값진 진주, 이런 것들은 발견자가 만든 것이 아니다. 그것들은 이미 만들어져 있고 사람은 다만 발견할 뿐이다. 이처럼 하나님 나라도 하나님이 만들어 운영하시고, 인간은 실현되는 하나님 나라를 발견할 뿐이다. 그리고 발견자는 현존하고 있는 세상과 완전히 다른, 하나님이 만드시는 왕국을 기쁨으로 누리며 그 안에서 살고 싶은 것이다. 땅에서 보물을 발견하여 기뻐하는 소작인처럼, 값진 진주를 발견하고 기뻐하는 진주 장사처럼.

그러니 하나님 나라가 왔다거나 오지 않았다 하는 논의는 예수에게서 멀다. 예수는 지금 하나님의 구원 역사가 이루어지고 있음을 보았고, 그 현상을 "하나님 나라가 임했다"고 표현한 것이다. 예수처럼 하나님의 구원 역사를 볼 눈을 가진 사람은 예수의 견해에 동의하여 하나님 나라가 왔다고 할 것이고, 보지 못하는 사람들은 하나님 나라가 아직 오지 않았다고 할 것이다. 그래서 예수는 "볼 것을 보는 눈을 가진 자가 복이 있다. 들을 귀를 가진 자가 복이 있다"고 말한 것이다.

2) 하나님 나라가 왔다는 메시지의 의미는 무엇인가?

예수의 가르침의 독특성은 하나님이 운영하시는 '하나님 나라'가 이미 사람들 사이에 와 있다고 말한 것이다. 이것은 성서를 그 누구보다도 올바르게 해석했다고 알려진 쿰란 공동체의 정의의 스승도, 종말이 다가왔으므로 세례로 준비해야 한다고 범국민 회개 운동을 벌였던 세례 요한에게서도 찾아보기 어려운 사상이다.[9] 이 둘은 이사야가 예언했던 "그날", "여호와의 날", "심판의 날"이 아주 가까이 왔다는 시대의식을 몸으로 감지하고 각각 여호와의 대심판의 날 구원을 받을 가능성을 제시했으나 구원은 그다음 단계였다. 그러므로 그들에게 구원이란 미래의 일일 뿐이다.

예수 당시 많은 유대인은 힘들고 매우 고통스러운 현실에서 그들의 하나님이 미래, 종말 심판의 날에 의인들을 구원하기 위해 현존하고

---

9 쿰란 공동체의 지도자인 정의의 스승과 예수의 차이점에 관하여는 H. Stegemann, "The 'Teacher of Righteousness' and Jesus: Two Types of Religious Leadership in Judaism at the turn of the Era," *Jewish civilization in the Hellenistic - Roman Period*. Sh. Talmon(ed.)(Sheffield: Sheffied Academic Press, 1991), 196- 213 참조. 예수와 세례 요한의 차이점에 관해서는 김판임, "예수와 세례 요한," 「말씀과 교회」 46권 (2005 여름), 125-155 참조. 마태복음에서는 세례 요한도 "하나님의 나라가 왔다"고 선언하는 것으로 묘사했지만, 이것은 역사적 사실이라기보다는 세례 요한 대부터 새로운 시대가 시작되었다고 보는 마태의 신학이 반영된 것이다.

있는 세상의 모든 악한 세력을 전멸시키시리라는 기대를 품고 있었다. 예수가 세례 요한의 메시지를 듣고 그가 베푸는 세례를 받을 때만 해도 그들의 견해에 동의했기 때문일 것이다. 그러나 예수는 동시대 대부분의 유대인 생각과는 달리 미래에 있을 것으로 기대했던 하나님의 구원 역사가 이미 그의 현재에서 이루어지고 있음을 보았고, 이를 하나님 나라가 왔다고 표현한 것이다.

이와 같이 동시대인들과 달리 독특한 현재 이해를 예수는 도대체 어디서 얻게 된 것일까? 그러한 인식은 아마도 예수가 행하고 있는 일련의 치유 역사에서 얻어진 것이 아닌가 싶다. 예수가 세례받기 이전에 관해서는 복음서에 전해지는 이야기가 없다. 누가복음에서 12세인 예수가 부모를 따라 성전에 왔다가 행사가 끝난 뒤에 부모와 함께 고향으로 돌아가지 않고 성전에 남아 있었던 장면이 묘사된다. 자신을 찾아 성전으로 되돌아온 부모에게 예수가 "내가 내 아버지 집에 있어야 할 줄을 모르시나이까?"(눅 2:49)라고 질문한 일화가 나올 뿐이다.

대다수의 학자는 예수가 세례 이후 공적인 활동을 개시하면서 병든 자를 고치고, 귀신을 쫓아낸 일에 대해서는 의심하지 않는다. 마가복음은 말할 것도 없고 마태복음과 누가복음에도 예수의 주요 활동이 가르침과 치유 사역으로 소개된다. 또한 "내가 만일 하나님의 손(능력)을 힘입어 귀신을 쫓아낸다면, 하나님 나라가 이미 너희에게 임하였느니라"(눅 11:20/마 12:28)란 말씀도 예수의 입에서 나온 진정한 말씀임을 의심하는 학자는 없다. 공관복음서에 전해지는 기적 이야기들은 단순한 질병, 고치기 어려운 고질적인 병 혹은 귀신의 작용으로 인한 고통 등으로부터 해방되어 인간으로서의 삶의 회복을 보여주는 것이다. 이는 창조주 하나님의 뜻이 실현되는 것을 의미한다. 이러한 치유 기적 이야기로 인해 예수를 마술사로 보는 학자도 있지만,[10] 예수 자신은 참생명으로 회복하는 사건들을 개인의 마술적 능력이 아니라 하나님의 역사로 보았다.

세례 요한에게 있어서 세례는 임박한 종말 심판에 대비하는 것으로서 반드시 세례 요한이 주는 세례만이 의미가 있었다.[11] 이와는 달리 예수에게 하나님 나라는 이미 와 있는 것이기에 자신만 전할 수 있는 독보적인 것이 아니라 누구나 전할 수 있는 것이다. 그리하여 예수는 사람들이 하나님의 구원의 역사를 보고 알아볼 수 있도록 제자들을 파송하며 그들에게 과업을 제시한다: "예수께서 열두 제자를 불러 모으사 모든 귀신을 제어하며 병을 고치는 능력과 권위를 주시고 하나님의 나라를 전파하며 앓는 자를 고치게 하려고 내보내시며… 제자들이 나가 각 마을에 두루 다니며 곳곳에 복음을 전하며 병을 고치더라"(눅 9:1-6/막 6:7-13/마 10:1, 5-8).

하나님 나라가 이미 도래했다는 예수의 가르침은 그의 비유에서도 읽을 수 있다. 앞에서 하나님 나라의 속성을 보여주는 것으로 소개했던 보물 비유와 진주 장사의 비유가 바로 그것이다. 두 비유는 서로 다른 소재지만 같은 주제를 말해주고 있다. 즉, 한 농부가 밭에서 일하다가 놀라운 보물을 발견했다. 그는 발견한 보물을 다시 땅에 숨겨두고 기뻐하며 돌아가 자기의 소유를 다 팔아 그 밭을 산다. 진주 장사

---

10 M. Smith, *Jesus the Magician* (London: Gollancz, 1978).

11 이러한 사실은 세례 요한이 세례 받으러 오는 사람들 모두에게 세례를 주는 것이 아니라 그들이 참으로 회개를 했는지 아닌지를 판별하고 세례를 주었다는 사실에서 유추해 볼 수 있다. "요한이 많은 바리새인들과 사두개인들이 세례 베푸는 데로 오는 것을 보고 이르되 독사의 자식들아 누가 너희를 가르쳐 임박한 진노를 피하라 하더냐 그러므로 회개에 합당한 열매를 맺고 속으로 아브라함이 우리 조상이라고 생각하지 말라 내가 너희에게 이르노니 하나님이 능히 이 돌들로도 아브라함의 자손이 되게 하시리라"(마 4:7-9/눅 3:7-8).

비유도 같은 도식에 따라 이야기가 전개된다. 좋은 진주를 구하는 진주 장사는 극히 값진 진주를 발견하였다. 그도 가서 자기의 소유를 다 팔아 그 진주를 산다. 보물 비유와 진주 장사 비유에서 공통적인 것은 "발견하여 자기 소유를 다 팔아 산다"는 것이다.

"자기 소유를 다 팔아 산다"는 것에 착안한 불트만은 "하나님 나라는 우리의 희생을 필요로 한다"라고 이 비유를 해석했다.[12] 불트만은 뒤의 두 동사 "판다-산다"에만 집중했을 뿐, 두 동사의 행위를 결정적으로 가능하게 했던 동사 "발견하다"에 주목하지 않음으로써 이 비유의 해석에 오류를 범하고 말았다.[13] 이 비유는 농부와 진주 장사가 자신의 소유를 다 판다는 것에 초점이 있는 것이 아니다. 실제로 소작인은 그가 가진 소유를 다 팔아도 그 땅을 살 수 있는 보장은 없다. 판다는 것이 희생을 의미할 필요가 없다. "가진 것을 다 팔아 샀다"는 것은 융엘이 지적한 대로 그 앞에 나오는 발견의 기쁨을 표현한 것이다.[14]

그러므로 이 비유는 하나님 나라를 위해 인간의 희생을 요구한다는 것을 말하려는 것이 아니라 하나님 나라를 발견한 자가 경험하는 놀라운 기쁨을 표현한 것이라 하겠다. 하나님 나라가 도래했고, 그것을 발견한 사람은 기쁨이 넘친다. 하나님 나라가 오지 않았다고 주장하는 사람이 있다면, 예수의 입장에서 볼 때 그는 도래한 하나님 나라를 볼

---

12 R. Bultmann, *Jesus* (Tübingen: Mohr, 1951), 30; R. Bultmann, *Theologie des Neuen Testaments* (Tübingen: Mohr, 1968), 9; 불트만/김경희, 허혁 역, 『예수』(서울: 새글사, 1973), 26. 불트만 외에 다드도 이와 같이 해석했다. C. H. Dodd, *The Parables of the kingdom* (New York: Charles Scribner's Sons, 1935, 1961), 112.

13 불트만의 오류에 대해 필자는 생각해본다. 혹시 그에게 '희생'이란 용어가 제1차 세계대전을 겪으면서 사회적으로 희생을 강요한 사회에서 체득된 것이 아닐까 하고. 그러나 인간의 희생이 하나님의 구원을 불러일으키는 것이 아니다. 구원은 절대적으로 하나님의 자유의지에 의한 것이고 하나님 나라도 마찬가지다.

14 융엘/허혁 역, 『바울과 예수』(서울: 이화여자대학교출판부, 1982), 212-214.

수 있는 눈이 없는 것이다. 하나님 나라는 인간이 계획하고 만들 수 있는 것이 아니다. 그 나라는 오로지 하나님 자신에 의해 운영되는 나라이다. 하나님 나라가 왔다는 것은 하나님이 지금 인류 역사에 개입하시고 경영하신다는 뜻이다. 예수의 하나님 나라는 유대인들이 기대했던 종말 심판의 단계를 넘어 구원의 역사를 보여주는 파격적인 것이기에 당시 유대인들은 수긍하기 쉽지 않았을 것이다.

3) 도래한 하나님 나라에서 백성은 누구이며 그들이 할 일은 무엇인가?[15]

(1) 하나님 나라의 백성은 누구인가

하나님 나라가 구성되려면 통치자만 있어서는 안 된다. 그의 통치를 받는 백성이 있어야 한다. 예수는 그 나라 백성을 "가난한 자들"이라고 지칭한다. 이를 나타내는 표현이 마태복음의 산상수훈과 마가복음의 평지 설교가 대표적이다.

"심령이 가난한 자는 복이 있나니 천국이 그들의 것임이요"(마 5:3).
"너희 가난한 자는 복이 있나니 하나님 나라가 너희 것임이요"(눅 6:20).

마태 버전과 누가 버전의 차이점은 크게 둘을 지적할 수 있다. 누가가 그냥 가난한 자라고 표현했다면 마태는 가난한 자 외에 "심령이"라는 표현을 더했다는 것, 누가가 2인칭 화법으로 대중을 앞에 두고 "너희들"이라고 말한다면 마태는 가난한 자들을 그들이라고 3인칭 복수

---

15 이에 관해서는 이미 필자의 글 "예수와 가난한 사람들"에서 충분히 논구하였다. 김판임, "예수와 가난한 사람들,"「대학과 선교」17 (2009. 12.), 9-37.

를 쓴다는 점이다. 이 둘을 놓고 많은 연구가 있었지만, 전반적인 동의는 마태가 "심령이 가난한 자들"이라고 바꾸어놓음으로써 재산이 많은 교인들을 교회 안에 포함하려고 했다는 것이다. 그리하여 원래 예수의 입에서 나온 대로 따른 것은 누가라고 평가된다.

가난한 자가 복이 있는 이유를 그들이 부자가 될 것이라고 해석하는 것[16]이야말로 예수의 의도를 완전히 벗어난다. 가난한 자가 복이 있는 이유는 다만 한 가지뿐이다. 그들이 하나님 나라의 백성이기 때문이다. 하나님 나라 백성이 가난한 사람이라고 하는 것은 다음과 같은 예수의 가르침에서도 확인된다.

영생을 묻는 이에게 예수께서 계명을 제시하자 그는 그 계명들을 다 지켰다고 말하는 이야기가 있다(막 10:17-20; 마19:16-30; 눅 18:30). 그러자 예수께서 그것으로는 부족한 점이 있다며 가진 것을 다 팔아 가난한 자들에게 주라고 명하신다(막 10:21-22). 그러나 영생을 구하던 그 사람은 재물이 많은 고로 실망하여 갔다는 것이다. 예수 당시 믿음 좋다는 사람들, 하나님의 뜻대로 살면서 구원을 얻기 원하는 사람들도 세속적인 사람들과 마찬가지로 재물이 있어야 산다고 생각한다. 재물이 많을수록 복 있는 사람이라고 여겼다. 그러니 가진 것을 다 팔아 가난한 사람들에게 주라는 청천벽력과 같은 예수의 말씀은 참으로 껄끄러운 것이다. 따르고 싶지 않다. 가난한 자들에게 다 주고 나면 그에게 남는 것이 없다. 소위 알거지가 되는 것이다. 영생을 원하는 자는 결코 알거지가 될 것을 원하지 않았다. 그가 많은 재물을 가졌다는 것은 3대 이상, 더 나아가 5대에 이어서 재물이 형성된 것일 수도 있

---

16 가령 김희성의 해석에서 그런 면이 보인다. 김희성, "예수의 하나님 나라," 「기독교신학논총」41집(2005 가을), 34.

다. 선조들과 조부모와 부모가 모은 재산을 어찌 탕진할 수 있으랴. 잘 지키고 더 늘려야 효도라고 생각하는 것이 마땅할 것이다. 재물이 많을수록 하나님이 축복하신 것이라고 생각하고, 재물이 없으면 살 수 없으리라는 이러한 자세는 재물에 삶을 의지하는 것이다. 이는 결국 하나님 나라의 백성이 아니라 세속 나라의 백성의 삶인 것이다.

이 이야기를 마친 뒤 예수의 발언에서 예수의 입장을 알 수 있다. "재물이 있는 자는 하나님 나라에 들어가기가 심히 어렵도다"(막 10:23). 즉, 재산이 지극히 많은 자는 하나님 나라에 적합한 인물이 되지 못한다는 것이다. 재물이 있는 한, 사람들은 재물을 의지하며 살게 되고 하나님을 의지한다는 것은 거짓이다. 하나님 나라는 부유한 사람들의 나라가 아니라 가난한 자들의 나라이다. 가난한 자들이란 하나님 외에 의지할 것이 없는 사람들을 의미한다.[17]

하나님 나라가 하나님이 주관하시는 나라임에도 많은 사람이 그 나라의 도래를 위해 인간이 뭔가 협력할 일이 있지 않을까 하고 생각하곤 한다. 불트만이 하나님 나라는 인간의 희생을 필요로 한다고 말한 것처럼 한국의 많은 교회 지도자들도 우리가 무언가를 희생하며 열심히 선교하고 노력하면 하나님 나라를 확장하고 실현할 수 있으리라고 기대한다.[18] 과연 하나님은 그의 나라의 도래를 위해 인간의 협력이나

---

17 하나님 나라의 백성을 전통적으로 "가난한 사람"이라고 번역해왔다. 묘하게도 최근 가난한 사람이란 표현 대신 '빈민'이란 말을 사용하면서 뉘앙스가 확연히 달라진다. 은근히 부유한 한국 교인들에게 좋은 개념이 아닌 빈민을 사용하면서 빈민을 거부하는 방향을 모색하고 있는 것으로 보인다. 초대교회에는 부유한 사람도 많았다는 식으로. 박영호, 『우리가 몰랐던 1세기 교회』(서울: IVP, 2021). 가난한 사람을 빈민이라고 표기할 때 오는 오해의 위험성은 이 책에 대한 나의 서평에서 지적하였다. 김판임, "1세기 교회 찾아가기," 「기독교사상」(2021. 11.). 예수에게 가난한 사람이란 사회적·경제적 의미뿐만 아니라 종교적 의미를 함유하고 있다. 굳이 가난한 사람을 다른 말로 표현하려면 '경건한 사람'이라고 하는 것이 가장 정확하다.

도움을 필요로 하는 것일까?

예수에게 하나님 나라는 하나님이 통치하시는 나라이다. 하나님이 원하는 대로 생명의 역사가 이미 일어나고 있다. 그 나라를 앞당기기 위해 혹은 확장을 위해 인간이 해야 할 일은 없다. 예수에 따르면, 그 나라는 이미 도래했다. 그 나라는 어떤 특정한 장소에 국한되는 것이 아니라 어디서나 일어나고 있다. 그렇다고 해서 인간에게 손 놓고 아무 일도 하지 말라는 것은 아니다.

하나님 나라를 만들기 위해서 인간이 할 일은 없지만, 하나님 나라가 왔기 때문에 그 나라의 백성이라면 마땅히 해야 할 일이 있다고 예수는 가르친다. 그것은 다름이 아니라 하나님이 원하시는 삶을 살라는 것이다. 하나님 나라의 백성답게 살라는 것이다. "하나님의 뜻대로 산다"는 것은 유대교 안에서 새로운 것이 아니다. 유대인들에게 하나님의 뜻대로 사는 것은 종말 심판 때에 멸망당하지 않고 구원을 얻는 길이다. 당시 일반 유대인들의 생각과 예수의 생각이 결정적으로 다른 점이 있다면 이것이다. 구원을 얻기 위해서는 하나님의 뜻을 행해야 한다는 것이 일반 유대인들의 생각이라면, 예수의 생각은 하나님 나라가 임하였으니 하나님의 뜻대로 살라는 것이다. 필자는 그것을 이미 도래한 "하나님 나라 백성의 의무"라고 이름 붙여본다.

---

18 물론 한국 기독교뿐만 아니다. 독일의 타이센도 다분히 하나님 나라를 위한 인간의 협력을 이야기하고 있다. 한국교회가 예수의 하나님 나라에 관해 오해하는 것 중의 하나는 하나님이 하나님 나라의 씨를 뿌리고 인간이 그 나라를 교회로 확장시키고 있다고 생각하는 점이다. 예수의 하나님 나라는 그 자체로 온전한 것이고 현재 이루어지고 있다. 예수는 교회를 이룰 생각을 한 적이 결코 없다.

(2) 하나님 나라 백성의 의무

모든 나라가 그렇듯이 하나님 나라의 백성도 권리와 의무가 있다. 백성의 권리는 통치자의 안정된 통치 안에서 안전하고 평안한 삶을 누리는 것이다. 이를 위해 대부분의 나라에서는 조세와 국방의 의무를 진다. 우리나라도 마찬가지이다. 세속적인 나라와 구별되는 하나님 나라 백성의 의무는 과연 무엇일까?

이를 알기 위해 살펴보고자 하는 것은 다음과 같은 세 가지 비유이다. "사마리아인의 비유"(눅 10:30-35)와 "탕감 받은 종의 비유"(마 18: 23-34) 그리고 "불의한 청지기 비유"(눅 16:1-8). 이 비유들은 이야기 소재는 다르지만 하나님 나라 백성이 해야 할 일을 말해 주고 있기 때문이다. 결론적으로 말하자면 이 비유들은 하나님이 그러하신 것처럼 하나님 나라 백성들도 생명 살림에 힘써야 한다는 메시지를 전하고 있다.

사마리아인의 비유에서 사마리아인이 행한 것은 강도를 만나 거의 죽음에 이른 사람을 살린 것이다. 강도를 만나 길에 쓰러져 있던 사람은 곧바로 처리해 주지 않으면 목숨을 잃을 수도 있었다. 강도 만난 자를 보자 사마리아인은 길에서 포도주와 기름으로 응급 처치를 했다. 그리고 여관으로 데리고 가서 하루 저녁 동안 돌보아준다. 그다음날 떠나면서 여관 주인에게 두 데나리온을 주면서 피해자를 돌보아 줄 것을 부탁한다. 만일 비용이 더 들면 돌아오는 길에 갚아주겠다고 후속 조치까지 행했다. 그렇게 함으로써 사마리아인은 죽음에 임박한 사람을 살려냈다. 사마리아인처럼 하나님 나라의 백성도 그렇게 생명 살리는 일을 하라는 것이다.[19] 하나님은 생명의 하나님이며, 그가 만드신

---

19 사마리아인의 비유에 대한 상세한 해석으로 필자의 논문 참조. 김판임, "사마리아인의 비유(눅 10:30-35) 해석," 「신약논단」 14/4(2007 겨울), 1015-1052.

피조물 하나도 억울하게 죽어가는 것을 원치 않으시기 때문이다.

탕감 받은 종의 비유는 1만 달란트 빚을 진 사람을 탕감해 주는 것으로 청중에게 놀라움을 준다. 1만 달란트의 빚을 탕감 받고 나온 사람이 100데나리온의 빚을 진 사람에게 빚 독촉을 하다못해 감옥까지 보내는 가혹한 처사에 청중은 다시 한번 놀란다. 동네 사람들이 그의 가혹한 행위로 인해 주인에게 가서 탕감해 주지 않은 사람을 고발한다. 1만 달란트를 탕감해 주었던 왕이 탕감 받은 종을 다시 불러 야단을 치고 탕감을 취소해 주는 이야기에서 청중은 또 한 번 놀란다. 이 이야기에서 1만 달란트나 되는 큰 빚을 탕감해 준 이유는 오직 한 가지이다. 채무자가 도저히 갚을 수 없기 때문이다. 탕감이란 빚진 자가 살아갈 수 있도록 해 주는 일이다. 이처럼 하나님 나라의 백성도 다른 사람들이 살아갈 수 있도록 다른 사람의 빚을 탕감해 줄 의무가 있다는 것을 말해 준다.

마지막으로 불의한 청지기 비유는 자신이 살기 위해 꾀를 내어 주인에게 빚진 자들의 빚을 삭감해 주었다는 이야기이다. 수년간 청지기 자리를 차지하여 주인 대신 사람들에게 대출을 해 주고 이자를 받는 일을 해오던 청지기. 어느 날 주인은 자신의 재산을 청지기가 낭비한다는 말을 듣고 청지기에게 해고를 통보한다. 해고를 앞둔 청지기는 해고 후 자신의 살길을 모색하던 중 채무자들의 빚 삭감이라는 아이디어를 떠올리고 이를 실천한다. 빚 삭감이라는 청지기의 행위는 놀랍게도 주인의 칭찬을 이끌어 낸다. 비유 연구자들 중에는 주인의 칭찬을 이해할 수 없다고, 비유 이야기에서 벗어난다고 비유 안에 속한 것이 아니라는 식의 해석을 시도하기도 하지만,[20] 필자가 보기에 이는 청중

---

[20] 민경식, "누가 불의한 청지기를 칭찬하였는가(눅 16: 1-8)," 구제홍, 김선정 외 지음,

들에게 '역전의 미'를 제공하는 중요한 포인트로 지적할 수 있다. 비유 이야기에서 주인이 교묘한 청지기의 간계를 파악하고도 칭찬할 수 있었던 이유는 청지기가 자신의 생계를 위해 채무자들의 빚을 삭감해 준 것이 결국엔 채무자들을 살리는 결과를 초래하기 때문으로 파악된다.

빚의 탕감과 삭감이 주제가 되고 있는 이 비유들은 당시 세금을 내고 살아가기 위해 빚더미에 쌓인 자들의 삶의 고통을 반영한다. 예수는 그들의 고통을 읽었고, 그 고통을 덜어주어야만 사람이 제대로 살 수 있음을 내다본 것으로 파악된다. 이로써 하나님 나라 백성의 의무란 사람을 살리는 일, 즉 창조주 하나님의 뜻을 실천하는 일로 제시되고 있다고 결론 내릴 수 있을 것이다.[21]

3. 나오는 말

지상의 예수는 자기가 누구라고, 자기를 믿으라고, 자기를 믿으면 구원을 얻으리라고 가르친 적이 없다. 천재적인 교사 예수의 지대한 관심은 하나님에게 있다. 이런 점에선 당대 일반 유대인들과 다를 바가 없다. 예수가 일반 유대인들과 사상적인 면에서 차별성을 보인 것

『예수의 비유』(서울: 대한기독교서회, 2009), 221-246. 민경식은 이 비유가 7절에서 끝나고, 8절의 주인은 다름 아닌 예수를 가리킨다고 본다. 자신의 재산을 탕진하고 해고하려고 하자 채무자들의 빚을 삭감함으로써 자신의 재산을 더욱 축소시키는 것으로 봄으로써 주인이 결코 청지기를 칭찬할 수 없다고 보기 때문에 나온 해석이라고 할 수 있다. 이 비유를 이해하기 힘들다고 여기는 학자들 대부분이 바로 주인의 칭찬을 수긍하기 어려워한다. 최갑종, 『예수님의 비유』(서울: 이레서원, 2003), 232.

21 김판임, "예수의 비유를 통해서 본 하나님의 정의,"「신학사상」162집(2013 가을), 45-79. 이 논문에서 저자는 상세한 비유 해석을 통해 위와 같은 결론을 도출한다.

은 하나님의 가까움이다. 하나님은 멀리 저 하늘에서 팔짱을 끼고 안타깝게 인류를 바라보시는 구경꾼이 아니다.

하나님은 이제 인간 사회에 직접 개입하기로 하셨다. 그것도 유대인들이 생각하는 것처럼 악한 것들을 제거하는 전 지구적 재앙과 같은 것으로 다가오지 않았다. 예수의 하나님은 개별적으로 그러나 강력하게 활동하신다. 병든 자들이 치유함을 받고, 사람들을 괴롭히던 귀신들이 물러가는 것을 보면서 예수는 하나님이 직접 활동하고 계심을 확신한다. 그것을 '하나님 나라'로 표현했다.

예수의 눈에 그 나라는 이미 현재적이다. 하나님 나라가 도래했다. 하나님이 직접 역사에 개입하시고 가난하고 병든 자들을 회복해 주신다. 구원이 이뤄지고 있다. 지금은 구원의 때이다. 이것이 세상을 바라보는 예수의 관점이다. 하나님의 나라가 도래했음을 세상 사람들로 하여금 알게 해다오. 이것이 세상에 제자들을 보내며 주는 예수의 과제이다.

"예수께서 열둘을 내보내시며 명하여 이르시되…

병든 자를 고치며 죽은 자를 살리며

나병환자를 깨끗하게 하며 귀신을 쫓아내라.

너희가 거저 받았으니 거저주라"(마 10:5, 8).

11장

천재 예수의 교육 방법
: 비유로 이야기하고 함께 식사하며 사랑으로 대한다

1. 들어가는 말

하나님 나라에 관해 가르치는 예수는 과연 어떤 방법으로 교육하였을까? 필자가 보기에 예수의 교육 방법은 '비유로 이야기하고 청중들과 함께하는 식사'였고, 이 둘의 배경에는 '청중에 대한 사랑'이 깔려 있다. 그리하여 이 셋을 예수의 교육 방법으로 지적하고자 한다. 예수의 행적의 중심이 가르침이라는 것이 그렇게도 많이 복음서에 기록되었음에도 신약학계는 예수를 교육자로 보지도 않았고, 그의 가르침에 별 관심을 보이지 않았다.[1] 반면에 기독교 교육 분야에서 예수의 가르

---

[1] 가령 노만 페린의 책 제목을 보면 예수를 가르치는 자로 보는 것 같다. 그러나 목차를 보면 가르침이라는 표현은 없고, 선포(Verkündigung)을 사용한다. 이는 예수를 선생이라기보다는 예언자로 보려는 불트만과 그 학파의 선택을 따른 것이라 볼 수 있다. Norman Perrin, *Was lehrte Jesus wirklich? Rekonstruktion und Deutung* (Göttingen: Vandenhoeck und Ruprecht, 1972). 이 책은 이보다 5년 전인 1967년에 영어권에서 출간한 *Rediscovering the Teaching of Jesus*를 독일어로 번역한 것이다.

침에 관심이 많다.

2014년 10월 한국기독교학회 공동학회 한국기독교교육학회분과에서 발표한 유재덕은 탁월한 관찰력으로 예수의 교육 방법으로 두 가지 점에서 필자와 동일한 견해를 밝혔다. 그것은 다름 아니라 비유 이야기와 공동식사이다. 그는 그 외에 유대 절기를 언급하는데, 이는 유대교 범주 내에서 중요한 사안으로 여기고 취급한 것이지만, 필자가 보기엔 유대 절기보다는 이야기하고 식사하는 예수의 행위 안에 담긴 '사랑의 태도'를 하나의 교육 방법 혹은 교육자로서 가져야 할 기본자세로 첨가하고자 한다.

2. 본말

1) 비유 이야기

"예수께서 이러한 많은 비유로 그들이 알아들을 수 있는 대로 말씀을 가르치시되 비유가 아니면 말씀하지 아니하시고"(막 4:33-34a).

예수의 가르침에 관심을 갖는 학자들은 예수의 교육 방법이 비유라는 점에 동의한다.[2] 비유 해석에서 학자들마다 의견이 다양하고, 바른 해석에 도달하기가 어려운 일이긴 하지만, 예수가 사용한 그 많은 비

---

2 유재덕, "교사로서의 역사적 예수 연구 — 유대적 관점에서,"「기독교교육논총」44(2015. 12.), 638-641; HyeRan Kim-Cragg, "A Study of Jesus as Teacher — Insight for Campus Ministry,"「대학과 선교」44(2015. 12.), 145-175; W. Herzog, *Parables as Subversive Speech* (Louisville: Westerminster/John Knox Press, 1994), 9-10.

유를 제외하고 예수의 가르침의 내용을 파악할 수는 없기 때문이다. 그런데 유감스러운 것은 예수의 비유가 이해하기가 만만치 않다는 점이다.

비유 해석이 어려운 이유는 학자들마다 해석이 다양하기 때문이기도 하지만, 무엇보다도 예수의 비유를 전하는 복음서 기자에게서 이미 각색, 교정, 창작 등의 작업이 일어났다는 점이다. 이것을 인식한 예레미아스는 그의 비유 해석에서 "초대교회로부터 예수에게로"라는 표어로 복음서 기자들의 작업을 역사적 예수에게서 떼어내는 작업을 시작했으며,[3] 크로산은 복음서 기자들이 예수의 비유를 변경, 창작한 것을 "심각한 언어폭력"이란 말로 표현했다.[4]

비유를 말하는 예수를 "시인 예수"라고 말하는 사람들도 있다.[5] 미국의 비유연구가 스캇은 비유가 예수의 가르침의 특징적인 면이라고 지적하고, 비유를 말하는 예수를 "천재적인 이야기꾼"이라고 설정한다.[6] 최갑종은 여러 학자가 제시한 비유의 특징을 열거하면서 종합적으로 다음과 같이 정리하고 있는데, 예수의 비유를 이해하는 데 매우 적절하다고 하겠다. "예수님의 비유는 예수님 자신의 독특하고 생동

---

3 예레미아스/허혁 역,『예수의 비유』(왜관: 분도출판사, 1974), 21-110.

4 존 도미닉 크로산/김준우 옮김,『비유의 위력』(서울: 한국기독교연구소, 2012). 예레미아스가 초대교회로부터 예수에게로 나아갈 방법을 제시했다면, 크로산은 예수의 비유와 예수에 관한 비유를 각각 나누어 소개한다.

5 타이센, 메르츠/손성현 역,『역사적 예수』(서울: 다산글방, 2001), 459-501; B. Kollmann, "Jesus as jüdische Gleichnisdichter," NTS 50/4(2004), 457-475.

6 버나드 브랜든 스캇/김기석 옮김,『예수의 비유 새로 듣기』(일산: 한국기독교연구소, 2006), 17. 스캇 이외에도 많은 학자가 예수를 이야기하는 사람으로 이해한다. D. Flusser, *Die rabbinischen Gleichnisse und Gleichniserzähler Jesus* (Judaika et Christiana 4) (Bern: Peterlang, 1981); F. Vouga, *Jesus als Erzähler. Die Überlieferungen zu den Gleichissen*, WuD 19(1987), 63-85.

적인 언어 형태"이며, "청중에게 전달하려고 하거나 그들의 반응을 유발시키려고 하는 그 무엇과 직접적으로 연결되어"있으며, "직유나 은유 혹은 이야기의 형태"로 "하나님 나라"를 만나게 해 준다고 말이다.[7]

비유들은 주변의 흔한 소재를 사용하여 청중이 알 만한 이야기로 전달되기 때문에 청중이 들으면서 깨닫게 되는 묘미가 있다. 비유는 해설이나 논설이 아니고, 연구 논문도 아니며, 알아듣기 쉽게 이야기로 말하는 것이다. 필자에겐 시인 예수라는 표현보다는 이야기꾼 예수라는 표현이 더 적절해 보이지만, 고대 그리스의 신화 이야기가 서사시 형태로 기록되었다는 점을 감안하여 시인 예수라는 표현에 굳이 반대하지는 않겠다. 예수는 물론 비유만이 아니라 격언이나 예언 등의 말로도 가르쳤고, 그러한 말들이 지혜를 담거나 혹은 종말론적 발언도 담고 있다.

유대교 랍비들도 비유를 사용했다는 사실에서 유대 랍비들의 비유와 예수의 비유를 비교하는 시도들도 있다.[8] 그러나 유사성이 있을지

---

7 최갑종, 『예수님의 비유』(서울: 이레서원, 2001), 27-34. 아쉽게도 최갑종은 예수의 비유의 특징을 위와 같이 옳게 파악했음에도 불구하고 이어지는 부연 설명에서 비유가 현대 사회에서 "신문의 시사만화"와 같다고 비유함으로써 예수의 비유의 성격을 완전히 희석시켜 버렸다. 예수의 비유는 결코 글이나 그림이 아니라 말이다. 청중은 글을 읽고 생각하는 것이 아니라 말을 듣고 깨닫는 것이다. 말과 글이 둘 다 언어 행위이지만, 둘의 기능이 너무나 다르다는 사실을 인정해야만 예수의 비유에 접근할 수 있다. 말과 글의 차이점에 대해서는 월터 J. 옹/이기우, 임명진 옮김, 『구술문화와 문자문화』(서울: 문예출판사, 1995) 참조.

8 타이센, 메르츠/손성현 역, 『역사적 예수』, 492-501. 이 책에서 인용된 C. Hezser, Lohnmeta-phorik und Arbeitswelt in Mk 20, 1-16. Das Gleichnis von den Arbeitern im Weinberg im Rahmen rabbinischer Lohngleichnisse (Göttingen: Vandenhoeck und Ruprecht, 1990). 유대 랍비의 비유와 공관복음서에 나오는 예수의 비유 사이의 유사성에 관심을 가지고 집중적으로 연구하는 학자로는 유대인 학자 D. Flusser, *Die rabbinischen Gleichnisse und der Gleichniserzähler Jesus* (Bern: Peterlang, 1981) 그리고 그의 제자 영을 들 수 있다. B. Young, *Jesus and his Jewish Parables* (New York:

라도 랍비 문화는 성전 파괴(70년경) 이후에 발전했으므로 예수가 유대 랍비 전통에 서 있다는 것보다는 랍비 전통 이전에 형성된 예수의 독특한 화법으로 보는 것이 더 타당할 것이다.[9] 물론 랍비들의 비유와 예수의 비유를 비교하면 예수의 독특성이 더욱 돋보일 수 있다.

예수의 비유 연구가 어려운 두 번째 이유는 복음서 기자의 다음과 같은 기록 때문일 것이다. "하나님 나라의 비밀을 너희에게는 주었으나 외인에게는 모든 것을 비유로 하나니 이는 그들로 보기는 보아도 알지 못하며 듣기는 들어도 깨닫지 못하게 하여 돌이켜 죄사함을 얻지 못하게 하여 함이라"(막 4:11-12). 이 표현은 앞서 인용한 마가복음 4장 33절과 완전 대치된다.

과연 예수가 사람들이 알아듣지 못하도록 비유를 말한 것인가? 아니면 사람들이 알아듣도록 쉽게 비유를 말한 것인가? 우리가 생각하는 바와 같이 예수는 친절한 교사로서 자신이 가르치고 싶은 내용을 사람들이 알아들을 수 있도록 쉽게 가르치는 분일까 아니면 반대일까 자문해본다면 답은 뻔하다. 청중을 무시하고 청중에게 권위를 부리고 싶은 사람 혹은 본인 자신도 깨닫지 못한 내용을 가르칠 때 어려운 말을 하게 된다. 이런 점에서 보자면 예수는 그럴 리가 없을 것이다. 그리하여 많은 학자가 이 구절을 예수의 말이 아니라 제자들이 구성한 말로 취급한다. 즉, 예수는 쉽게 말했지만, 지역에 따라 문화가 다를 때 이해하지 못하거나 교회가 사정에 따라 예수의 비유를 해석하는 권한

Paulist Press, 1989). 영은 비유를 오직 랍비 문헌과 복음서에만 보존되어 있는 가르침이라는 독특한 장르로 보아야 한다고 강조한다.

9 이와 같은 의견을 가진 비유 연구가로는 스캇을 지적할 수 있다. B. Scott, *Hear Then the Parable* (Minenapolis: Fortress Press, 1989), 13-19. 물론 플루서와 같은 유대인 학자는 예수 자신이 유대 랍비 전통에 서 있었다고 강조한다.

을 가진 교회의 말이라는 것이다.

불트만 같은 학자는 비유에도 여러 장르가 있고, 장르마다 해석 방법이 달라야 한다고 주장한다. 그에 따르면 비유(Gleichnis)라는 넓은 장르 안에 작은 의미의 직유(Gleichnis), 은유, 예화, 파라벨(Parabel), 알레고리(Allegory) 등 소장르들이 존재한다. 장르를 올바로 파악해야 올바른 해석이 가능하다. 알레고리는 알레고리로 읽어야 하지만, 직유나 예화를 알레고리적으로 해석하면 곡해할 위험이 크다는 것이다.

그 어떠한 비유에 대한 해석에도 불구하고 예수가 하나님 나라의 특징이 어떠한지 비유로 이야기해주고, 하나님 나라가 이미 도래했다는 사실도 비유로 가르치며, 하나님 나라의 백성이 해야 할 의무가 무엇인지 비유로 이야기한 것은 틀림없다. 이미 앞서 여러 차례 설명했지만, 요약해서 말하자면 예수는 겨자씨 비유를 통해 하나님 나라는 놀라운 세계임을 말해 주고, 스스로 자라는 씨의 비유로써 하나님 나라의 주체자는 하나님이라는 사실도 가르쳐 준다. 하나님 나라가 이미 도래했다는 주장도 비유로써 말한다. 보물을 발견한 농부 비유와 진주 장사의 비유가 그러하다. 하나님 나라 백성의 의무도 비유로 가르쳐 준다. 사마리아인의 비유와 탕감 받은 종의 비유, 삭감하는 청지기의 비유로 창조주 하나님의 뜻인 '생명을 살리는 것'이 하나님 백성이 할 일이라고 말이다.

2) 공동식사

사람들과 함께하는 식사 생활이 예수 생애에서 매우 특징적이다. 식사는 생존을 위해서 필수적인 일임은 누구나 인식한다. 그러나 식사는 생존뿐만 아니라 교육적으로도 매우 중요하다. 음식을 함께 나눈다는 것은 식사와 더불어 여유롭게 대화를 나눔으로써 친밀한 관계를 형성하는 아주 중요한 일이다.

타인들과 함께 식사를 즐기는 예수의 삶의 자세는 금식을 하는 세례 요한과 대조가 된다: "요한이 와서 먹지도 않고 마시지도 아니하매 저희가 말하기를 귀신이 들렸다 하더니 인자는 와서 먹고 마시매 보라 먹기를 탐하고 포도주를 즐기는 사람이요 세리와 죄인의 친구로다"(막 2:16-19). 예수는 먹고 마시기를 즐기는 사람으로 이해되었다(마 11:18-19). 예수 자신이 먹고 마시기를 즐길 뿐만 아니라 예수와 관련된 이야기 속에도 먹는 이야기가 많다.

(1) 늦은 시간까지 가르치신 이후에 예수는 청중들에게 먹을 것을 주라고 지시한다. 가령 급식기적 이야기(막 6, 8장).

(2) 죽은 자를 살린 후에 예수는 먹을 것을 주라고 지시한다. 가령 회당장 야이로의 딸을 일으켜 세운 뒤에(막 5:43).

(3) 예수는 그 사회의 소외된 자들, 가난한 자들과 식사했다. 예수는 세리와 죄인의 친구라는 평가를 받는다(마 11:19).

(4) 예수는 사람들의 초대에 기꺼이 응했고(마르다의 초대; 눅 10:38-42), 심지어 바리새인의 초대에도 응했다(눅 7:36).

(5) 예수 자신이 뉘 집에서 머물며 먹을 것인지 선택하기도 한다. 가령 여리고에서 삭개오 집에 머묾(눅 19:5).

(6) 예수는 잔치에 관한 이야기를 많이 한다(눅 14:7-14, 눅 14:15-24; 마 22:1-10).

(7) 예수의 비유에서도 잔치 비유 이야기가 많이 나온다. 가령 잃은 양의 비유에서 양을 찾은 뒤 잔치를 벌이거나(눅 15:6) 돌아온 아들의 비유에서도 아들이 돌아오자 잔치를 벌인다(눅 15:22-24).

예수 시대 유대인들의 한 종파인 에세네파도 매일 저녁 모여서 공동식사를 했으며,[10] 그보다 훨씬 이전에 그리스 사모스섬의 피타고라스의 경우도 종교적 성향을 띤 학파를 형성하여 제자들과 공부와 숙식을 함께하였다. 에세네나 피타고라스학파는 물론 종교는 다르지만, 이들의 공동식사는 자신들의 집단 내 구성원들의 소속감과 연대감 강화를 위한 것이라는 점에서 일치한다.

예수가 즐겼던 타인과의 공동식사는 이들과는 달랐다. 예수의 식사에 관심을 기울인 크로산은 예수를 혁명가로 보고, 예수의 무상 치유와 공동식사를 "예수 운동의 핵심" 활동으로 평가했다.[11] 즉, 크로산에 따르면 누구에게나 열려 있는 공동식사란 "구성원들 사이에 어떠한 차별도 용인하지 않으며 그들 중에는 어떠한 계급 조직도 필요 없다고 보는 절대적인 인간 평등 사상의 구현이며 상징"[12]이며 "명예와 수치, 후원자와 의뢰인이라는 당시의 원리와는 전혀 다른 원리에 기초하여 농민 사회를 세우거나 재건하기 위한 전략이었다."[13]

예수의 식사 행태가 에세네파나 피타고라스학파와 같이 정회원에게 한정된 폐쇄적인 공동식사와는 달리 누구에게나 열려 있는 "열린 공동식사"라고 그 특징을 파악한 크로산의 안목은 탁월하다고 할 수 있겠다. 그러나 예수가 1세기 농민들이 꿈꾸었던 철저한 평등주의를

---

10 에세네파 정회원들이 공동식사를 했다는 것은 그들이 남긴 문서를 통해 알 수 있다. 특히 그들의 규율집인 1QS VI,2-6; 1QSa II,17-20에 따르면 공동식사에 무엇이 제공되었는지, 공동식사에 임하는 자세는 어떠해야 하는지 알 수 있다. 쿰란-에세네파의 공동식사와 초기 그리스도교의 공동식사의 공통점과 차이점에 대해서는 김판임, 『쿰란공동체와 초기 그리스도교』(서울: 비블리카아카데미아, 2008), 37-62 참조.

11 존 도미닉 크로산/김준우 옮김, 『역사적 예수』(서울: 한국기독교연구소, 2000), 548.

12 존 도미닉 크로산/김기철 옮김, 『예수』(서울: 한국기독교연구소, 2001), 128.

13 존 도미닉 크로산/김준우 옮김, 『역사적 예수』, 549.

대변하고 사회적 혁명을 시도했다고는 보기 어렵다. 예수의 열린 공동 식사는 평등주의에 기초한 혁명을 이루기 위한 전략이라는 표현에는 하나님 나라에 대한 오해가 엿보인다. 즉, 하나님 나라가 오직 하나님 에 의해 이루어진다는 견해를 지닌 예수이기 때문에 혁명을 위한 전략 이라는 표현은 적절하지 않다. 오히려 예수의 입장에서는 식사란 치유 기적과 마찬가지로 하나님이 이루시는 구원의 역사, 생명의 역사가 일 어나고 있음을 구체적으로 보여주는 것이라 하겠다.[14] 인간은 먹어야 살기 때문이다. 예수에게 '먹음'이란 살아 있음의 증거이다.

음식을 먹는다는 것은 (1) 살아 있음의 증거이고, (2) 살아가기 위 해 필수적인 일이며, (3) 삶을 즐기는 일이다. 현재 우리 시대와 마찬 가지로 예수 시대의 많은 사람이 먹을 것이 없어서 생존의 위협을 느 끼고 불안해했다면, 예수는 생명을 주신 창조주 하나님이 역사하시니 먹을 것을 위해 걱정할 필요가 없다는 것을 전하는 것이라 할 수 있다. 그러므로 예수에게 현재는 금식의 시간이 아니라 먹고 마시고 삶을 즐 길 시간이다.

> "그러므로 내가 너희에게 이르노니 목숨을 위하여 무엇을 먹을까 무 엇을 마실까 몸을 위하여 무엇을 입을까 염려하지 말라 목숨이 음식보 다 중하지 아니하며 몸이 의복보다 중하지 아니하냐 공중의 새를 보라 심지도 않고 거두지도 않고 창고에 모아들이지도 아니하되 너희 하늘 아버지께서 기르시나니 너희는 이것들보다 귀하지 아니하냐"(마 6:25-
> 26/눅 12:22-30 참조).

---

14 이에 관해서는 김판임, "먹을 것을 주라(마가복음 6장 급식기적이야기에 대한 성찰),"
「기쁜소식」 121호(2012 가을), 49-58 참조.

"예수께서 그들에게 이르시되 혼인집 손님들이

신랑과 함께 있을 때에 금식할 수 있느냐

신랑과 함께 있을 동안에는 금식할 수 없느니라"(막 2:19).

예수는 "현재"를 "구원의 때"로 파악했다.[15] 지금 하나님이 우리를 살리시기 위해 일하시니 염려할 것이 없고 오히려 결혼식과 같은 즐거운 날이라는 말이다. 사람은 누구나 살기 위해 먹어야 하는데, 하나님이 우리를 살리기 위해 일하시니 우리는 먹을 것을 위해 걱정할 필요가 없다는 것이다. 식사는 생명이고 사랑이다. 어린아이의 생명을 살리기 위해 부모가 애쓰는 것처럼[16] 하나님이 인간을 살리시기 위해 활동하신다.

오천 명이나 사천 명을 먹인 급식 기적 이야기(막 6, 8장)에서 우리는 중요한 모티브 하나를 찾아낼 수 있다. 그것은 무리를 "불쌍히 여김"이다.[17] "예수께서 나오사 큰 무리를 보시고 그 목자 없는 양 같음으로 인하여 불쌍히 여기사 이에 여러 가지로 가르치시더라. 때가 저물어 가매 제자들이 예수께 나아와 여짜오되 이곳은 빈들이요 날도 저물어가니 무리를 보내어 두루 촌과 마을로 가서 무엇을 사 먹게 하옵소서 대답하여 이르시되 너희가 먹을 것을 주라 하시니"(막 6:34-36), "그 무렵에 또 큰 무리가 있어 먹을 것이 없는지라 예수께서 제자들을

---

15 Panim Kim, *Heilsgegenwart bei Paulus. eine religionsgeschichtlich-theologische Untersuchung zu Sündenvergebung und Geistgabe in den Qumrantexten sowie bei Johannes dem Täufer, Jesus und Paulus* (Diss. Göttingen, 1996), 58-67, 39-148.

16 이는 불교의 석가모니의 깨달음과 일치한다. 수년의 고행 끝에 싯다르타는 고행이 구원으로 이어지는 것은 아님을 깨닫고 고행을 그만둔다.

17 "불쌍히 여김"에 관해서는 김성희, "예수의 공감 사역, 마가복음의 splagnichzomai를 중심으로," 「신약논단」 20/3(2013 가을호), 685-720 참조.

불러 이르시되 내가 무리를 불쌍히 여기노라 그들이 나와 함께 있은
지 이미 사흘이 지났으나 먹을 것이 없도다. 만일 내가 그들을 굶겨 집
으로 보내면 길에서 기진하리라 그중에는 멀리서 온 사람들도 있느니
라"(막 8:1-3).

예수가 자신의 가르침을 받는 사람들을 굶기지 않고 먹여 보내려고
하는 마음에는 장시간 교육을 받아서 배가 고팠을 그들의 상태를 헤아
리는 연민과 배려와 사랑이 있다.[18]

이러한 열린 공동식사의 배경으로는 혁명을 위한 전략이나 평등이
란 주제보다는 사랑이라는 주제가 더 적절해 보인다. 가르치는 자의
입장에서 배움을 받는 사람들을 먹여가면서 한다는 점에서 공동식사
도 일종의 교육 방법이라고 할 수 있다. 아무리 훌륭한 지적/영적 양식
이라도 배를 곯아가면서 얻을 수는 없다. 온전한 교육이란 영육 간에
강건함을 주는 것이어야 한다.

3) 사랑으로

청중에게 어려운 말을 하는 연사, 학생들이 알아듣지 못하게 설명
하는 교사, 자기만 의롭다고 여기고 다른 사람을 심판하는 바리새인
들. 이런 사람들과 예수는 달랐다. 예수는 사람을 가리지 않고 누구든
지 자신에게 다가오는 사람들을 막지 말라고 말했다. 오늘날 성적순으
로 우수한 학생들만을 잘라 받아들이는 한국의 대학들과 유사하게 성
경 시험으로 가입을 허용하는 에세네파는 스스로 엘리트 그룹이라는

---

18 김판임, "예수님의 마음 — 내가 무리를 불쌍히 여기노라," 「기쁜소식」 122호(2013 봄
여름호), 92-102.

의식을 가졌다.[19] 에세네파의 지도자인 정의의 스승은 자신의 합법적인 대제사장의 권위를 가지고 성경 공부와 성경적 실천만이 구원을 얻을 방법이라고 가르쳤다. 쿰란 에네세파 사람들에게는 가입부터 소정의 성서 지식이 요구되었고,[20] 가입 후에도 성경을 공부해야 한다. 성서 연구만이 살 길이라는 것은 유대인들에게 자명한 것이었다. 하나님의 뜻대로 사는 의인들만이 구원을 얻을 것이고, 하나님의 뜻은 성서에 기록되어 있다고 여기기 때문이다.

구원의 길을 회개의 세례로 제시한 세례 요한은 자신에게 다가오는 모든 사람에게 세례를 주지 않았다. 진실로 회개하지 않았다는 이유에서 세례 베풀기를 거부하기도 하였다(마 3:11). 예수는 비록 세례 요한에게 세례를 받았지만, 제대로 회개한 사람들에 한정하여 세례를 주었던 세례 요한과 달랐다. 예수는 자신에게 다가오는 모든 사람을 허용했다. 그들은 어린아이, 여자, 외국인, 거지, 노숙자, 농부, 어부, 부유한 상인, 관료 등 사회적 지위나 역할을 달랐지만 모두 예수의 말에 귀 기울이는 마음이 있는 사람들이었다.

예수의 안목으로 볼 때 하나님이 사람들의 구원을 위해 일하시기 시작했기 때문에 하나님의 구원의 역사는 누구에게나 해당된다. 하늘에서 빛나는 해가 사람을 가려가며 비치는 것이 아니듯이, 하늘에서 내리는 비가 사람을 골라서 내리는 것이 아니듯이(마 5:45 참조) 하나

---

19 쿰란 에세네파의 엄격한 입회 자격과 입회 과정에 관해서는 김판임, 『쿰란공동체와 초기 그리스도교』(서울: 비블리카아카데미아, 2008), 21-38. 쿰란 에세네파 공동체가 엘리트 집단이라는 것에 대해서는 H. Stegemann, *Die Essener, Qumran, Johannes der Täufer und Jesus* (Freiburg: Herder, 1993), 274-278 참조.

20 쿰란 에네세파 공동체 가입을 위한 시험 과목은 시편, 신명기, 이사야였다. 김판임, 『쿰란공동체와 초기 그리스도교』, 25; H. Stegemann, "Qumran und das Judentum zur Zeit Jesu," *Theologie und Glaube* (1994), 186-187.

님 나라도 모든 사람에게 작용한다.

그러므로 예수는 사람을 골라서 가르칠 필요가 없었고, 자신의 권위를 부리기 위해서 사람들이 알아듣지 못할 말을 유식한 척하면서 할 필요도 없었다. 예수는 자신에게 다가오는 사람들과 함께 식사하고 그들이 알아들을 수 있는 쉬운 말로 이야기한다. 그 이야기의 핵심에는 하나님의 역사가 있다. 하나님은 죽으신 것도 아니고, 가만히 계신 것도 아니라 '지금, 여기' 사람들을 위해 활동하고 계시다는 것이다. 그것이 하나님 나라이다. 지금 인간들의 구원을 위해 활동하고 계시는 하나님의 역사를 알려주는 이유는 바로 사람들에 대한 사랑 때문이다.

이렇게 예수가 타인에 대해 열린 마음을 가지고 있고 친절한 자세로 하나님 나라에 관해 가르쳤다고 예수의 가르침을 설정할 때 장애가 되는 구절이 있다.

> "예수께서… 이르시되 하나님 나라의 비밀을 너희에게는 주었으나 외인에게는 모든 것을 비유로 하나니 이는 그들로 보기는 보아도 알지 못하며 듣기는 들어도 깨닫지 못하게 하여 돌이켜 죄사함을 얻지 못하게 하려 함이라"(막 4:11-12).

이 구절은 마가복음에서 처음 예수의 비유(막 4:1-8)를 하나 전하자마자 나온다. 그리고 13절에서부터 이 비유에 대한 해석이 이어진다. 예수는 청중이 알아듣지 못하게 수수께끼 같은 말을 하고 제자들에게만 해석을 해 주었다는 것이다. 알아듣지 못하게 하려는 의도를 가지고 말을 하는 교사는 악의적이라 할 수 있다. 그런데 이 말은 지금까지 우리가 살펴본 친절한 교사 예수의 모습에 어울리지 않을 뿐더러 4장을 마감하는 33-34절의 내용과도 모순된다.

예수의 비유 해석을 시도한 예레미아스는 제일 먼저 마가복음 4장 11-12절을 반드시 풀어야 할 과제로 여기고 다음과 같은 결론에 도달했다. 즉, 이 구절은 역사적 예수에게 소급되지 않고 독립된 말로 전승되던 것을 마가의 신학으로 인해 여기 위치하게 되었다는 것이다.[21]

예수가 병자나 귀신들린 자들을 치유해 주어 인간답게 살게 한 치유 기적 이야기, 귀신 축출 이야기, 먹을 것을 제공하여 굶주리지 않게 했다는 급식 기적 이야기들은 모두 하나님 나라의 실현을 보여준다. 예수는 이러한 생명의 역사가 자신이 행하는 것이라고 보지 않았다. 그런 일들은 하나님이 하시는 것이다. 그러므로 누구나 이런 일을 행할 수 있고 경험할 수 있다. 경험하는 자는 숨겨진 보물을 발견한 것처럼 값진 진주를 발견한 것 같은 놀라운 기쁨을 맛볼 수 있을 것이다. 하나님 나라가 왔다는 것을 예수 혼자 가르치지 않고 제자들에게도 예수 자신과 똑같은 일을 하고 똑같은 메시지를 전하라고 지시하는 것 (마 10:5-12; 막 6:7-13; 눅 9:1-6)은 이런 생명의 역사가 예수의 독점이 아니라 하나님의 역사이기에 모든 이에게 나타날 수 있음을 알기 때문이다. 좀 더 많은 사람이 하나님의 생명의 역사를 알기를 바라는 예수의 마음이 드러난다. 하나님이 지금 살아서 역사하심을 안다면, 힘들고 고된 삶에 위로가 되고 변화가 온다는 것을 기대하게 된다. 현재 삶에 대한 위로와 미래에 대한 열린 마음을 사람들이 갖게 되기를 바라는 것이 바로 청중들에 대한 예수의 사랑인 것이다.

---

21 예레미아스/허혁 역, 『예수의 비유』, 11-16.

3. 나오는 말

예수께서 하나님 나라에 관해, 그의 도래에 관해 가르치실 때에 택한 방법은 비유로 이야기하는 것이다. 랍비 전통에 비유가 있다 하더라도 예수의 비유 이야기는 타인과 비교할 수 없을 만큼 탁월하다. 일찍이 예수 연구에 임하였던 유대학자 클라우스너는 다음과 같은 표현으로 예수가 당대 다른 유대 지도자들과 얼마나 달랐는지는 분명하게 지적한다.

> "예수는 유대민족에게 위대한 도덕 선생이며 비유를 사용한 예술가이다. … 그것은 당시의 민족들과 사회질서를 위한 윤리 규범이 아니다. 즉, 당시의 사람들은 여전히 메시아와 예언자들이 선포한 미래로 가는 길을 찾고, 탈무드가 말한 전능자의 왕국, 곧 이 세상의 이상이며, 이 세상 안에서 점차적으로 세대를 거쳐 이루어질 이상인 전능자의 왕국으로 가는 길을 찾고 있었던 것이다. 그러나 그의 윤리 규범에는 다른 어느 히브리 윤리 규범의 형태에서는 찾아볼 수 없는 고상함과 독특함, 그리고 독창적인 점이 있다. 또한 그의 비유들의 뚜렷한 예술성도 전례가 없는 것이다."[22]

필자에게 예수의 비유의 특징은 예술적일 뿐만 아니라 사람들이 알아듣기 쉽도록 말을 했다는 점이다. 비유는 어려운 것이 아니다. 천재적인 교사 예수께서 사람들이 알아듣지 못하도록 애매하게 이야기하

---

22 Joseph Klausner, *Jesus of Nazareth*, 411-412; 존 도미닉 크로산/김준우 옮김, 『역사적 예수』, 372에서 재인용.

셨을 리가 없다. 대개 알 수 없는 어려운 말로 강연을 하는 분들을 보면 두 가지 경우이다. 첫째, 강연자 자신도 제대로 이해하지 못하고 말하는 경우거나 둘째, 청중들 앞에서 자신의 권위를 내세우려고 하는 경우이다. 이 두 가지 경우 모두 예수에게 적용되지 않는다.

예수는 인간을 향한 하나님의 마음을 충분히 알았다. 인간을 향한 하나님의 연민은 그대로 예수에게도 적용된다. 하나님은 세계와 인간을 창조하신 창조주이고, 그가 만든 세계를 회복하려는 의지를 가지고 행하신다는 것도 깨달았다. 그것을 예수는 하나님 나라라고 명명하였고, 가장 쉬운 방법으로 그리고 가장 구체적인 방법으로 가르치신 것이다. 그것이 비유 이야기였고, 함께 식사하며 즐기는 것이었으며, 이 모든 것은 이웃을 향한 예수의 사랑의 행위였던 것이다.

12장
천재 교사 예수의 교육 목표
: 기쁨의 공유

1. 들어가는 말

모든 교사는 자신의 강의를 개설하기 전에 강의 준비를 한다. 교과 내용, 교육 방법, 교육 목표, 최소한 이 세 가지는 설정하고 시작하는 것이다. 물론 예수는 현대 학문적 의미의 교육학 이론을 공부하지도 않았고, 교사로서 훈련도 받지 않았으며, 요즘 우리 젊은이들이 매달려 얻으려고 하는 교사 자격증도 갖지 않았다. 그러므로 예수를 천재 교사로 설정하고 이런 식으로 접근하는 필자의 의견에 생소한 감을 느낄 수도 있고, 참하나님이며 참인간이라는 오래된 교리에 익숙한 분들은 분개심을 느낄 수도 있다. 그럼에도 이 책의 마지막 장에서는 예수가 가르칠 때에 무슨 목표를 가지고 있었는지 묻고자 한다. 예수가 하나님 나라에 관해, 그 나라의 도래와 영향력에 관해 가르쳤다면, 필히 그 의도가 있었다고 상정해본다.

1892년 요한네스 바이스(Johannes Weiss)가 예수의 가르침이 하나님 나라에 관한 것이고, 그 나라는 종말론적인 것이었다고 발표한 이후1 거의 모든 신약학자는 이에 동의했다.2 물론 20세기 후반에 미국의 몇몇 학자에 의해 예수의 가르침이 종말론적인 것이 아니라 지혜문학의 관점에서 보고자 하는 시도들도 있었고,3 하나님 나라의 도래에 관해 왈가왈부하고 심지어 "이미 왔으나 아직 오지 않은"이라는 역설적인 표현도 썼다. 그러나 어느 누구도 예수가 '왜' 이것을 가르쳤는지 물은 적이 없다. 하나님 나라에 관해, 그 나라의 도래에 관해 가르치는 예수가 그 가르침을 통해 바라고 원했던 것은 무엇인지 아무도 묻지 않았다.

아마도 예수를 선생이라기보다는 예언자 전통에서 보았기 때문이 아닐까 짐작해본다. 독일의 많은 신학자가 '예수의 가르침'(Lehre Jesus)이라는 표현보다는 '예수의 선포'(Verkündigung Jesu)라는 표현을 선호하였다. 예언자들은 하나님의 대언자로서 하나님이 사람들에게 말하라고 하면 전하는 것이다. 거기에 목표라는 표현이 적절하지 않다. 물론 굳이 말하자면 하나님의 말씀을 전하는 이유는 하나님이 전하라는 것이고, 목표는 하나님의 뜻을 제대로 알고 하나님 뜻을 수행하라

---

1 J. Weiss, *Die Predigt Jesu vom Reiche Gottes* (Göttingen: V&R, 1892).

2 루돌프 불트만/허혁 역, 『신약성서신학』 (서울: 성광문화사, 1976), 2-3.

3 대표적인 학자로는 엘리자베스 피오렌자를 들 수 있다. 이후 미국에서의 연구는 예수와 복음서 이해를 위해 유대교와 비교하기보다는 그리스 문헌과 비교 연구하려는 시도가 많이 나타난다. 조재형, "디오니소스의 제의를 통해서 본 요한복음의 성찬(요 6:51- 59)," 「한국기독교신학논총」 88(2013. 7.), 33-38; "오디세우스의 변모가 예수의 변모(눅 9:28-36)에 끼친 영향에 관한 문학적 연구,"「한국기독교신학논총」 83(2012. 1.), 101-122. 이 견해는 그의 박사 지도교수 맥도널드의 영향이다. Dennis R. McDonald, *The Homeric Epics and the Gospel Mark* (NewHaven & London: Yales University Press, 2000); Dennis R. McDonald, *Christianizing Homer: the Odyssey, Plato, and the Acts of Andrew* (New York/Oxford: Oxford University Press, 1994).

는 것이겠다. 예수의 표현에는 하나님이 너희에게 이렇게 말하라고 하는 게 없다. 즉, 하나님의 지령을 받는다는 표현이 없다는 것이다.

이 마지막 장을 준비하는 필자의 마음도 편치 않다. 사실 예수의 교육 의도, 교육 목표를 살피는 일은 성경 본문에 따라 답을 얻기보다는 본문을 통해 당시 사회 분위기를 파악하고 많은 상상력을 동원하여 추론해야 하기 때문이다. 그리고 학자들이 기피하는 일이기도 한데, 예수의 마음을 들여다보아야 해답을 얻을 수 있을까 말까 한 일이기도 하다.

이 장에서 다루려고 하는 나의 질문은 이것이다. 예수가 하나님 나라와 그의 도래에 관해 가르칠 때 그 목표는 무엇이었을까? 청중들에게 사랑을 가지고 식사까지 제공해가며 비유 이야기로 친절하게 가르치는 예수는 그의 가르침을 통해 과연 무엇을 주고 싶었던 것일까? 예수는 과연 그의 청중들이 어떻게 되길 원했을까? 어떻게 하길 원했을까? 가르치는 자는 반드시 배움을 받는 자들의 변화를 원한다.

2. 하나님과 인간

1) 포로기 이후 예수 시대 사회적 종교적 분위기

예수 시대 유대 사람들은 하나님이 멀리 계시다고 생각했다. 하나님은 멀고 먼 당신이다. 그들에겐 시절이 하수상하면 예언자가 나타나곤 했다는 경험이 있다. 그러나 살기 힘든 시기가 수백 년 지속되고 있는데도 예언자가 나타나지 않는다.[4] 유대인들 마음속에선 이런 질문

---

4 P. Schäfer, *Die Vorstellung vom heiligen Geist* (München: Chr. Kaiser Verlag, 1972),

들이 왕성하게 인다. '하나님은 도대체 뭐하고 계신 건가? 하나님이 보내신 예언자들의 말을 듣지 않고 죽이니 하나님이 예언자 보내기도 포기하신 건가? 아니, 하나님이 선택하신 그의 백성을 저버리신 것인가? 너무나 하나님의 말씀을 듣지 않고 어긋나기에 하나님도 지치고 이 백성을 방치하시는 것인가? 하나님은 도대체 어디 계신 건가? 우리의 애통하는 신음소리를 듣고는 계신 건가?'

어려운 세월이 계속될 동안에도 유대인들은 하나님의 백성이라는 자부심으로 그의 계명을 지킴으로써 하나님이 보상해 주실 것으로 기대하며 버티었다. 그러나 수백 년 동안 식민지의 백성으로 살아오면서 유대인들은 지칠 대로 지쳐 있었고, 악이 판치는 세상에서 살기 위해서라면 자신은 세상의 악 이상의 힘을 가져야 하지 않을까 생각할 수도 있었다. 하나님의 계명을 지키는 게 무슨 효용성이 있단 말인가? 각종 포기와 낙담의 마음을 지닌 사람이 많았다. 생활이 힘들고 영양 상태가 나빠지니 병들기 쉬웠고, 심성이 연약한 자는 귀신에 시달리기도 했다. 예수가 만난 사람들 대부분이 이런 사람들이다. 아니면 시대에 편승해서 왜곡된 가치관을 가진 사람도 많았다.

그러나 유대인들이 항상 그런 것은 아니다. 예전엔 그렇지 않았다. 그들에게 하나님은 이 세상 모든 만물을 만드시고 흡족해하신 분이다. "하나님이 그 지으신 모든 것을 보시니 보시기에 심히 좋았더라"(창 1:31). 그는 그의 형상대로 사람을 만들고, 사람들에게 생육하고 번성할 것을 명하셨다(창 1:27-28). 그리고 인간사에 개입하신다. 이스라엘을 자기 백성으로 삼으셨고, 다른 민족보다 더 큰 애정으로 인도하

89-111; P. Schäfer, "Geist," TRE 12, 174-176. 쉐퍼에 따르면 하나님의 활동 부재는 성령의 활동 부재를 근거로 한다.

셨다. 이집트의 노예살이에서 해방시켜 주셨고, 하나님의 백성답게 살라고 계명도 주셨다. 계명대로 살면 자자손손 복을 받고 영생할 것이다(신 11: 8-9). 그것이 하나님의 약속이다. 이스라엘과 하나님과의 결속력이 대단하다. 이스라엘이라는 나라명도 하나님이 주셨고, 이스라엘이 원한 것이 아니라 하나님이 자발적으로 이스라엘과 계약을 맺으셨다는 것이다. 엄밀히 말하자면 이스라엘이 아니라 아브라함과 맺은 언약이다. "나는 너희 하나님이 되고, 너희는 나의 백성이라"(창 17:1-8).

그런데 이스라엘 백성은 언제나 하나님의 뜻을 거역하고 하나님으로부터 멀리멀리 달아나고자 한다. 하나님 뜻대로 살고자 하지 않는다. 솔로몬 이후 왕국은 남과 북으로 분열되었고, 북이스라엘은 북이스라엘대로, 남유다는 남유다대로 하나님의 뜻을 거스르며 살았다. 그럴 때면 하나님은 예언자를 세워 자신의 뜻을 다시 한번 알리고 하나님께 되돌아오게 하신다.[5] 그러나 그들은 예언자의 대언을 듣지 않았고, 듣기 싫어서 예언자를 죽이기까지 하였다. 지도자들의 뜻과 대립되는 메시지를 전하는 예언자들은 예외 없이 불행을 당했다. 이스라엘은 아시리아 대국에 의해 멸망했고, 남유다는 바빌로니아 대국에 의해 멸망하고 지도자들이 바빌로니아에 포로로 잡혀가기도 했다.

남유다가 멸망하고 49년간(희년 기간) 바빌로니아에 포로로 있던 유대인들은 오랫동안 자기 성찰을 깊이 했다. 그들의 질문은 이것이

---

5 포로기 이전 대표적인 예언자들로는 아모스(기원전 750년경), 호세아(기원전 740년경), 제1이사야 등이 있다. 아모스는 형식화되어 무기력한 종교를 질타하고 정의를 강조했으며, 호세아는 하나님의 말을 듣지 않는 이스라엘을 바람난 아내 고멜로 상징화하여 집으로 데려오는 이야기로 용서와 회복을 원하시는 하나님을 보여준다. 제1이사야는 하나님의 뜻을 알지 못하는 이스라엘을 질책하며 하나님의 뜻대로 하지 않으면 결국은 망할 것이라고 예언한다.

다. 하나님이 선택하신 백성이 왜 주변 강대국보다 힘이 없어 그들에 의해 멸망당해야 하는가? 하나님이 선택하셨다면, 자기네 민족이 더 강해서 보란 듯이 위용을 자랑하고, 하나님이 선택한 백성은 남달리 힘이 세다거나 타민족이 두려워 떨어야 하지 않겠는가? 그러나 현실은 반대이다. 하나님이 선택한 백성은 지속적으로 고난을 당하고, 다른 민족이 더 왕성해서 이스라엘을 멸망시켰다. 포로로 있는 동안 그들은 그들이 당하는 고난을 생각한다. 왜 하나님의 백성이 그렇지 못한 백성들에 의해 고난을 당하는가?

50년간 생각한 결과는 이것이다. 그들이 죄를 지었기 때문에! 죄는 다른 것이 아니라 하나님의 뜻대로 살지 않는 것, 즉 계명을 지키지 않았고, 예언자의 말을 듣지 않았으며, 언제나 하나님의 뜻을 거역했다. 바빌로니아를 페르시아가 정복한 후에 유대인들은 다시 고향 땅으로 돌아올 수 있었다. 그들 나름의 종교와 문화가 허용되었다. 페르시아는 그만큼 관대했다. 유대인들은 돌아와 제일 먼저 하나님께 제사 드릴 공간인 성전을 짓고, 제의를 위한 문서를 재정비하며 민족의 혼을 세우고자 노력했다. 이때부터 로마에 의해 예루살렘 성전이 무너지기까지를 제2 성전 시기라고 한다. 이미 이전에도 여러 예언자들이 성전 제의의 무의미함을 지적했고, 하나님은 그러한 제사와 제물을 원하지 않고 인애를 원한다는 것들을 전하였다.[6]

이 시대 페르시아에 의해 예루살렘에 파견되어 활약하였다는 에스라와 느헤미야, 소위 마지막 예언자였다는 말라기의 기록에 따르면 이 시대 제사장들이 얼마나 자신들의 직무를 소홀히 했는지 알 수가 있다. 제사장들은 희생 제물로 드릴 짐승이 흠 없어야 한다는 규정을 무

---

6 호세아가 대표적이다(호 6:6 참조).

시하였고, 종교적 가르침을 베풀 의무를 등한히 할 뿐만 아니라(말 1: 6-2:9) 하나님의 뜻에 어긋나는 이혼을 쉽게 허락하였다(말 2:10-16). 십일조를 거두어들이는 일에 속임수를 썼고(말 3:6-12), 하나님에 대한 예배를 진지하게 여기지 않았다(말 3:13-21). 안식일이 엄격하게 준수되지 않았고(느 13:15-22), 제사장 가문에서 해서는 안 될 이방인과의 결혼도 있었다(느 13:23-28).

두 번째 성전을 짓고, 제사장 계급과 성전 제의의 질서를 위한 문서도 기록했지만 잘 엄수되지 않았고, 정치적으로는 여전히 주변 강국의 지배하에 있었다. 그토록 강한 페르시아를 무찌르고 새로운 세력으로 등장한 것은 마케도니아의 젊은이 알렉산드로스였다. 그는 그리스가 가장 우수한 문화를 이루고, 다른 민족들은 야만인이라고 했던 아리스토텔레스의 가르침에도 불구하고 그가 정복하는 나라들이 가지고 있는 문화를 존중했다. 바빌로니아까지 진출하고 그의 시대는 10년 만에 막을 내렸지만(기원전 333~323), 그 이후의 문화혁명은 대단한 것이었다. 그리스 문화가 이집트 문화를 만나고 바빌로니아와 페르시아의 문화가 모두 만난 것이다. 학자들은 서방의 그리스 문화와 동방의 페르시아 문화가 만난 것으로 해석한다. 동서 문화의 만남 그리고 이시대 문화적 현상을 앞선 문화인 그리스 문화의 세계화로 보고, 이 시대를 헬레니즘 시대라고 일컬었다. 언어가 헬라어로 통일되고, 그리스의 언어와 수사학, 철학, 올림픽과 같은 문화가 흠모되고 있었다. 이것은 이스라엘도 예외가 아니었다.

이집트를 정복했으나 이집트의 종교와 문화를 존중해 준 알렉산드로스를 존경한 이집트의 프톨레미 왕조는 알렉산드로스의 사망 이후 그가 정복한 영토의 3분의 1을 통치하였고, 이에 이스라엘도 식민지로 복속되었다. 이집트도 알렉산드로스처럼 타민족, 타문화를 존중하였고, 이스라엘도 수백 년 노예로 살았던 경험이 있는지라 이집트 통치하에 있을 때(기원전 323~200)가 가장 편안했다. 그러나 이집트에 이어 이스라엘에 대한 통치권을 가져간 시리아의 안티오쿠스왕이 통치할 때엔 상황이 완전히 달라졌다.

이미 이 시대 유대인들은 그리스 문명을 접하면서 새로운 그리스 문명을 받아들여 유대교를 개혁하려는 사람들과 성서와 성전 중심 문화를 고수하려는 보수 세력의 갈등이 이스라엘 내부에서 일어나고 있었다. 이집트에 비해 이스라엘에 대해 잘 알지 못하는 시리아의 안티오쿠스가 통치권을 갖게 되자 이스라엘의 일반 사제 메넬라오스가 이런 시국을 틈타 돈으로 대제사장직을 임명해 달라고 요청한다. 임명만 해 주면 성전의 보물을 털어서라도 재정적으로 지원하겠다고 약속한다. 전쟁으로 인해 많은 돈을 소모한 안티오쿠스 4세는 이 제안을 받아들여 그를 대제사장으로 임명한다. 대제사장은 원래 임명제가 아니다. 대제사장 가문에서 이어지는 세습제였다. 메넬라오스가 기존의 대제사장 오니아스를 몰아내고, 이스라엘 동족들에게 새로운 종교법을 제정하여 알린다. 개인이 성경을 소유할 수 없으며, 발견되면 사형, 성전 제의는 더 이상 야훼가 아니라 제우스를 기리는 곳으로 말이다.

이러한 탄압 속에서 참다 참다 일어난 사건이 마카비 혁명이다. 혁명의 결과로 자치권을 인정받았다. 아버지 마타디아와 다섯 아들이 힘을 모으고, 주민들이 힘을 합쳐 이루어낸 쾌거이다. 수백 년 동안 외세의 지배하에 숨죽이며 살다가 완전 독립은 아니지만 그래도 자치권 인정으로 처음엔 형제들이 돌아가며 자치국의 왕 노릇을 하다가 시몬 이후엔 아들로 세습이 된다. 하스몬 왕조라고 불린다. 마카베오서를 기록한 사가들은 이 왕조에 대해 친정부적 관점에서 기록했지만, 많은 유대 지도자가 하스몬 왕조를 문제로 여겼다. 가장 문제되는 것은 시몬 이전에 요나단이 정권을 잡으면서 대제사장직까지 탈취한 점, 다시 말하자면 왕권과 대제사장직을 한 사람이 겸직하는 건 법에 위배된다는 입장이다. 이 왕조는 살로메 알렉산드라가 여왕직을 수행할 때 그의 맏아들 히르카누스가 대제사장직을 수행함으로써 분리된 일 외에 남성이 통치할 때에는 왕과 대제사장직 둘을 겸직하였다. 결국 이 왕조는 시리아를 전쟁에서 이긴 로마에 의해 무너지고, 영리한 헤롯이 왕위에 오르게 된다.

예수 시대는 이러한 역사를 배경으로 하고 있다. 한마디로 말하자면 주변의 강국에 의해 수백 년 동안 지배를 받고, 한 1백 년 정도 자치국 형태도 취했지만, 그마저도 동족으로부터 진정성이 공격받고 있었다. 이러한 분위기는 많은 유대인에게 불안과 절망을 가져다주었다. '우리 민족이 이토록 힘들 때 신은 뭐하고 계신가? 도대체 우리의 눈물 어린 기도를 듣고는 계신 건가? 우리 삶을 지탱할 수 있는 것이 무엇인가?' 많은 신학적 질문이 나오면서 그들은 결국 하나로 의견이 모아졌다. 결국엔 하나님이 악한 세력을 쳐부수고, 하나님 뜻대로 행한 의인들을 구원하실 것이다. 종말 의식은 팽배해지고, 구원에 대한 열망은 더욱 강해졌다.

불트만은 이 당시 이들의 삶을 지배하는 것을 두 단어로 정리했다. "순종"과 "희망".7 순종이란 다름 아니라 신이 주신 법을 지키는 일이다. 하나님이 지금 침묵하고 있는 이유는 유대인의 죄가 최악의 상태라 어쩌지 못하고, 예언자를 보내본 경험으로는 예언자를 보낸다 해도 안 될 것 같기에 하나님이 직접 개입하셔서 모든 악과 죄를 도말하실 것이라 기대한다. 이사야가 예언했던 그날, 여호와의 날이 멀지 않았

---

7 R. Bultmann, *Jesus* (Berlin: Deutsche Bibliothek, 1929), 19-23.

다. 종말 심판의 날에 살아남기 위해서는 하나님의 법을 잘 지키는 것 밖에 길이 없다. 그것이 하나님의 뜻에 순종하는 길인 것이다.

세상에 악이 아무리 팽배해도 악을 악으로 되갚지 않고 꿋꿋하게 하나님의 법을 지키는 게 쉬운 일이 아니다. 그것은 오직 희망을 가질 때만 가능하다. 하나님은 신실하신 분이니 반드시 악을 응징하고 하나님의 법대로 살아온 의인들을 살리실 것이라는 희망이 바로 순종할 힘을 준다. 그리고 세상이 천지개벽하고 하나님이 인간사에 개입하실 마지막 날은 이제 멀지 않았다는 시대적 메시지가 공유되고 있었기에 가능한 일이다.

예수 이전에 세례 요한도, 그 이전에 의의 스승도 모두 같은 생각을 가졌다. 세례 요한도 의의 스승도 종말의 때를 예견하고, 마지막 때 멸망당하지 않고 구원받을 길을 제시하였다. 에세네파의 지도자로 평가되는 의의 스승은 성서를 해석하고 성서에서 제시하는 대로 실천하며 살아가는 것을 제시했고, 세례 요한은 회개를 동반한 세례를 받을 것을 촉구하였다. 예수와 이 두 지도자가 결정적으로 다른 것은 바로 현재에 대한 인식이다. 그 둘은 하나님의 결정적인 구원이 미래에 있을 것으로 보고, 현재는 미래의 구원을 준비하는 시간으로 인식하였다. 그러나 예수는 '현재' 사탄의 세력은 그 힘을 잃고 하나님이 인간의 구원을 위해 활동하고 계심을 인지하였던 것이다. 현재는 심판과 구원이 동시에 일어나고 있다. 의의 스승과 세례 요한 그리고 일반 유대인들이 생각한 것은 미래에 종말 심판이 있을 것이고, 심판 후에 남은 자들에게 구원이 있을 것이라고 여겼다면, 예수에게는 그것이 지금 현재 일어나고 있다.

많은 사람이 아프고 고통스러워하고 있음에도 치유의 역사가 일어나고 있다는 것이 바로 그 증거이다. 한 사람 한 사람 온전해지는 역사가 일어나고 그것은 바로 하나님의 구원 역사이다. 질병에서 치유로, 귀신의 역사에서 하나님의 역사로, 고통에서 행복으로, 굶주림에서 먹음으로 변화하는 시대의 기운을 보았기에 예수는 하나님 나라의 도래를 언급하지 않을 수 없었던 것이다. 하나님 나라의 도래는 필자가 누누이 말하지만 현재 실행되고 있는 하나님의 구원 역사이다. 이것을 아는 자만이 현재를 기뻐할 수 있다.

예수는 이것을 사람들이 알기를 원했던 것이다. 하나님은 더 이상 멀고 먼 당신이 아니다. 하나님의 심판과 구원의 역사는 먼 미래의 일이 아니다. 하나님은 지금 네 곁에서 너의 구원을 위해 일하고 계신다. 이것이 어려운 시기를 지내며 절망과 희망 속에 있는 이스라엘에게 전한 천재 예수의 복음이다. 마가복음의 표현에 따르면 "무엇이든지 기도하고 구하는 것은 받은 줄로 믿으라 그리하면 너희에게 그대로 되리라"(막 11:24).

2) 예수의 연민

예수의 말이나 행동에서 "불쌍히 여김"이 종종 표현되고 있다. 가령 (1) 마가복음에서 5,000명을 먹인 기적 이야기(막 6:30-44)와 4,000명을 먹인 기적 이야기(막 8:1-10)에서 '예수의 능동적인 연민'이 표현되고 있다. 누가복음에선(눅 9:10-17) 연민 모티브를 삭제했다. 마태는 마가 버전 그대로 수용한다.

"예수께서 나오사 큰 무리를 보시고 그 목자 없는 양 같음으로 인하여 불쌍히 여기사 이에 여러 가지로 가르치시더라"(막 6:34), "예수께서 나오사 큰 무리를 보시고 불쌍히 여기사 그 중에 있는 병자를 고쳐주시니라"(마 14:14). 예수의 연민의 결과는 마가에서는 가르침으로,

마태에서는 병 고침으로 나타난다. 그에 미루어 본다면 사람들을 향한 예수의 연민은 백성이 갈 길 몰라 헤매고 있기 때문에 생기고, 병들어 고통당하는 모습 때문에 생긴 것으로 볼 수 있다. 갈 길 모르는 이유는 예수 시대 대다수의 사람이 하나님이 저 멀리서 수수방관하고 있다고 여기면서 삶의 의욕이 저하되고 실의에 빠져서 그럴 것이다. 사람이 자신이 나아갈 방향을 몰라 길을 헤매고 있을 때나 영양 상태가 나빠서 면역력이 저하되면 질병에 취약하게 된다.

예수는 사람들을 가르치시고 또 먹이신다. 우리의 경험도 말해 주듯이, 사람이 무언가를 배울 때나 가르칠 때 에너지가 많이 든다. 잘 먹어야 한다. 제대로 먹지 못하면 심신이 약해진다. 예수는 갈 길 몰라 하는 사람들에게 하나님이 가까이 계심을 보이고 가르치고, 그들의 질병의 원인인 배고픔을 해소해 주고자 한다. 불쌍히 여김이란 그들에게 생명감이 넘치게 하고 싶은 마음이다. 그 마음은 다음과 같은 발언으로 표현되었다. "너희가 먹을 것을 주라"(막 6:37). 사람은 먹어야 눈도 제대로 보이고 정신도 온전해진다. 먹어야 면역력도 생기고 삶의 의지도, 삶의 기쁨도 생기는 법이다.

(2) 질병 치유를 원하는 자가 예수의 연민을 호소하기도 한다. 마가복음에서 나병 환자가 예수에게 다가와 치료를 청하자 예수의 반응이 소개된다. "예수께서 불쌍히 여기사"(막 2:41) 그에게 손을 내밀어 대시고 말씀하신다. "내가 원하노니 깨끗함을 받으라." 감염의 위험이 있다고 하여 가족과 사회로부터 격리되어 살아야 하는 나병 환자를 보고서 예수의 마음에 일어난 연민은 바로 그 환자가 질병으로부터 놓임을 얻기를 원하는 것으로 나타난다.

귀신 들린 아이의 아버지가 예수에게 치유를 부탁할 때 그의 연민을 자극한다. "무엇을 하실 수 있거든 우리를 불쌍히 여기사 도와주옵소서"(막 9:22). 그리고 맹인 바디매오가 예수에게 치유를 간청할 때도 마찬가지이다. "다윗의 자손 예수여 나를 불쌍히 여기소서"라고 소리 친다(막 10:47/눅 18:39). 이 말을 들은 예수는 말 못 하고 못 듣게 하는 귀신을 쫓아내어 온전히 말하고 들을 수 있게 해 주었다. 예수에게 연 민을 요청하며 보기를 원하는 맹인 바디매오도 볼 수 있게 해 주셨다.

마태복음은 맹인 바디매오 이야기 대신 두 맹인 이야기를 수록하였 다. 맹인 두 사람이 예수가 지나가신다는 걸 듣고 소리 지른다. "주여 우리를 불쌍히 여기소서 다윗의 자손이여." 이는 바디매오의 간청과 같다. 그 소리를 듣자 예수 주변의 사람들이 맹인들에게 조용히 하라 고 꾸짖는다. 이에 맹인들은 다시 한번 반복하여 연민을 호소한다. "주 여 우리를 불쌍히 여기소서 다윗의 자손이여." 마태는 바디매오라는 이름을 삭제하여 구체성을 지우는 대신 두 명의 맹인과 두 번의 간청 으로 이야기를 더욱 간곡하게 한다.

불쌍히 여김은 무언가 변화를 이루게 하는 힘이다. 건강과 회복으 로의 변화이다. 듣고 보는 것은 인간의 인지 능력의 기본이다. 인지 능 력의 회복은 바로 하나님의 뜻을 알 수 있는 통로의 개방인 것이다.

(3) 재물이 많은 사람이 예수에게 다가와 영생에 대해 묻고 대답하 는 이야기(막 10:17-22)에서 영생을 구하는 자가 계명을 잘 지켰다고 말하자 보이신 예수의 '사랑하심'도 연민 비슷한 것이 아니었을까 하 는 생각이 든다. "예수께서 그를 보시고 사랑하사 이르시되 네게 아직 도 한 가지 부족한 것이 있으니…"(막 10:21a). 하나는 알고 둘은 모르 는 사람에 대한 안타까운 마음이 연민이다. 그리고 이 연민은 가르침 으로 이어진다. "가서 네게 있는 것을 다 팔아 가난한 자들에게 주라 그리하면 하늘에서 보화가 네게 있으리라 그리고 와서 나를 따르라" (막 10:21b).

예수는 불쌍히 여기고 가르침을 주지만, 그 가르침을 듣고 행하든지 행하지 않든지 하는 것은 듣는 자의 몫이다. 이 이야기에서 영생을 구하는 자는 예수의 가르침을 거절한 것으로 이야기는 끝나지만, 예수의 가르침의 원천은 연민에 있다.

(4) 예수의 비유 이야기에서도 연민 모티브가 등장한다. 먼저 "선한 사마리아인의 비유"(눅 10:30-35)를 보자. 이 이야기에서 강도당한 자를 보고도 제사장과 레위인은 아무 느낌이나 감정의 동요 없이 그냥 지나쳐 간다. 그러나 그를 보고 불쌍히 여긴 사마리아인은 그냥 지나가지 못하고 그를 구하기 위해 조치를 취한다(눅 10:33). 이 이야기에서 불쌍히 여김은 나와 타자를 분리하는 것이 아니라 타자의 고난을 보고 그의 생명을 살리는 행위를 즉각적으로 유발시킨다. 상처를 소독하고 싸매어 주고 그를 보살펴 줄 사람에게 인도한다.

마태복음에 나오는 "용서받고도 용서할 줄 모르는 종의 비유"(마 18:21-34)에도 연민 모티브가 나온다. 1만 달란트의 빚을 진 자는 그 빚을 갚을 길이 없다. 그가 아무리 갚겠다고 말하지만 갚을 수 없다는 것을 주인은 안다. 그를 불쌍히 여겨 탕감한다. 1만 달란트란 6,000만 데나리온이다. 예수 당시 한 가정이 1년 생활비가 220~230데나리온이고, 헤롯 대왕의 1년 예산이 900달란트 정도였으니, 1만 달란트가 얼마나 큰 금액인지 짐작할 수 있을 것이다. 그 많은 금액의 빚을 탕감 받은 그가 길에서 100데나리온의 빚을 진 자를 만나 빚을 갚으라 독촉한다. 갚겠다고 사정하는 그를 마침내 감옥에 넣었다. 그랬더니 동료들이 보고 그 주인에게 가서 이 일을 알린 것이다. 그러자 그 주인이 "내가 너를 불쌍히 여김같이 너도 네 동료를 불쌍히 여김이 마땅치 아니하냐"(마 18:33)라고 반문한다. 예수의 비유에서 연민은 상대방이 생명을 유지할 수 있도록 돕는 일로 나타난다.

(5) 예수의 총체적인 활동에 대해 마태는 다음과 같이 요약한다. "예수께서 모든 도시와 마을에 두루 다니사 그들의 회당에서 가르치시며 천국 복음을 전파하시며 모든 병과 모든 약한 것을 고치시느라 무리를 보시고 불쌍히 여기시니 이는 그들이 목자 없는 양과 같이 고생함 기진함이라"(마 9:35-36).

예수께서 사람들의 질병과 약한 것을 고치시는 이유는 그들이 불쌍하기 때문이며, 그들의 약함과 질병, 귀신에게 시달림은 하나님이 멀고 먼 곳에 계시고 아무런 영향도 끼치지 못하고 계시다는 의식에서 온다고 본 것 같다. 만일 그들이 예수가 보는 것과 같이 하나님이 행하시는 구원 역사를 보고 깨닫게 된다면 자신이 행하고 나아갈 길을 알게 되지 않을까 기대했을 것으로 보인다.

그래서 예수는 귀신을 내쫓고 사람들의 병을 고치며 하나님 나라가 왔음을 선포하는 것이다. 그리고 제자들에게도 똑같은 과제를 준다. "(너희도) 가면서 말하되 천국이 가까이 왔다 하고 병든 자를 고치며 죽은 자를 살리며 나병환자를 깨끗하게 하며 귀신을 쫓아내라"(마 10:7-8). 하나님께서 이미 사람들의 고통을 아시고 그로부터 해방시켜 온전케 하시려는 활동을 시작했다는 것을 안다면 기운을 얻을 것이라고 확신하기 때문이다.

현재 고통 속에서 살아가는 동족을 보면서 예수가 연민을 느꼈던 것은 하나님이 현재 활동하고 있음에도 그것을 보지 못하고, 듣지 못하고, 오직 미래의 구원을 위해 준비하고 있다는 것이 안타까웠기 때문인 것 같다. 그래서 예수는 이렇게 외치기도 한다. "너희가 보는 것을 보는 눈은 복이 있도다. 내가 너희에게 말하노니 많은 선지자와 임금이 너희가 보는 바를 보고자 하였으되 보지 못하였으며 너희가 듣는 바를 듣고자 하였으되 듣지 못하였느니라"(눅 10:23-24).

결국 예수께서 가르치시는 목표는 하나님께서 사람들에게 가까이 와서 그들의 구원을 위해 활동하고 계심을 알도록 하기 위함이라고 결론 내려도 좋을 것이다.

3. 나오는 말: 인생은 축제

예수께서 가르치신 교육의 동기와 목표를 그 당시 시대 분위기를 살피면서 추론해보았다. 수백 년 동안 주변 강대국에 의해 핍박을 받으면서 지칠 대로 지친 이스라엘 동족의 아픔을 보면서 연민을 가진 예수는 이스라엘 백성이 현재 진행형인 하나님의 구원 역사를 바로 볼 수 있기를 바랐다.

예수에게 하나님은 멀고 먼 당신이 아니라 아빠처럼 아주 가까이 계신다. 하나님은 저 먼 하늘에서 교만하게 팔짱을 끼고 인간 세상을 바라보며 수수방관하거나 인간의 고통을 즐기시는 분이 아니라 고통당하는 사람들을 불쌍히 여기시고 그들의 구원을 이루기를 시작하신 분이다. 인간의 구원은 아득한 미래가 아니라 이미 시작되었고, 지금 눈앞에서 이루어지고 있다. 예수가 보는 것을 사람들이 본다면, 예수가 듣는 것을 사람들도 들을 수 있다면, 예수가 아는 일을 사람들도 안다면 얼마나 좋을까 하는 안타까운 마음이 가르침의 동기였을 것이다.

하나님이 지금 고난 중에 있는 백성을 위해 일하고 계시다는 사실을 안다면 고난에 가득 차 보이는 현실도 기쁨으로 지낼 수 있다. 현실이 아무리 어려워도 무조건 내 편에 서서 나를 격려하고 돕는 연인이 있으면 즐겁게 지낼 수 있는 것으로 비유할 수 있을까? 일개 인간이 그러해도 인생이 즐겁고 행복할 것인데, 하나님이 내 편에 서서 나의 구원을 위해 일하고 계신다는 예수의 메시지를 진정으로 받아들인다면, 매일매일 축제의 삶이 아닐까?

이것을 알리는 것이 그의 교육 목표이고, 그가 받은 소명이 아니었을까 결론을 내려 본다. 예수에게 붙여진 수많은 칭호, 하나님의 아들, 사람의 아들(인자), 메시아, 예언자, 축귀자 등등 그 어떤 것보다 '가르치는 자'가 그에게 가장 적절해 보인다. 그의 말을 중심으로 본다면 말이다. 그가 가르친 것은 하나님의 성품이 어떻고 하나님의 능력이 어떻고 하는 교의학의 주제가 아니라 하나님이 지금 활동하신다는 현재에 대한 진단이다. 그래서 예수에게 현재는 신랑이 있는 혼인 축제와 같은 때이고 기쁨의 때이다. 예수는 이 기쁨을 그의 주변에 있는 사람들과 함께 누리고 싶어서 가르쳤다. 한마디로 말하자면 그의 교육 목표는 '기쁨의 공유'인 것이다. 그것은 현재를 예전과 다르게 보는 눈을 가질 때 가능하다. 예수는 사람들에게 세상을 다르게 보는 눈을 키우고자 했을 것으로 짐작하고 본 연구를 마무리한다.

참 고 문 헌

강성열· 오덕호· 정기철. 『설교자를 위한 성서해석학입문』. 서울: 대한기독교서회, 2002.

김경희. "페미니즘적 해석학의 모색." 『성서와 여성신학』. 서울: 대한기독교서회 1995.

_____. "예수의 하느님 나라 선포를 통해 본 평등의 비전." 「신학사상」 150집(2010/가을): 37-81.

김광수, "예수와 유대교 지도자들 사이에 안식일을 둘러싼 대립(막 2:23-28)의 사회-정치적 이해." 「복음과 실천」 34 (2004 가을): 35-61(53).

김득중. 『복음서의 비유들』. 서울: 컨콜디아사, 1987.

_____. 『복음서의 해석과 설교』. 서울: 성서연구사, 1999.

김선정. "포도원 주인의 두 가지 길 — 마태복음 20:1-16에 대한 사회학적 해석." 「신약논단」 13/4 (2006 겨울): 785-810.

김성희. "예수의 공감 사역, 마가복음의 splagnichzomai를 중심으로." 「신약논단」 20/3 (2013 가을): 685-720.

김순영. "여성신학적 성서 해석 방법론." 『성서와 여성신학』. 서울: 대한기독교서회, 1995.

김재성. "예수의 비유에 나타난 하나님 나라." 『하나님 나라, 그 해석과 실천』 (황성규 박사 정년 은퇴 기념논문집). 서울: 한국신학연구소, 2000.

김창락. "하나님 나라, 그 기원과 해석의 역사." 『하나님 나라, 그 해석과 실천』 (황성규 박사 정년 은퇴 기념논문집). 서울: 한국신학연구소, 2000.

_____. 『귀로 보는 비유의 세계』. 천안: 한국신학연구소, 1997.

김창선. 『21세기 신약성서신학』. 서울: 예영, 2004.

_____. 『쿰란문서와 유대교』. 서울: 한국성서학연구소, 2002.

김판임. "여성 혐오 사회에 페미니스트 예수가 말을 걸다." (레너드 스위들러/이성청 옮김. 『예수는 페미니스트였다』에 대한 서평). 「기독교사상」 709호(2018년 1월호): 194-199.

_____. "예수님의 마음 – 내가 무리를 불쌍히 여기노라." 「기쁜소식」 122호(2013 봄여름호): 92-102.

_____. "먹을 것을 주라(마가복음 6장 급식기적 이야기에 대한 성찰)." 「기쁜소식」 121호(2012 가을): 49-58.

_____. "포도원 주인의 비유(마 20:1-15)를 통해서 본 경제정의에 대한 예수의 이해." 「신학사상」 154집(2011 가을): 147-149.

_____. "안식일법에 대한 쿰란공동체와 예수의 입장 비교." 「신학연구」 58(2011 여름): 39-58.

_____. "예수와 가난한 사람들 ─ 예수의 선포에 나타난 하나님 나라 백성의 특권과 의무에 관한 소고." 「대학과 선교」 17(2009. 12.): 9-37.

_____. 『쿰란공동체와 초기그리스도교』. 서울: 비블리카 아카데미아, 2008.

_____. "사마리아인의 비유(눅 10:30-35) 해석." 「신약논단」 14/4(2007 겨울): 1015-1052.

_____. "쿰란공동체와 초기 그리스도교 공동체 비교: 입회과정과 자격조건을 중심으로." 「신약논단」 제11집 제4권(2004 겨울): 837-870.

_____. "신약성서의 구원 이해: 예수와 바울을 중심으로." 「신약논단」 제11집 제3권 (2004 가을): 544-547.

_____. "유대교에서의 여성의 지위와 역할 및 이에 대한 예수의 입장." 「한국기독교신학총」 제18집(2000): 109-158.

_____. "이혼논쟁에 나타난 예수의 결혼 이해." 「한국여성신학」 44집(2000 겨울): 6-12.

_____. "쿰란문헌의 성령이해." 조경철 편. 『성서와 성령』(박창건 교수 은퇴기념논문집). 서울: 대한기독교서회, 2000.

_____. "마가복음에 나타난 회개의 모습들." 「말씀과 교회」(1999 여름/가을): 92-107.

_____. "쿰란문헌에 나타난 종말심판과 새창조." 『밀레니엄과 신약성서의 종말론』. 서울: 한들, 1999.

민경식. "불의한 청지기를 칭찬한 이는 누구인가: 누가복음 16장 8절의 퀴리오스 번역에 대한 고찰." 「캐논 앤 컬쳐」 제1권 1호(2007): 237-267.

_____. "누가 불의한 청지기를 칭찬하였는가. 누가복음 16:8." 구제홍 · 김선정 외. 『예수의 비유』. 서울: 대한기독교서회, 2009.

박경미. "오소서. 창조자의 영이여. 한국교회와 여성주의적 성서 해석." 「기독교사상」 (1998. 2.): 10-28.

박경철, "안식일의 제의적 의미와 사회 정의." 「구약논단」 17(2005): 56-77.

성종현, 『신약총론』. 서울: 장로회신학대학출판부, 1991.

손승희. "여성신학의 물결." 『여성신학의 이해』. 천안: 한국신학연구소, 1989.

송창현. "세례자요한과 쿰란공동체." 「가톨릭신학」 제3호(2003 겨울): 135-172.

이경숙 외. 『기독교와 세계』. 서울: 이화여자대학교출판부, 2000.

_____. 『여성의 눈으로 보는 구약성서개론』. 서울: 대한기독교서회, 2006.

이승문. "포도원 주인의 비유(마태복음 20:1-16)." 구제홍 외, 『예수의 비유』, 서울: 대한기독교서회, 2009.

이윤경. "쿰란공동체의 안식일 이해: 안식일 법, 정결례, 예식." 「신학사상」 149 (2010 여름): 41-63.

정양모. "신약성서의 여성관." 『한국카톨릭교회 이래도 좋은가?』, 왜관: 분도출판사 1998.

_____. 『마르코복음서』 (한국 천주교회 200주년 신약성서 2). 왜관: 분도출판사, 1981.

조태연. 『거꾸로 읽는 신약성서』, 서울: 대한기독교서회 1999.

_____. 『태의 소생』. 서울: 대한기독교서회, 1998.

_____. "갈릴리 경제학. 예수운동의 해석학을 위한 사회계층론적 이해." 『신약성서의

경제윤리』(신학논단 제4권). 서울: 한들, 1998.
천사무엘.『사해사본과 쿰란공동체』. 서울: 대한기독교서회, 2004.
최갑종.『예수님의 비유』. 서울: 이레서원 2001.
최만자. "한국 그리스도교 여성의 경험에서 본 성서해석."『성서와 여성신학』. 서울:대한
　　　기독교서회 1995.
_____. "페미니즘과 성서해석의 문제."「한국여성신학」 제47호(2001 가을/겨울): 35-53.

⟨역서 및 번역논문⟩

고펠트/박문재 역.『신약신학 I』. 파주: 크리스찬다이제스트, 1992.
노먼 페린/이훈영 · 조호연 역.『하나님의 나라』. 서울: 솔로몬, 1992.
라가츠/류장현 역.『예수의 비유. 하나님 나라의 본질과 도래』. 서울: 다산글방, 2001.
라이트/박문재 역.『예수와 하나님의 승리』. 파주: 크리스찬 다이제스트, 2004.
로제/박창건 역.『신약성서 배경사』. 서울: 대한기독교출판사, 1983.
롤랑드보/이양구 역.『구약시대의 생활 풍속』. 서울: 대한기독교서회, 1983.
리페이, 알레스 L./장춘식 역.『여성신학을 위한 구약개론』. 서울: 대한기독교서회, 1998.
마샬/강요섭 역.『누가복음(I)』국제성서주석 31/1. 서울: 한국신학연구소, 1983.
보 라이케,『신약성서 시대사』. 서울: 한국신학연구소, 1986.
뷜리발트 뵈젠/황현숙 역.『예수 시대의 갈릴래아』. 서울: 한국신학연구소, 2000.
불트만/허혁 역, "예수." 삼성판 세계사상전집 46. 서울: 삼성출판사, 1986.
_____.『공관복음전승사』. 서울: 대한기독교서회, 1981.
_____/김경희 · 허혁 역,『예수』. 서울: 새글사, 1973.
샌더스 E.P./이정희 역.『예수 운동과 하나님 나라』. 서울: 한국신학연구소, 1998.
마이클 샌델/이창신 역.『정의란 무엇인가』. 서울: 김영사, 2008.
에케하르트 슈테게만 · 볼프강 슈테게만/손성현 · 김판임 역,『초기 그리스도교의 사회
　　　사』. 서울: 동연, 2008.
쉬툴마허/전경연 역.『신약성서해석학』. 서울: 대한기독교출판사, 1986.
버나드 브랜든 스캇/김기석 역.『예수의 비유 새로 듣기』. 일산: 한국기독교연구소, 2006.
엘리옷 E. L./황성규 역,『갈릴리 기독교』. 서울: 대한기독교출판사 1985.
예레미아스/김경희 역.『예수의 선포』. 왜관: 분도출판사, 1999.
예레미아스/한국신학연구소번역실 역.『예수 시대의 예루살렘』. 서울: 한국신학연구
　　　소, 1988.
예레미아스/허혁 역.『예수의 비유』. 왜관: 분도출판사, 1974.
월터 J. 옹/이기우 · 임명진 역.『구술문화와 문자문화』. 서울: 문예출판사, 2000.
융엘/허혁 역.『바울과 예수』. 서울: 이화여자대학교 출판부 1980.
죌레/정미현 역.『신비와 저항』. 서울: 이화여자대학교출판부, 2007.
Ross S. Kraemer/장춘식 역. "후기 고대 시기 디아스포라의 유대인 여성들."「한국여
　　　성신학」 제38호(1999 여름호): 76-84.

_____. "후기 고대 시기 디아스포라의 유대인 여성들." 「한국여성신학」 제39호(1999 가을호) 56-66.

크로산, 존 도미닉/김준우 역, 『비유의 위력』. 파주: 한국기독교연구소, 2012.

_____. 『역사적 예수』. 파주: 한국기독교연구소, 2000.

게르트 타이센·아테네 메르츠/손성현 역, 『역사적 예수』. 서울: 다산글방, 2001.

타이센/김명수 역, "예수의 성전 예언 — 도시와 시골의 긴장의 장 가운데서의 예언." 『원시 그리스도교에 대한 사회학적 연구』. 서울: 대한기독교출판사, 1986.

티그셸라아르, E.·마르티네즈, F./강성열 역, 『사해문서 1』. 서울: 나남, 2009.

포오러/방석종 역. 『구약성서개론(상)』. 서울: 성광문화사, 1985.

피오렌자/김윤옥 역. 『돌이 아니라 빵을』. 서울: 대한기독교서회, 1994.

_____/김애영 역. 『크리스찬 기원의 여성신학적 재건』. 서울: 태초, 1993.

호슬리, 리차드 A./박경미 역, 『갈릴리 — 예수와 랍비들의 사회적 맥락』. 서울: 이화여자대학교출판부, 2006.

〈해외문헌〉

Abegg, M.G. "The Messiah at Qumran: Are We still Seeing Double?." *DSD* 2(1995), 125-144.

Baumgarten, M. "Damascus Document." in eds. by L. H. Schiffman·J.C. VanderKam. *Encyclopedia of the Dead Sea Scrolls*, Oxford: Oxford University Press, 2000. 166-170.

Beall, T. S. *Josephus' Description of the Essenes Illustrated by the Dead Sea Scrolls*. Cambridge, 1988.

Beer, G. *Die soziale und religiöse Stellung im israelitischen Altertum*, Tübingen: J.C.B. Mohr, 1919.

Bovon, F. *Das Evangelium nach Lukas (Lk 15:1-19:27)*, EKK III/3. Neukirchen-Vluyn: Neukirchener Verlag, 2001.

Braun, H. *Qumran und das Neue Testament, Bd. I. II.* Tübingen: J.C.B. Mohr, 1966.

Bultmann, R. *Die Geschichte der synoptischen Evangelien.* Göttingen: Vandenhoeck und Ruprecht, 1921. Ergänzungsheft von G. Theissen und Ph. Vielhauer, 1975.

_____. *Jesus.* Tübingen: J.C.B.Mohr, 1951(1925).

_____. *Theologie des Neuen Testament.* Tübingen: J.C.B. Mohr, 1967.

Collins, J. J. *The Scepter and the Star: The Messiahs of the Dead Sea Scrolls and other Ancient Literature*, New York: Doubleday, 1995.

Crossan, J. D. *In Parables. The Challenge of the Historical Jesus.* New York: Harper & Row, 1973.

von Dobbeler, St. *Das Gericht und das Erbarmen Gottes. Die Botschaft Johannes des Täufers und ihre Rezeption bei den Johannesjüngern im Rahmen der*

Theologie und Geschichte der Frühjudentums (Bonner Biblische Beiträge 33). Frankfurt am Main: Athenäum,1988.

Dodd, C. H. *The Parables of the Kingdom*. New York: Charles Schribner's Sons, 1961(1936).

Evans, C. A. "Messiahs." *Encyclopedia of the Dead Sea Scrolls*, I. Oxford: Oxford University Press, 2000. 537–542.

Evans, J. M. *Woman in the Bible*. Illinois 1984.

Fitzmyer, J. A. "The Matthean Divorce Texts and Some New Palestian Evidence." *TS* 37(1976). 197–226.

Flusser, D. *Die rabbinischen Gleichnisse und Gleichniserzähler Jesus* (Judaika et Christiana 4). Bern: Peterlang, 1981.

Ford, Richard Q. *The Parables of Jesus: Recovering the Art of Listening*. Minneapolis: Augsburg Fortress, 1997.

Friedrich, G. "προφητης." ThW IV, 829.

Funk, R. W. · Scott, B. B. · Butts, J. B.(de.) *The Parables of Jesus: Red Letter Edition*. Califonia: Polebridge Press, 1988.

Gnilka, J. *Das Evangelium nach Markus (Mk 1:1-8:26)*, EKK II/1. Zürich/Neukirchen-Vluyn: Neukirchenerverlag, 1978.

_____. *Das Evangelium nach Markus (Mk 8,27-16,20)*, EKK II/2. Zürich/Neukirchen-Vluyn: Neukirchener Verlag, 1979.

Harnisch, W. *Gleichniserzaelungen Jesu* (UTB 1343). Göttingen: Vandenhoeck und Ruprecht, 1985.

Herzog, W. R. *Parables as Subversive Speech: Jesus as Pedagogue of the Oppressed*. Louisville: John Knox Press, 1994.

Hezser, C. *Lohnmetaphorik und Arbeitswelt in Mk 20, 1-16. Das Gleichnis von den Arbeitern im Weinberg im Rahmen rabbinischer Lohngleichnisse*. Göttingen: Vandenhoeck und Ruprecht, 1990.

Horsley, R. A. *Galilee. History, Politics, People*. Valley Forge, PA, 1995.

Jannowski, B. *Sühne als Heilsgeschehen. Studien zur Sühnetheologie der Priesterschrift und zur Wurzel כפר im Alten Orient und im Alten Testament*. Neukirchen-Vluyn: Neukirchener- verlag, 1982.

Jeremias, J. *Gleichnisse Jesu*. Göttingen: Vandenhoeck & Ruprecht, 1984 (1947).

_____. *Neutestamentliche Theologie, Erster Teil: Die Verkündigung Jesu*. Gütersloh: Gütersloher Verlag, 1971.

_____. *Jerusalem zur Zeit Jesu*. Göttingen: Vandenhoeck & Ruprecht, 1967.

_____. *Abba*. Göttingen: Vandenhoek & Ruprecht 1967.

Jülicher, A. *Die Gleichnisreden Jesu*. Tübingen: J.C.B. Mohr, 1910.

Jüngel, E. *Paulus und Jesus*. Tübingen: J.C.B. Mohr, 1962.

Kertelge, K. *Die Wunder Jesu im Markusevangelium. Eine redaktions geschichtliche*

Untersucung (StANT 23), München: Kaiserverlag, 1970.

Kim, Panim, *Heilsgegenwart bei Paulus. Eine religionsgeschichtlich- theologische Untersuchung zu Sündenvergebung und Geistgabe in den Qumrantexten sowie bei Johannes dem Täufer, Jesus und Paulus.* Diss. Göttingen, 1996.

Kloppenberg, J. S. "The Dishonored Master (Luke 16:1-8a)." *Bib* 70 (1989), 474.

Knibb, M. A. "Eschatology and Messianism in the Dead Sea Scrolls." in P. W. Flint · J. C. VanderKam(eds.). *The Dead Sea Scrolls after fifty Years.* Leiden: Brill, 1999.

Koehnlein, M. *Geichnisse Jesu - Vision einer besseren Welt.* Stuttgart: Kohlhammer, 2009.

Kohn, J. *The Synagogue in Jewish life.* New York: Crossroad, 1973.

Kollmann, B. "Jesus al jüdischer Gleichnisdichter." *NTS* 50/4(2004): 457-474.

_____. *Jesus und die Christen als Wundertäter.* Göttingen: Vandenhoeck & Ruprecht, 1996.

Kraemer. R. S. "Jewish Women in the Diaspora World of Late Antiquity." in Judith R. Baskin(ed.). *Jewish Women in Historical Perspective.* Detroit, 1991.

Lehmann, M. *Synoptische Quellenanayse und die Frage nach dem historischen Jesus.* Berlin: Walter de Gruyter, 1970.

Leipoldt, J. *Jesus und die Frauen. Bilder aus Erster Teil: Die Verkündigung Jesu,* 3. Aufl. Gütersloh: Gütersloherverlag, 1971(Leipzig 1921).

Lohfink, N. *Lobgesänge der Armen. Studien Zum Manifikat, den Hodajot von Qumran und einigen späten Psalmen*(SBS 143), Stuttgart: Katholischer verlag, 1990.

Lohse, E. *Die Texte aus Qumran.* Darmstadt: Wissenschaftsverlag, 1986.

_____. *Umwelt des Neuen Testaments.* Göttingen: Vandenhoeck & Ruprecht, 1970.

Lührmann. D. *Markusevangelium.* Tübingen: J.C.B.Mohr, 1987.

Luz, U. *Das Evangelium nach Matthäus III.* EKK 1/3. Neukirchen-Vluyn: Neukirchenerverlag, 1997.

Marshall, H. *The Gospel of Luke: A Commentary on the Greek Text.* Exeter: The Paternoster Press, 1978.

Martinez, F. Garcia. "Messianic Hopes in the Qumran Writings." in F. Garcia Martinez/J. Tribolle Barrera(eds.), *The People of the Dead Sea Scrolls: Their Writings, Beliefs and Practices.* Leiden: Brill, 1995.

Newsom, C. *Songs of Sabbath Sacrifice: A Critical Edition.* Atlanta: Scholars Press, 1985.

_____. "Songs of Sabbath Sacrifice." in eds. by L. H. Schiffman · J. C. VanderKam. *Encyclopedia of the Dead Sea Scrolls Vol.2.* Oxford: Oxford University Press, 2000.

Pesch P. *Das Markusevangelium I.* HThK II, 1. Freiburg: Herder, 1976.

Puech, E. "Messianism, Resurrection, and Eschatology at Qumran and in the New

Testament." E. Urlich/J. VanderKam(Hg.), *The Community of the Renewed Covenant. The Notre Dame Symposium on the Dead Sea Scrolls*. Notre Dame 1994.

_____. "Messianisme, eschatologie et resurrection dans les manuscripts de la mer Morte." *RdQ* 18(1997): 255-298.

Ragarz, L. *Die Gleichnisse Jesu: seine soziale Botschaft*. Guetersloh: Gueterslo-herverlag, 1991.

Roloff. L. *Das Kerygma und irdische Jesus*. Göttingen: Vandenhoeck und Ruprecht, 1969.

Ruether, R. R. "Feminist Interpretation: A Method of Correlation." L. M. Russell(ed.). *Feminist Interpretation of the Bible*. Philadelphia: The Westminster Press, 1985.

Russell, L. M. "Authority and the Challenge of Feminist Interpretation." L. M. Russell(ed.). *Feminist Interpretation of the Bible*. Philadelphia: The Westminster Press, 1985.

Schäfer P. *Die Vorstellung des heiligen Geistesin der rabbinischen Literatur*. München: Chr. Kaiser, 1972.

Schäfer, P. "Geist." *TRE* 12: 174-176.

Schniewind. J. *Das Evangelium nach Markus*, Göttingen: Vandenhoeck & Ruprecht, 1968.

Schuessler-Fiorenza, E. "For the Sake of our Salvation...: Biblical Interpretation and the Community of Faith." *Bread Not Stone, The Challenge of Feminist Biblical Interpretation*, Boston: Beacon Press, 1984.

_____. "Feminist Hermeneutics." *The Anchor Bible Dictionary* Vol. II, 790.

_____. *In Memory of Her: A Feminist Theological Reconstruction of Christian Origins*. New York: Crossroad, 1983.

Schottroff. L. "Die Güte Gottes und die Solidarität von Menschen: Das Gleichnis von den Arbeitern im Weinberg." *Der Gott der kleinen Leute* Bd 2, ed. W. Schottroff, W. Stegemann. München: Kaiserverlag, 1979.

Schuller. E. "Women in the Dead Sea Scrolls." in *Methods of Investigations of the Dead Sea Scrolls and the Khirbet Qumran Site. Present Realities and future Prospects*. New York, 1994.

Schürer, E. *Geschichte des jüdischen Volkes im Zeitalter Jesu Christi II*. Göttingen: Vandenhoeck und Ruprecht, 1907(Hildesheim: Georg Olms Verlag, 1970).

Scott. B. *Hear Then the Parable*. Minenapolis: Fortress Press, 1989.

Smith. M. *Jesus the Magician*. London: Gollancz, 1978.

Stegemann H. "Some Remarks to 1QSa, to 1QSb, and to Qumran Messianism." *RdQ* 17(1996): 479-505.

_____. "Qumran und das Judentum zur Zeit Jesu," *Theologie und Glaube*. 1994: 186-187.

_____. *Die Essener, Johannes Täufer und Jesus.* Freiburg: Herder, 1993.

_____. "The Qumran Essenes-Local Members of the Main Jewish Union in the Last Second Temple Times." in J. T. Barrera and Florientino Garcia Martinez(ed.). *The Madrid Qumran Congress* Vol. II. Leiden: Brill, 1991: 83-166.

_____. "The 'Teacher of Righteousness'and Jesus: Two Types of Religious Leadership in Judaism at the turn of the Era." Sh Talmon(ed.). *Jewish civilization in the Hellenistic - Roman Period.* Sheffield: Sheffield Academic Press, 1991.

Stemberger. G. *Pharisaer, Sadduzaeer, Essener.* Stuttgart: Katholisches Bibelwerk, 1991.

Strecker. G. *Der Weg der Gerechtigkeit Untersuchung zur Theologie des Matthäus.* FRLANT 82. Göttingen: Vandenhoeck und Ruprecht, 1966.

Sung, Ch. H, *Vergebung der Sünden. Jesu Praxis der Sündenvergebung nach den Synoptikern und ihre Voraussetzungen im Alten Testament und frühen Judentum.* Tübingen: J.C.B. Mohr, 1993,

Theissen, G. · Merz, A. *Der historische Jesus. Ein Lehrbuch.* Göttingen: Vandenhoeck & Ruprecht, 1997.

de Vaux. R. *Das Alte Testament und seine Lebensordnungen.* Freiburg: Herder, 1964.

Vielhauer. Ph. "Johannes." *RGG*, 3. Aufl., 805.

_____. "Tracht und Speise Johannes des Täufer." *Aufsätze zum Neuen Testament.* München: Kaiserverlag, 1965.

Volz. P. *Die Eschatologie der jüdischen Gemeinde im neutestamentlichen Zeitalter: Nach den Quellen der rabbinischen, apokalyptischen und apokryphen Literatur*, 2. Aufl. Tübingen: J.C.B. Mohr, 1934 (Hildesheim: Buchgesellschaft, 1966).

Vouga, F. "Jesus als Erzähler. Die Überlieferungen zu den Gleichissen." *WuD* 19(1987): 63-85.

Wengst. K. *Christologische Formeln und Lieder des Urchristentums.* Gütersloh: Gütersloherverlag, 1972.

Ben Witherington III. *Women in the Ministry of Jesus: A Study of Jesus' Attitudes to Women their Roles as Reflected in His Earthly Life.* Cambridge: Cambridge University Press, 1984.

Wrede. W. *Das Messiasgeheimnis in den Evangelien. Zugleich ein Beitrag zum Verhältnis des Markusevangeliums.* Göttingen: Vandenhoeck & Ruprecht, 1901.

Wright, N. T. *Jesus and the Victory of God.* London: Holy Trinity Church, 1996.

Young, B. *Jesus and his Jewish Parables.* New York: Paulist Press, 1981.

Zimmermann, J. *Messianische Texte aus Qumran.* Tübingen: J.C.B. Mohr, 1998.